LE VOL DE
L'OISEAU MIGRATEUR

Coordination de l'édition: Linda Nantel
Correction des textes: Nicole Raymond

Données de catalogage avant publication (Canada)

Campbell, Joseph
Le vol de l'oiseau migrateur: la mythologie dans les contes de fées,
les légendes et les symboles

1. Mythe.   2. Mythologie.   3. Symbolisme dans la littérature.
4. Symbolisme dans les contes de fées.   I. Titre.

BL304.C3514 1995   291.1'3   C95-941492-4

DISTRIBUTEURS EXCLUSIFS:

• Pour le Canada et les États-Unis:
  LES MESSAGERIES ADP*
  955, rue Amherst
  Montréal, Québec
  H2L 3K4
  Tél.: (514) 523-1182
  Télécopieur: (514) 939-0406
  * Filiale de Sogides ltée

• Pour la Belgique et le Luxembourg:
  PRESSES DE BELGIQUE S.A.
  Boulevard de l'Europe 117
  B-1301 Wavre
  Tél.: (10) 41-59-66
         (10) 41-78-50
  Télécopieur: (10) 41-20-24

• Pour la Suisse:
  TRANSAT S.A.
  Route des Jeunes, 4 Ter
  C.P. 125
  1211 Genève 26
  Tél.: (41-22) 342-77-40
  Télécopieur: (41-22) 343-46-46

• Pour la France et les autres pays:
  INTER FORUM
  Immeuble Paryseine,
  3 Allée de la Seine, 94854 Ivry Cedex
  Tél.: (1) 49-59-11-89/91
  Télécopieur: (1) 49-59-11-96
  Commandes: Tél.: (16) 38-32-71-00
                   Télécopieur: (16) 38-32-71-28

Dépôt légal: 4e trimestre 1995
Bibliothèque nationale du Québec

ISBN 2-8904-4572-0

JOSEPH
CAMPBELL

LE VOL DE L'OISEAU MIGRATEUR

La mythologie dans les contes de fées, les légendes et les symboles

le jour,
éditeur

Introduction

La rédaction du présent ouvrage a occupé ou, mieux, a ponctué une période de quelque vingt-quatre ans au cours de laquelle je me suis efforcé de circonscrire et, à bien des égards, d'interpréter le mystère de la mythologie, bref, de tenter de soulever le voile de la déesse dans l'antique temple de Saïs, déesse dont les propos de jadis sont encore justes aujourd'hui et le seront jusqu'à la fin des temps:

«Nul n'a soulevé mon voile.»

Le premier chapitre, intitulé «Le conte de fées», fut d'abord publié en 1944 dans l'édition Pantheon des contes de Grimm. Il sert ici d'introduction à la fascination que le conte exerce sur nous, aux problèmes que posent aux chercheurs les sources, la conservation et l'interprétation de ces images et de ces récits oniriques qui apparaissent aussi sous des dehors plus fastueux dans les livres sacrés de l'Orient et de l'Occident ainsi que dans les plus hautes manifestations de l'art profane. Dans le chapitre 2, «Biologie et mythologie», qui traite de la fonction et du caractère inéluctablement pédagogique (biologique, en fait) tant de la mythologie que des rites qui en transmettent les images et en permettent l'assimilation psychologique, j'ai présenté ma thèse fondamentale, soit que les mythes sont tributaires à la fois de la nature et de la culture, et qu'ils sont aussi essentiels au sain développement de la psyché que la nourriture à celui du corps. Dans le chapitre suivant, «L'homme primitif et métaphysicien», j'ai renouvelé un concept d'abord mis de l'avant par Kant, selon lequel les symboles mythiques archétypaux doivent être dégagés de la gangue référentielle et significatrice que leur impose la société, de sorte que si on les abstrait des fonctions auxquelles ils avaient jusque-là été soumis dans les domaines sociaux de la vie humaine, on peut voir en eux un phénomène *naturel* qui débouche à rebours sur le mystère – de même que les arbres, les coteaux ou les torrents de montagne – et (tout comme le bois des arbres) qui est antérieur aux «significations» et aux fonctions qui leur ont été attribuées.

Quelle est la «signification» d'un arbre? d'un papillon? de la naissance d'un enfant? de l'univers? Quelle est la «signification» du chant d'un ruisseau? Ces merveilles *existent,* un point c'est tout. Elles précèdent le sens, bien qu'on puisse leur en attribuer quelques-uns. Les bouddhistes disent qu'elles sont *tathâgata,* c'est-à-dire «survenues ainsi», le Bouddha lui-même étant le Tathâgata, «Celui qui est survenu ainsi», tandis que toute chose «est Bouddha». Il en va de même des représentations mythiques qui éclosent telles des fleurs en suscitant l'émerveillement de la pensée consciente, que l'on peut explorer pour en déceler la «signification» et auxquelles on peut attribuer une fonction pratique.

De nos jours, les chercheurs qui s'intéressent à la mythologie s'entendent généralement pour dire que, partout et de tout temps, rêves et visions oniriques constituent les plus importants facteurs de création mythique. Le conte de fées participe de la même nature. «Dans les rêves les mieux interprétés, on est souvent obligé de laisser dans l'ombre un élément parce qu'on remarque lors de l'interprétation qu'apparaît là un nœud serré de pensées du rêve qui ne se laisse pas démêler mais qui n'apporte aucune nouvelle contribution au contenu du rêve. C'est l'ombilic du rêve, le point où il repose sur l'inconnu. Les pensées du rêve auxquelles on parvient lors de l'interprétation restent nécessairement sans aboutissement et se ramifient de tous les côtés dans le réseau compliqué de notre univers mental. En un point plus compact de cet entrelacement, on voit s'élever le désir du rêve comme le champignon de son mycélium[1].»

C.G. Jung tenait des propos similaires: «Le rêve, à l'instar des autres éléments de la structure psychique de l'individu, est une résultante de l'ensemble de la personnalité. D'où il ressort que l'on peut s'attendre à trouver dans les rêves tout ce qui a pu avoir de l'importance depuis l'éclosion du genre humain. De même que la vie humaine ne se limite pas à tel ou tel instinct fondamental, mais s'érige sur une multitude d'instincts, de besoins, de désirs, de circonstances physiques et psychiques, etc., de même le rêve ne saurait trouver son explication dans tel ou tel élément qui le compose, si évidente que puisse sembler cette explication. Nous pouvons être certain qu'elle est erronée, car aucune théorie simpliste de l'instinct ne saurait capter la psyché humaine, cette grande et belle chose, ni capter, par conséquent, son interprétant, le rêve. Pour rendre justice au rêve, il nous faut posséder un ensemble d'outils d'interprétation laborieusement recueillis dans tous les domaines des sciences humaines[2].»

Jung a discouru sur les fonctions de compensation, de projection et d'orientation du rêve, fonctions qui sont également celles du mythe. «Dans l'ensemble, dit-il, le contenu latent contraste grandement avec le contenu manifeste du rêve, en particulier lorsque l'attitude consciente tend trop exclusivement vers une direction qui mettrait en péril les besoins fondamentaux de l'individu. Plus son attitude consciente est univoque, plus elle s'éloigne de la perfection, plus grande est la possibilité que les rêves frappants, dont le contenu inverse répond néanmoins à un but, seront une expression de l'autorégulation de la psyché.» Il compare cette action compensatoire de la psyché à celle du corps qui triomphe de la maladie. «Tout comme le corps réagit résolument aux blessures, aux infections ou à toute condition inhabituelle, la psyché réagit aux bouleversements anormaux ou dangereux par des mécanismes de défense délibérés[3].» Dans cette mesure et dans ce but, le rêve, la vision ou le cauchemar ont certes une «signification», tout comme l'éternuement, l'ulcération d'une blessure infectée, ou la fièvre.

Les révélations d'un prophète possèdent une «signification» similaire pour l'ensemble d'une société: elles ont pour but d'orienter celle-ci sur la voie de la sagesse et de l'y maintenir. Mais les symboles mythiques directeurs, soit la notion de divinité, les rites glorificateurs ou propitiatoires, les rassemblements populaires, qu'ils soient inspirés ou renouvelés par de telles révélations, n'auront un effet salutaire que tant et aussi longtemps que perdurera le contexte dans lequel ces révélations ont eu lieu. Par exemple, le passage d'une société de chasseurs à une société pastorale ou d'une société pastorale à une société industrielle entraîne une transformation des mythes, à moins que ceux-ci ne soient artificiellement préservés, auquel cas ils deviennent eux-mêmes les agents d'un mal nouveau qui trouvera sa guérison dans la naissance de visions inédites, de nouvelles révélations, de nouveaux prophètes, de nouvelles divinités.

La tendance voulant qu'aujourd'hui l'on donne au mot «mythe» le sens de «fausseté» est presque certainement symptomatique de l'invraisemblance et, par conséquent, de l'inefficacité des révélations mythiques désuètes de l'Ancien et du Nouveau Testament – la chute d'Adam et Ève, les Tables de la Loi, la Géhenne, la venue du Messie, etc. –, et non seulement de ces Testaments archaïques, mais aussi des «utopiacées» (passez-moi le néologisme) qui les remplacent aujourd'hui. Les mythes vivants ne sont pas des notions erronées et ne naissent pas dans les livres. On ne doit pas les considérer comme vrais ou faux, mais bien efficaces ou inefficaces, maturatifs ou pathogènes. Ils sont en quelque sorte des enzymes, les produits de l'organisme où ils évoluent, ou, dans des sociétés homogènes, les produits d'un corps social. Ils ne sont pas le résultat d'une invention; ils sont «survenus ainsi», tout simplement; les visionnaires et les poètes les reconnaissent, les cultivent et en font les catalyseurs de leur bien-être spirituel (lire «psychologique»). Ainsi, il n'y a guère d'utilité à une mythologie défraîchie et désuète ou à une mythologie factice et artificielle; le prêtre ou le sociologue ne sauraient remplacer le poète visionnaire – ce que nous sommes tous en rêve, même si au réveil nous redevenons souvent de vulgaires prosateurs. Dans la Chandogya Upanishad, on peut lire: «Tout comme ceux qui, parce qu'ils en ignorent l'emplacement, passent et repassent sur un trésor caché sans jamais le découvrir, ainsi toutes les créatures pénètrent-elles chaque jour dans l'univers inconditionné de l'être-conscience-extase sans le voir, car elles se laissent distraire par leurs pensées[4].»

Le divin, aujourd'hui, ce à quoi nous devons aspirer, ce n'est nullement la promesse d'un quelconque mythe ou les prétentions d'un dieu que nous avons reçu en héritage, mais bien la source vivante de tous les mythes, de tous les dieux et de tous leurs univers. Voilà ce que j'ai cherché dans les pages qui vont suivre, sans pourtant perdre de vue l'ironie qu'une telle quête présente dans son but même. Car voici ce que dit la Kena Upanishad:

Là l'œil ne voit point;
La parole ne parle point, ni la pensée.
Nous ne savons pas, nous ne comprenons pas
Comment tout cela s'explique.

Celui qui ignore sait.
Celui qui sait ignore qu'il sait.
Celui qui comprend ne comprend pas;
Celui qui ne comprend pas comprend[5].

Et voici ce que dit le Tao de Lao-Tseu:

Celui qui sait ne parle pas;
Celui qui parle ne sait pas[6].

Comme je le disais précédemment, les chapitres 2 et 3 du présent ouvrage abordent donc le problème de la mythologie en tant que produit de la nature; elle a, d'une part, la fonction biologique de favoriser le sain développement de la personnalité et, d'autre part, la fonction métaphysique ou mystagogique de ce qui possède la conscience de

Bouddha, la *tathâgata,* qui nous ouvre au mystère. Ces deux chapitres ont été rédigés et publiés pour rendre hommage à des amis remarquables à qui mes recherches doivent beaucoup: «Biologie et mythologie» fut intégré en 1951 aux mélanges intitulés *Psychoanalysis and Culture,* publiés à l'occasion du soixantième anniversaire de Géza Ròheim; «L'Homme primitif et métaphysicien» parut dans *Culture and History,* publié en 1960 à la mémoire d'un anthropologue qui a réellement fait œuvre de pionnier, Paul Radin (1883-1959).

Par ailleurs, le chapitre 4, «Mythogénèse», version remaniée d'une communication présentée au colloque Eranos de 1959 à Ascona, en Suisse, s'écarte des aspects naturels et biologiques pour s'intéresser davantage à l'historique de la germination, de l'éclosion et du déclin d'une mythologie spécifique. Pour ce faire, j'étudie une seule et unique légende amérindienne, j'aborde les circonstances de sa création, de même que les expériences personnelles du vieux chaman visionnaire qui en a été le dépositaire. Le chapitre 5, «Le symbole dépouillé de son sens», fut aussi présenté une première fois à Ascona, au colloque Eranos de 1957. Il clôt la présente série de mes recherches dans ce que j'appelle la «dimension mythologique». Afin de tenir compte d'un certain nombre de découvertes archéologiques, j'ai dû réviser la deuxième section de la première partie de ce chapitre. Pour le reste, il demeure essentiellement tel que je l'avais rédigé quand il avait servi de plan aux quatre volumes de l'histoire des formes mythologiques que j'ai publiée sous le titre *The Masks of God.*

Enfin, dans le dernier chapitre, intitulé «La sécularisation du sacré» (publié dans les premiers actes de ce qui semble vouloir devenir un symposium annuel, *The Religous Situation: 1968),* j'aborde la crise que traverse aujourd'hui une Europe dont le respect séculaire de la créativité individuelle se heurte à l'anonymat de masse d'une Asie mécanisée et traditionnellement despotique.

Notes

1. Sigmund Freud, *L'interprétation des rêves,* Paris, PUF, 1987.
2. C.G. Jung, «General Aspects of Dream Psychology», dans *The Structures and Dynamics of the Psyche,* traduction de R.F.C. Hull, Bollingen Series XX, Vol. 8, New York, Pantheon Books, 1960, pp. 277-278.
3. *Ibid.,* p. 253.
4. *Chandogya Upanishad* 8.3.2.
5. *Kena Upanishad* 1:3 et 2:3.
6. *Tao Te Ching* 56.

Le conte de fées

[1]

L'œuvre des frères Grimm

Frau Katherina Viehmann (1755-1815) était âgée d'environ cinquante-cinq ans quand les jeunes frères Grimm découvrirent son existence. Elle avait épousé en 1777 un tailleur du village de Niederzwehren, situé près de Kassel. Elle était grand-mère. «Cette femme», écrivit Wilhelm Grimm dans la préface de la première édition du deuxième volume (1815) des contes, «possède un visage énergique et plaisant, ainsi qu'un regard limpide et vif; elle a dû être belle dans sa jeunesse. Elle conserve vivant le souvenir de ces anciennes sagas, talent qui, selon elle, n'est pas donné à tout le monde; nombreux sont ceux qui ne parviennent à se souvenir de rien. Elle relate ces histoires d'une manière réfléchie, avec exactitude, non sans une rare vivacité et un plaisir évident. Elle le fait d'abord tout d'une traite, mais si on le lui demande elle reprend son récit lentement, de sorte qu'avec un peu de pratique on peut en transcrire le mot à mot. Nous avons ainsi consigné un grand nombre de contes avec une remarquable fidélité de détail. Quiconque croit que l'on falsifie souvent les contes traditionnels ou que l'on se préoccupe peu de les préserver, mettant ainsi leur survie en péril, devrait constater avec quelle précision cette femme reprend à chaque fois son récit, avec quel zèle elle se préoccupe de son exactitude; elle ne modifie jamais le moindre passage lorsqu'elle répète un conte; elle corrige elle-même ses erreurs dès qu'elle les remarque. Ceux qui observent sans les modifier les modes de vie anciens sont plus attachés aux traditions que nous, qui aspirons impatiemment au changement, ne sommes en mesure de l'imaginer[1*].»

Simples fermiers des villages environnants, conteurs rencontrés chez les fileuses et dans les pubs de Kassel, tels furent les informateurs qui permirent à Jacob et à Wilhelm de recueillir au fil des ans la matière de leurs livres. Ils reçurent également des contes de leurs amis. Les notes mentionnent souvent «De Dortchen Wild, à Kassel» ou «De Dortchen, dans la serre». Dortchen Wild, qui devint plus tard l'épouse de Wilhelm, fournit aux frères Grimm plus d'une douzaine de contes. Elle avait baigné avec ses cinq sœurs dans les contes folkloriques que leur racontait leur vieille gouvernante, *die alte Marie*[2]*. Les Hassenpflug transmirent aux Grimm un important corpus de contes de la région de Hanau[3]**, de même que les von Haxthausen, originaires de Westphalie[4]. Les frères ont également fouillé les manuscrits allemands du Moyen Âge, de même que les répertoires de traditions populaires et les recueils de l'époque luthérienne.

Les travaux de Jacob et de Wilhelm Grimm (1785-1863 et 1786-1859) se démarquent principalement par leur grand respect des sources. Les compilateurs précédents n'avaient pas hésité à manipuler leur matériel. Les frères Grimm tenaient à ce que le conte imprimé reproduise fidèlement les récits des informateurs. Les Romantiques de la génération précédant immédiatement la leur avaient vénéré la poésie populaire. Pour Novalis, le conte de fées représentait la plus fondamentale et la plus grande création du génie humain. Schiller n'avait quant à lui aucunement hésité à écrire:

> *Tiefere Bedeuntung*
> *Liegt in dem Märchen meiner Kinderjahre*
> *Als in der Wahrheit, die das Leben lehrt* ***.

Sir Walter Scott avait recueilli et étudié les ballades de la frontière écossaise. Wordsworth avait chanté la Camarde. Mais avant les frères Grimm, personne n'avait réellement acquiescé à l'aspérité, à la grossièreté, à la simplicité des contes de fées. Les anthologistes les avaient remaniés, restaurés et tempérés; les poètes avaient fait éclore de nouveaux chefs-d'œuvre de cette opulente matière brute. Mais personne n'avait songé à étudier le conte selon une approche rigoureusement ethnographique.

Fait à noter, les frères Grimm n'eurent jamais besoin de *développer* leur idée; elle leur fut donnée en bloc dès la fin de leurs études de droit. En furetant dans la bibliothèque de son professeur préféré, le juriste Friedrich Karl von Savigny, Jacob était tombé par hasard sur un recueil de *Minnesängers,* c'est-à-dire de trouvères allemands. Presque aussitôt, l'avenir des frères Grimm se dessina devant eux. Ils reçurent les encouragements de deux de leurs amis, Clemens Brentano et Ludwig Achim von Arnim, qui avaient publié en 1805, dans l'esprit romantique de l'époque, un recueil de chansons folkloriques intitulé *Des Knaben Wunderhorn*. Jacob et Wilhelm leur prêtèrent main-forte dans la préparation des volumes subséquents du *Wunderhorn* en recueillant des récits auprès de leurs amis. En même temps, ils cherchaient, déchiffraient et commençaient à mettre au point des manuscrits médiévaux. Le recueil de contes de fées ne représentait qu'une infime partie de leur vaste projet immédiat; on aurait pu le comparer à la grande salle d'exposition d'un musée de l'ethnologie lorsque, dans les bureaux de l'étage, les érudits s'adonnent à des recherches peu intéressantes ou même peu accessibles au public en général.

Les travaux des frères Grimm se heurtèrent à un grand nombre d'obstacles. En 1806, les armées de Napoléon envahirent Kassel. Wilhelm écrit: «Cet effondrement de tout ce qui fut restera à jamais gravé dans ma mémoire. [...] L'ardeur avec laquelle nous avons pourvuivi nos études du germanique nous a aidés à surmonter cette crise. [...] Nul doute que la situation mondiale et notre besoin de trouver une certaine sérénité dans l'étude ont tous deux contribué au réveil d'une littérature oubliée; mais non seulement nous avons recherché une consolation dans le passé, nous avons de plus espéré que le cours de nos activités puisse contribuer à ramener des jours meilleurs.» Tandis que des «étrangers, des coutumes étrangères et une langue étrangère et criarde» hantaient les voies de communication, que «les pauvres titubaient dans les rues tandis qu'on les conduisait à la mort», les frères demeuraient assis à leur table de travail, s'efforçant de ressusciter le présent en faisant revivre le passé.

En 1805, Jacob avait visité les bibliothèques de Paris; son aptitude à s'exprimer en français lui avait valu une place de commis au ministère de la Guerre. Deux de ses frères étaient au front avec les hussards. Dès après le décès de sa mère en 1808, il fut nommé vérificateur général au Conseil d'État et conservateur de la bibliothèque privée de Jérôme Bonaparte, le roi postiche de Westphalie. Sa situation financière était assurée, mais il devait abattre une somme de travail considérable. Le premier tome des *Contes* parut pendant l'hiver de la retraite de Moscou (1812); deux ans plus tard, au beau milieu de la préparation du tome II, Jacob fut expédié à Paris dans le but d'exiger la restitution de la bibliothèque de sa ville natale, que les Français s'étaient appropriée. Puis, en 1816, après avoir participé au Congrès de Vienne en qualité de secrétaire de la légation, on l'envoya encore une fois rapatrier une autre collection de livres. Cette situation lui parut on ne peut plus fâcheuse. Le bibliothécaire, un certain M. Langlès, protesta avec véhémence quand il l'aperçut qui examinait des manuscrits dans la Bibliothèque: «*Nous ne devons plus souffrir ce Monsieur Grimm, qui vient tous les jours travailler ici et qui nous enlève pourtant nos manuscrits*[5].»

Wilhelm n'était pas aussi énergique et sûr de lui que Jacob, mais il possédait une nature joviale et douce. Pendant les années que dura leur cueillette de contes, il souffrit d'une grave maladie du cœur qui l'obligeait parfois à s'aliter plusieurs jours de suite. Les deux frères ne se sont jamais quittés. Enfants, ils dormaient dans le même lit et étudiaient à la même table. Jeunes étudiants, ils partageaient deux lits et deux tables dans une chambre commune. Même après le mariage de Wilhelm et de Dortchen Wild en 1825, oncle Jacob vivait avec eux «dans une telle harmonie et une telle communion de pensée que l'on aurait pu croire les enfants leur propriété commune[6]». Il est donc difficile de dire où s'arrête le travail de Jacob et où commence celui de Wilhelm.

Les portraits gravés des deux frères révèlent de très beaux jeunes hommes aux yeux vifs et aux traits délicats. Wilhelm possède le front le plus haut, le menton le plus marqué; ses yeux s'ouvrent sous des sourcils arqués légèrement broussailleux. La mâchoire de Jacob est plus volontaire, il semble plus costaud et plus détendu. Ses cheveux sont un peu plus foncés, moins ondulés et ébouriffés. Les deux frères ont une bouche identique, au beau tracé. Comme le dicte la mode de l'époque, ils portent des chemises à haut col souple et évasé, et leurs cheveux sont en désordre. Alertes, ils ont le nez pointu et les narines frémissantes; ils attirent immédiatement le regard.

Tout porte à croire que Jacob a manifesté dans leurs recherches davantage d'initiative ainsi qu'un plus grand souci de rigueur et un infatigable zèle pour la cueillette. Quant à Wilhelm, il se penchait sur les contes avec un dévouement sincère et faisait preuve d'un jugement exquis quand il s'agissait de choisir, de réunir et de veiller à l'organisation de l'ensemble des textes. En 1809, ils avaient envisagé de confier leurs manuscrits à Brentano. Mais Jacob se méfiait de l'habitude qu'avait leur ami d'aménager les contes traditionnels en leur injectant des éléments de son cru, en les élaguant, en les augmentant, en réorganisant la matière première avec brio et en l'assaisonnant au goût du jour. Jacob n'approuvait pas la façon dont avaient été remaniés les textes du *Wunderhorn*. Mais le poète Brentano jugeait l'érudit Jacob un peu morose et se préoccupait peu d'exactitude historique. Achim von

Arnim, quant à lui, vint en aide aux frères Grimm et sut les conseiller. Bien qu'il ait de temps à autre incité Jacob à plus de souplesse dans son approche, il ne se détourna pas des deux frères quand ceux-ci se montrèrent inflexibles. Il chargea un imprimeur de Berlin, Georg Andreas Reimer, d'assurer l'impression du corpus de contes.

Le tome I parut à l'époque de Noël. Il était dédié à Bettina, l'épouse d'Achim von Arnim, et à leur petit garçon, Johannes Freimund. À Vienne, l'ouvrage fut perçu comme un recueil de superstitions et banni. Ailleurs, en dépit des tensions politiques du temps, il fut accueilli avec enthousiasme. Clemens Brentano déclara que la matière du recueil, publiée sans améliorations, lui paraissait négligée et souvent ennuyeuse; d'autres jugèrent certains contes inconvenants; les critiques furent rares et plutôt négatives. Le livre connut néanmoins un succès immédiat et durable. Sans s'y attendre, les frères Grimm avaient produit le grand chef-d'œuvre auquel avait aspiré tout le Romantisme allemand.

Von Arnim fit part à Wilhelm de sa satisfaction: «Vous avez effectué une cueillette opportune, votre intervention fut parfois très à propos, ce qu'ignore Jacob, bien entendu...» Les contes ne provenaient pas tous d'informateurs aussi doués que la conteuse de Niederzwehren. Certains d'entre eux avaient subi d'importantes modifications. D'autres, transmis par des amis, avaient perdu toute leur saveur. D'aucuns avaient été cueillis sous forme de fragments qu'on avait dû rapiécer. Mais Wilhelm avait tenu un registre de tous les ajustements effectués par lui qui n'avaient pas pour but d'embellir mais bien de faire ressortir ces aspects de l'intrigue qu'un informateur peu habile avait obscurcis. En outre, on put déceler dans les volumes subséquents parus au fil des ans le travail d'une main soigneuse et respectueuse. La méthode de Wilhelm, contrairement aux procédés des romantiques, lui était dictée par sa connaissance toujours plus vaste des parlers populaires. Il notait avec soin le vocabulaire préféré des gens ainsi que leurs procédés narratifs de prédilection. Ensuite, en se penchant sur les textes de tel ou tel raconteur reproduits sous la dictée, il en retranchait les formules abstraites, trop littéraires ou ternes et les remplaçait par les expressions typiques et colorées qu'il avait rassemblées par monts et par vaux. Au début, Jacob exprima des réticences. Mais il devint vite évident que la patiente dévotion du cadet améliorait considérablement les contes. Puisque Jacob se consacrait de plus en plus à ses travaux de grammairien, il abandonna peu à peu sa participation au projet en faveur de Wilhelm. La première édition du tome II était déjà en grande partie due à Wilhelm; par la suite, le corpus tout entier fut placé sous sa responsabilité.

Le tome II parut en janvier 1815. Les frères avaient bénéficié pour sa préparation d'une aide continuelle. «Parce que nous avons rassemblé seuls les textes du premier volume», écrivit Wilhelm dans une lettre à un ami, «notre labeur dura six longues années; maintenant, tout se déroule beaucoup mieux et beaucoup plus vite.» La deuxième édition fut publiée en 1819; il s'agissait d'une version revue et considérablement augmentée que Wilhelm fit précéder d'une introduction intitulée «De la nature du conte populaire». Puis, en 1822, un troisième volume vit le jour. Il s'agissait d'un recueil de commentaires comprenant les notes des éditions précédentes, des réflexions inédites ainsi qu'une étude comparative exhaustive[7]. En 1825, les frères publièrent un choix de cinquante contes, puis, en 1837, une troisième édition revue et augmentée des deux recueils originaux. Les éditions de 1840, 1843, 1850 et 1857 comportent également des améliorations. Les contes furent presque immédiatement traduits en danois, en suédois et en français. Peu après on vit paraître des traductions néerlandaise, anglaise, italienne, espagnole, tchèque, polonaise, russe, bulgare, hongroise, finnoise, estonienne, hébraïque, arménienne, ainsi qu'une traduction en espéranto. Des contes directement ou indirectement dérivés des contes de Grimm ont depuis été recueillis en Afrique, au Mexique et en Océanie.

[2]

La classification des contes

La parution des contes des frères Grimm eut pour effet immédiat de transformer l'attitude des érudits du monde entier face aux œuvres populaires. Dès 1812, ils manifestent une humilité nouvelle envers leurs informateurs. L'exactitude est le nouveau credo, non plus l'embellissement, et les «retouches» sont devenues un péché impardonnable. Le nombre et la compétence des agents de cueillette s'accroissent rapidement. Des travailleurs sur le terrain, munis d'un calepin et d'un crayon, se dispersent à travers le monde. Aujourd'hui, les étagères de nos bibliothèques regorgent de recueils venus de Suisse, de la Frise, des Pays-Bas, du Danemark, de Suède, de Norvège, d'Islande, des îles Féroé, d'Angleterre, d'Écosse, du Pays de Galles, d'Irlande, de France, d'Italie, de Corse, de Malte, du Portugal et d'Espagne. On y trouve des récits basques, rhéto-romans, grecs modernes, roumains, albanais, slovènes, serbo-croates, bulgares, macédoniens, tchèques, slovaques, serbes et polonais; des récits de la grande Russie, de la petite Russie et de la Biélorussie; des contes lithuaniens, latviens, finnois, lapons et estoniens; des légendes mariis, mordves, oudmourtes, syryéniennes, tsiganes et hongroises; turques, tatares, tchouvaches et bachkirs; kalmoukes, bouriates, vogoules et ostiaks; yakoutes, sibériennes et caucasiennes; des contes sont arrivés jusqu'à nous d'Iran et de l'Inde, de Mésopotamie, de Syrie, du désert d'Arabie, du Tibet, du Turkestan, de Java et de Sumatra, de Bornéo, des Célèbes, des Philippines, de Birmanie, du Siam, d'Annam, de Chine, de Corée et du Japon, d'Australie, de Mélanésie, de Micronésie, de Polynésie, d'Afrique, d'Amérique du Sud, d'Amérique centrale et d'Amérique du Nord. Des archives toujours inédites s'accumulent dans des institutions provinciales, nationales et mondiales. Là où naguère il y avait pénurie, il y a maintenant une telle abondance qu'il devient difficile de savoir comment aborder cette matière, dans quelle optique elle doit être envisagée, ce que nous devons en penser.

Cet océan d'histoires regroupe plusieurs catégories de récits. Parmi les nombreux ensembles de matériel dit «primitif» on trouve les *mythes,* c'est-à-dire des récitations à caractère religieux, symboliques du rôle de l'éternité dans le temps. Ces récitations n'ont pas lieu dans un but de divertissement, mais bien pour le bien-être spirituel de la collectivité. Font également partie de ce corpus les *légendes,* soit les récits historiques ou les fragments de récits historiques, traduits de façon que le symbolisme mythologique anime les faits et les événements. Tandis que les mythes traduisent des intuitions cosmogoniques et ontologiques, les légendes se rapportent à la vie quotidienne et à une société spécifique[8]*. Dans une certaine mesure, le pouvoir religieux du mythe s'exerce dans la légende, et le récitant doit veiller aux circonstances de sa récitation afin d'éviter la destruction de ce pouvoir. Si les mythes et légendes sont parfois un divertissement, ils ont avant tout pour fonction de procurer un enseignement.

Les *contes* sont, au contraire, destinés à distraire: contes du foyer, contes des soirées d'hiver, contes de nourrice, histoires d'auberges, histoires de matelots, causeries du soir des caravanes. Les plus anciennes sources écrites et les cercles tribaux les plus primitifs attestent du goût commun à tous les peuples pour une bonne histoire. Le conte a fait feu de tout bois. Mythes et légendes d'une époque révolue, aujourd'hui discrédités ou incompris, privés de leur ancien pouvoir (mais possédant toujours celui de charmer), ont fourni la matière première de ce que nous appelons aujourd'hui simplement *contes animaliers, contes de fées, récits épiques ou romantiques.* Les géants et les gnomes des Allemands, les «petits hommes» des Irlandais, les dragons, les chevaliers et les dames des légendes arthuriennes furent autrefois les dieux et les démons de la verte Érin et de l'Europe. De même, les divinités des anciens Arabes apparaissent sous les traits des djinns dans l'univers des contes islamiques. Ces récits sont perçus avec plus ou moins de sérieux par les conteurs; le public, quant à lui, les écoute avec émerveillement, avec nostalgie pour les croyances passées, avec une ironie amusée, ou simplement dans la joie, en trouvant du plaisir dans les prodiges d'imagination et les complexités de l'intrigue. Quelle que soit l'ambiance, les histoires, du moment qu'il s'agit de «contes», sont destinées à divertir. On les travaille du point de vue des rebondissements, du suspense, des répétitions[9], de la résolution.

Les formules d'ouverture et de fermeture des contes de fées contribuent à distinguer du monde habituel leur univers intemporel et sans lieu défini: «Il était une fois, il n'était pas une fois; à part Dieu il n'y avait personne»; «Sous le règne du bon roi Arthur»; «Il y aura mille ans demain»; «On raconte – mais Allah seul est plus savant! – qu'il y avait autrefois à...»; «Il y a très, très longtemps, quand Brahmadatta était prince de Bénarès»; «Ils vécurent longtemps et eurent beaucoup d'enfants»; «Et voilà tout»; «Je le laisse là; qu'il reste dans le mal et que je revienne en paix»; «Ils vécurent dans la joie et dans la volupté jusqu'à ce que les surprît celle qui chasse les plaisirs et sépare ceux que la vie réunissait». Cette belle formule de clôture est attribuée aux Swahilis de Zanzibar: «Si mon conte était beau, sa beauté est à tous; s'il était laid, c'est par ma seule faute[10].»

Le récit est généralement en prose, mais des vers y sont souvent intercalés dans des moments critiques:

Cigogne, cigogne raide,
Envole-toi dans ton domaine,
Ta femme est dans son nid
Avec ses quatre grands petits.

Passe, passe, passera,
La dernière, la dernière,
Passe, passe, passera,
La dernière restera!

Rou, rou, rou, rou!
Il y a du sang là-dessous,
Le soulier est trop petit,
La vraie fiancée n'est pas ici.

Petit arbre, agite-toi et secoue-toi,
Pour jeter de l'or et de l'argent sur moi.

Dans les contes arabes, rarement dans les contes européens, la prose du texte glisse par instants dans les assonances ou la scansion poétique: «Je ne sais moi-même vers quels lieux me porte le voyage, car on m'emmène avec hâte et bien peu de bagages. La nuit viendra et l'oiseau du fourré annoncera par ses plaintes modulées, sur les rameaux, la nouvelle de notre triste destinée.» «Tu te balances, ô pleine de grâce, dans ta tunique grenat, légère comme la gazelle; et tes paupières, à chacun de tes mouvements nous lancent les flèches mortelles.» «Tire la chevillette, la bobinette cherra.»

Dans le délicieux chante-fable français du Moyen Âge, *Aucassin et Nicolette,* les passages en vers alternent avec les passages en prose. Les *lais* qui servaient au divertissement des héros dans les auberges, les poèmes épiques plus tardifs et les *ballades* populaires étaient entièrement versifiés. Rythme et rimes servaient l'enchantement du «Il était une fois, il y a très très longtemps[11]».

«Lorsque la coupe fut en pleine circulation, le portefaix leur dit: "Hohé! nos frères! Avez-vous dans vos sacs quelque bonne histoire ou quelque aventure merveilleuse qui puisse nous amuser?"» On est aussi heureux de combler les heures creuses avec une aventure personnelle qu'avec un fragment de merveilleux. Ainsi, la vie factuelle concentrée dans l'*anecdote,* rythmée et chronométrée pour attirer et justifier l'attention, a apporté une vaste contribution au conte. L'anecdote peut être absolument réaliste, un peu exagérée ou carrément incroyable. Cette dernière catégorie se confond volontiers avec l'*invention* pure et simple: la facétie, la farce, l'histoire de fantômes. Elle peut en outre emprunter à la matière mythologique de la romance populaire et ainsi acquérir certaines des caractéristiques de la légende.

Une catégorie distincte et relativement récente est la *fable.* Les meilleurs exemples se trouvent chez les Grecs et dans les recueils médiévaux attribués à «Ésope», ainsi que parmi les fables orientales des brahmanes, des bouddhistes et des jains. La fable est didactique. Contrairement aux mythes, elle ne révèle pas les mystères transcendentaux, mais elle veut brillamment commenter une question politique ou éthique. Les fables sont pleines d'esprit. On n'est pas invité à leur accorder foi, mais à les comprendre[12].

Les Allemands regroupent volontiers toutes les catégories des contes populaires sous l'appellation de *Märchen.* Par conséquent, les frères Grimm inclurent dans leurs recueils des contes en tous genres. Depuis, les chercheurs ont analysé cet assortiment et effectué une classification. On trouvera une telle liste en fin de chapitre (p. 40); elle a été mise au point par le folkloriste finnois Antti Aarne[13] et se fonde sur les méthodes standard de classification du conte.

[3]

L'historique du conte

L e conte a connu une évolution à peu de chose près similaire partout dans le monde. Cet état de choses a donné lieu à de longs et complexes débats parmi les spécialistes[14]. Dans l'ensemble, on s'entend pour dire que cette continuité, de même que d'occasionnelles similitudes de détails, sont dues à la communauté psychologique du genre humain, et que les contes ont par ailleurs été abondamment transmis de bouche à oreille, non seulement depuis des siècles mais bien depuis des millénaires et ce, sur un très vaste territoire, même dans les coins les plus reculés du globe. Par conséquent, on doit tenir compte de l'historique particulier du folklore de chaque région. Chaque histoire, chaque thème même, a connu un destin rempli de péripéties.

Pour les frères Grimm, le folklore européen était le résidu d'anciennes croyances germaniques: les mythes archaïques s'étaient fondus d'abord aux épopées et aux romans chevaleresques, ensuite aux merveilleux contes de nourrice. Toutefois, en 1859, soit l'année du décès de Wilhelm, un spécialiste du sanskrit, Theodor Benfey, démontra que, pour une large part, le folklore européen était venu directement de l'Inde par le biais de traductions arabes, hébraïques et latines et ce, même au treizième siècle de notre ère[15]. Depuis l'époque de Benfey, des preuves abondantes et complexes d'une évolution polygénétique tardive du conte de fées dans l'Europe chrétienne ont été rassemblées.

Les tenants de l'école anthropologique britannique de la fin du dix-neuvième siècle (E.B. Tylor, Andrew Lang, E.S. Hartland et

d'autres) croyaient que les éléments irrationnels des contes de fées pre-
naient racine dans une tendance débridée à la superstition. Ils voyaient
partout l'âme manifeste, le totémisme, le cannibalisme et les tabous.
Aujourd'hui, nous savons que de telles irrationnalités sont aussi
courantes dans la vie onirique de l'Européen moderne que dans celle
des peuplades du Congo, et nous ne nous empressons pas de faire
reculer l'origine d'un conte au paléolithique simplement parce que
l'héroïne épouse une gazelle ou dévore sa mère. Néanmoins, dans
quelques-uns des contes de Grimm, l'on peut identifier avec certitude
quelques vestiges de coutumes primitives[16], tandis que d'autres
indices de l'époque des migrations barbares perdurent dans environ
une demi-douzaine d'entre eux[17].

Il C'est vers le dixième siècle de notre ère que la tradition folklorique européenne entre en crise. Histrions, ménestrels et saltim-
banques itinérants ramenaient des rivages ensoleillés de la Méditerranée des thèmes gréco-romains qu'ils dispersaient sur les routes
des pèlerins et jusqu'aux portes des châteaux[18]. Les missionnaires
faisaient aussi leur part. Les farouches idéaux guerriers des anciens
contes faisaient place à une nouvelle piété et à un sentimentalisme
didactique: la Vertu triomphait, la Patience était récompensée,
l'Amour perdurait.

Il semble toutefois qu'ait prévalu une certaine pauvreté d'invention jusqu'au douzième siècle, moment où la matière indienne et
irlandaise des contes s'est frayé un chemin jusqu'en Europe. C'était
l'époque des Croisades et de la naissance de la légende arthurienne,
celles-là ouvrant largement l'Europe aux civilisations orientales, celle-
ci conviant du royaume féerique celte tout un univers merveilleux de
princesses endormies, de châteaux solitaires, de forêts enchantées, de
dragons cracheurs de feu dans leurs cavernes humides, de mages
Merlin, de fées Morgane, de vieilles sorcières qu'un baiser métamorphose en magnifiques demoiselles. L'Europe a hérité presque toute sa
féerie de l'imaginaire des Celtes[19].

Peu après, le *Panchatantra* hindou fit son apparition. L'œuvre
avait été traduite du sanskrit au persan au sixième siècle, du persan à
l'arabe au huitième siècle et de l'arabe à l'hébreu vers le milieu du
treizième siècle. Vers 1270, Jean de Capoue traduisit la version
hébraïque en latin. C'est cette version latine qui fut ensuite traduite en
allemand et en italien. En 1251, on avait traduit la version arabe en
espagnol; plus tard, on tira une version anglaise du texte italien. Des
contes isolés connurent une grande popularité en Europe où ils furent
rapidement assimilés. Benfey écrit: «Les contes vont des recueils lit-

téraires au peuple, puis retournent, transformés, à la littérature écrite avant que le peuple ne se les approprie une fois de plus, etc. C'est surtout par cette action coopérative qu'ils acquièrent leur esprit national et individuel – cette force commune et cette unité individuelle qui confèrent à tant de contes leur richesse poétique[20]*.»

Le treizième siècle vit naître une merveilleuse période. Avec la fin de l'époque galante des Croisades, le goût de l'aristocratie pour le roman en vers déclina et la prose vigoureuse des cités médiévales s'imposa. Des recueils en prose de contes traditionnels commencèrent à paraître, où figuraient toutes sortes d'anecdotes et d'histoires merveilleuses; c'étaient de vastes, d'immensurables compilations dont les chercheurs modernes n'ont que gratté la surface. Une avalanche inexhaustible d'histoires divertissantes, de mésaventures, de légendes héroïques, de légendes de saints et de démons, de fables animalières, de parodies d'épopées, de bouffonneries, de devinettes, d'allégories pieuses et de ballades populaires furent du coup consignées sur papier, enrichies de tout ce qui les avait précédées. Combinée aux thèmes monastiques et seigneuriaux, aux thèmes bibliques et à ceux de l'Orient païen et puisant à des sources préchrétiennes, cette merveilleuse et bruyante ménagerie éclata dans la pierre des cathédrales, grimaça dans les vitraux, se tordit de rire dans les grotesques et s'enroula dans les enluminures des manuscrits; on l'aperçut dans les tapisseries, sur les selles et les armes, sur les coffrets, les miroirs et les peignes[21]. Pour la première fois fleurissait en Europe une véritable littérature populaire. La matière affluait de partout, elle était ensuite dispersée dans toutes les directions marquée au sceau du gothique, de sorte que, quelle qu'ait été l'origine de ces œuvres, elles avaient été recréées par le peuple européen.

Beaucoup de ces thèmes se frayèrent un chemin dans les textes littéraires de la fin du Moyen Âge, de la Réforme et de la Renaissance (Boccace, Chaucer, Hans Sachs, *Les Cent Nouvelles Nouvelles,* etc.), puis revinrent au peuple, transformés. Cette période fastueuse se poursuivit jusqu'à la guerre de Trente Ans (1618-1648).

Enfin, à la cour de Louis XIV, on prit goût à la transformation délicate des fables et des contes de fées, mode dictée en partie par la nouvelle traduction d'une version persane plus récente du *Panchatantra* et en partie par la traduction d'Antoine Galland des *Mille et une nuits.* Ce passe-temps donna naissance à une abondante récolte de pièces délicates et nouvelles (La Fontaine, Perrault, les quarante et un volumes du *Cabinet des Fées*). Le peuple s'en appropria un grand nombre et leur fit franchir le Rhin.

Ainsi, quand les frères Grimm entreprirent leur cueillette, un grand nombre de ces contes avaient recouvert la lointaine mythologie des anciennes tribus. Des histoires venues de tous les coins du globe, le produit de l'imagination de toutes les couches de la société et de toutes les époques du monde occidental s'entremêlaient. On constatait néanmoins que cet héritage était pénétré d'une homogénéité certaine de style et de personnages. Un processus ininterrompu de re-création, une sorte de métabolisme spirituel avait si complètement fait éclater les structures originales de ce legs en les assimilant à la civilisation vivante que seules une observation méticuleuse et habile, une analyse approfondie et une étude comparative auraient pu faire apparaître son origine et son état antérieur. Pour les frères Grimm, cette riche composition était un organisme vivant dont ils cherchaient à pénétrer le passé. Le scientifique moderne, au contraire, fouille l'organisme pour en déterminer les composantes, puis fouille celles-ci à leur tour pour en déceler les sources lointaines. Les recherches contemporaines nous fournissent un aperçu plus complexe du processus évolutif de la culture que cela n'était possible au temps des frères Grimm.

Tournons-nous maintenant vers le conte individuel, vers l'élément migratoire qui pénètre dans notre système et s'adapte à notre mode de vie. Quelle est *son* histoire? Que peut-il bien lui arriver tout au long de sa carrière?

Dans son voyage d'Orient en Occident, tandis qu'il survit aux révolutions de l'histoire et à l'usure du temps, qu'il traverse les barrières des langues et des croyances tout en devenant le conte préféré d'un roi sarrasin, d'un vaillant guerrier, d'un moine capucin ou de la vieille Marie, le conte subit des transformations kaléïdoscopiques. Le premier défi du chercheur consiste à identifier, à fixer et à déterminer un système de clefs, le principe formel de l'entité du conte, tout ce qui est essentiel à son existence. Puis, tout en suivant le conte à travers ses pérégrinations, on constate qu'il assimile des matériaux cueillis dans toutes les contrées qu'il traverse. Il se transforme, comme un caméléon; il emprunte les couleurs du paysage; il vit et se modèle au gré des circonstances du moment. «Un tel conte, dit un chercheur américain, est tout ensemble une entité spécifique et une abstraction. Il est une entité par sa forme au moment précis où on le consigne. Il est une abstraction parce qu'aucune version n'est identique aux autres et que, par conséquent, le conte ne survit que par ses mutations infinies[22].»

Au cours de la vie d'une version spécifique d'un conte, un certain nombre d'accidents typiques peuvent survenir. On oublie un détail. On naturalise une caractéristique étrangère, on en modernise un aspect désuet. Un terme générique (animal) devient spécifique (souris) ou, inversement, un spécifique devient un générique. On réorganise la chronologie des événements. On confond les personnages ou les rebondissements, les éléments du conte s'entre-influencent. On multiplie les personnages ou les objets (surtout par trois, par cinq et par sept). On remplace un animal unique par plusieurs animaux (polyzoïsme). Les animaux assument une forme humaine (anthropomorphisme) ou vice versa. Les animaux deviennent des démons ou c'est l'inverse qui se produit. Le narrateur est le héros du conte (egomorphisme). En outre, des éléments inédits issus d'autres contes populaires viennent amplifier l'histoire. Une telle expansion peut se produire n'importe où dans le récit, mais elle a lieu le plus souvent au début ou à la fin. On peut aussi relier plusieurs contes entre eux. Enfin, l'inventivité d'un conteur peut donner lieu à des ajouts délibérés, pour le meilleur et pour le pire[23].

En Europe, l'étude sérieuse du conte populaire débuta avec le Romantisme et parvint à maturité avec les frères Grimm. En 1907, la fondation de la société des «Folklore Fellows» à Helsingfors, en Finlande, permit de coordonner ce colossal sujet d'études afin qu'il fasse l'objet de recherches systématiques partout dans le monde. La méthode géographico-historique, mise au point par les membres de ce groupe cardinal[24], permet au chercheur moderne de retracer le cheminement invisible du conte oral presque jusqu'aux pieds de son inventeur, par delà les frontières des États, des langues, des continents, même au-delà des mers et jusqu'à l'autre bout du monde. Ce travail a requis la participation d'érudits des cinq continents; la répartition mondiale de la matière a exigé la formation d'une équipe internationale. Mais ces recherches ont commencé comme la plupart des recherches dans le domaine du folklore: par fierté patriotique locale.

Vers le milieu du dix-neuvième siècle, un fort mouvement nationaliste prenait forme en Finlande. Coincé depuis cinq cents ans entre la Suède et la Russie, ce petit pays avait été annexé en 1809 par le tsar Alexandre Ier. Depuis la fin du dix-huitième siècle, le suédois y avait été la langue académique officielle. Maintenant, un groupe de jeunes patriotes s'étaient mobilisés en vue de la restauration de leur culture et de leur langue natives.

Elias Lönnrot (1802-1884), médecin de campagne et étudiant en philologie finnoise, recueillit auprès du peuple des ballades et des contes populaires, travail qui fut l'équivalent nordique de celui des frères Grimm. Après avoir rassemblé un considérable corpus de poésie populaire racontant les exploits des héros légendaires Väinämöinen, Ilmarinen, Lemminkainen et Kullervo, il les réunit en séquences et les traduisit en vers de métrique uniforme. Ainsi, en 1835, il publia la première édition de ce qui allait devenir la grande saga nationale finlandaise, *Kalevala,* ou «Terre des héros»[25].

Julius Krohn (1835-1888), le premier étudiant à prétendre présenter sa thèse universitaire en finnois, s'est voué à l'étude des traditions folkloriques et, plus particulièrement, à la matière première du *Kalevala* de Lönnrot. Il découvrit dans les ballades et les contes populaires suédois, russes, allemands, tatars, etc., de nombreuses variantes des thèmes de l'épopée de Lönnrot. Il devenait par conséquent impossible d'étudier le *Kalevala* d'une seule pièce; il fallait plutôt retracer la genèse de chacun de ses éléments. Cette découverte marqua pour lui la première étape du développement de la méthode géographico-historique finnoise.

Julius Krohn constata ensuite que tous les exemples finnois d'un thème spécifique ne pouvaient se comparer trait pour trait aux versions étrangères; seule ce qui lui parut être la plus ancienne des formes finnoises se rapprochait des versions des pays avoisinants. Il en conclut que la matière première de l'épopée nationale avait pénétré en Finlande de l'étranger et avait subi, une fois entrée, des modifications graduelles.

Enfin, Julius Krohn constata que chacune de ces modifications semblait correspondre à un territoire spécifique. Il nota donc soigneusement les sources géographiques et les rapports chronologiques de tous les éléments étudiés. Il fut ainsi en mesure d'analyser les transformations subies par chacun des thèmes d'un conte au cours de son périple de bouche à oreille, à travers le pays et à travers le temps. «Avant tout, je démêle et j'organise les différentes variantes en fonction de leur chronologie et de la topographie», écrivit-il au philologue hongrois P. Hunfalvy en 1884; «car j'ai découvert que c'est là la seule manière de distinguer les éléments originaux des ajouts subséquents[26].»

En ce qui concerne le *Kalevala,* Julius Krohn conclut qu'il ne s'agissait ni d'une légende très ancienne ni de thèmes d'origine finnoise. Les éléments narratifs avaient pénétré en Finlande avec les différentes vagues culturelles qui s'étaient répandues sur l'Europe au cours des siècles. Après avoir germé dans les jardins de l'Orient et les vallées fertiles du monde de l'Antiquité, ils avaient traversé l'Europe méridionale – surtout par voie de bouche à oreille –, puis avaient bifurqué vers l'est jusqu'aux territoires slaves et tatares, d'où ils avaient progressé jusqu'aux peuples du nord[27]. Là, chaque peuple les avait développés, réinterprétés, amplifiés, puis les avait transmis à ses voisins.

Par conséquent, tant en Finlande qu'en Allemagne, ce qui avait commencé comme l'étude d'un folklore national devint inévitablement l'étude d'une tradition mondiale. Et la science à laquelle la ferveur patriotique avait donné naissance donna immédiatement lieu à une collaboration internationale. Le fils de Julius Krohn, Kaarle Krohn, appliqua la méthode géographique développée par son père au problème particulier que posait le conte de fées[28]; ce fut lui qui, en 1907, en collaboration avec des chercheurs allemands et scandinaves, fonda la société de recherches qui a, depuis, coordonné les travaux entrepris dans un grand nombre de régions différentes.

Voici la façon dont cette recherche a été menée:

Un index des catégories de contes a été publié en 1911 par Antti Aarne[29]. (Les catégories dont il est question dans cette étude fondamentale sont celles que nous indiquons dans l'appendice ci-dessous en page 40 en ce qui a trait aux contes des frères Grimm.) Chaque catégorie était subdivisée; chaque sous-section comportait un menu d'exemples. Parallèlement à l'index d'Aarne, on publia une série de catalogues spécialisés pour un certain nombre de traditions folkloriques: finnoise, estonienne, finno-suédoise, flamande, norvégienne, lapone, livonienne, roumaine, hongroise, islandaise, espagnole et prussienne. Dans chaque cas, tous les contes disponibles publiés ou en provenance d'archives inédites furent classifiés selon la méthode d'Aarne. Ainsi, l'ordre commençait à prendre forme au milieu du chaos[30].

La monographie représente un autre type de recherches. Une monographie est une étude qui vise à faire l'historique d'un conte, à travers ses périples et ses détours, ses disparitions et ses réapparitions, partout dans le monde et à travers le temps. Voici en quoi consiste la préparation d'un tel ouvrage:

> 1) Le chercheur qui entreprend une monographie sur quelque forme narrative folklorique que ce soit (conte, saga, légende ou anecdote) doit en connaître toutes les «variantes» existantes, imprimées ou inédites, quelle qu'en soit la langue.
> 2) Il doit comparer toutes ces versions avec soin, dans tous leurs détails, sans opinion préconçue.
> 3) Au cours de sa recherche, il ne doit jamais perdre de vue le lieu et le moment de la transmission de chaque variante[31].

Le lieu d'origine d'un conte spécifique est le plus souvent la région où se rencontrent le plus grand nombre de ses variantes; c'est en outre le lieu où la structure du conte est la plus constante et où les coutumes et les croyances servent à éclairer le sens de l'histoire. Plus un conte s'éloigne de son lieu d'origine, plus sa forme aura été endommagée[32].

D'autres travaux distincts et originaux effectués en Allemagne appuyèrent et prolongèrent ceux des folkloristes finnois. En 1898, le professeur Herman Grimm, fils de Wilhelm, confia à Johannes Bolte (1858-1937) le résultat encore inédit des recherches de son père et de son oncle dans l'espoir d'une nouvelle édition de leurs *Commentaires sur les contes.* Ces commentaires avaient d'abord été publiés sous forme d'appendices dans les éditions de 1812 et 1815, puis ils avaient été réunis en volume en 1822; ils avaient enfin fait l'objet d'une troisième édition en 1856. Bolte collationna en détail tous les contes et toutes les variantes rassemblés par les frères Grimm ainsi que tout ce qu'il put tirer des archives modernes. Il se fit seconder dans cette tâche par le professeur Georg Polivka, de Prague, qui se chargea de l'analyse des équivalents slaves. Au cours des trente-quatre années qui suivirent, leur œuvre totalisa cinq volumes en petits caractères. Les travaux originaux des frères Grimm, qui avaient enclenché tout un siècle d'études, de cueillette et d'interprétation, prirent ainsi leur place au cœur des recherches modernes. Les *Contes* représentent, aujourd'hui comme naguère lorsqu'ils sortirent des presses, le début et le milieu, certes, mais en aucun cas la fin des recherches sur la littérature populaire.

La classification des contes selon les étapes de leur développement telles que nous venons de les décrire, classification qui apparaît ci-dessous en page 40, est adaptée du classement effectué par Friedrich von der Leyen pour son édition des *Contes* (Jena, 1912). Cette nomenclature très utile permettra au lecteur d'explorer à sa façon l'histoire et la stratification de cet inépuisable corpus.

[4]

Le problème du sens

Les frères Grimm, Max Müller, Andrew Lang et d'autres ont remarqué que les contes de fées sont «monstrueux, irrationnels et contre nature», tant du point de vue des éléments qui les composent que du point de vue de l'intrigue qui unifie ces derniers. Puisque l'origine d'un conte peut être différente de l'origine des éléments qui le composent, deux questions se posent: Quels sont l'origine et le sens des thèmes du conte? Quels sont l'origine et le sens du conte proprement dit?

[a] Les thèmes

La plupart des incidents relatés dans les facéties, les bouffonneries, les histoires de matelots, les histoires à dormir debout et les anecdotes sont de simples inventions futées et comiques inspirées de la vraie vie. Ils ne présentent aucun problème.

Les incidents «monstrueux, irrationnels et contre nature», quant à eux, participent du mythe, dont ils sont souvent le dérivé. On doit les expliquer comme on expliquerait un mythe. Mais comment explique-t-on un mythe?

Il y a autant de réponses à cette interrogation qu'il y a de spécialistes.

Euhemerus, un écrivain grec du quatrième siècle avant J.-C., constatant que peu de temps après sa mort Alexandre le Grand était déjà un demi-dieu de légende, émit l'opinion que les dieux ne sont que des grands hommes, des mortels déifiés. Dans sa préface à *Prose Edda,* Snorri Sturleson (1179-1241) explique de la même façon les divinités païennes de la Norvège. Cette théorie, appelée «euhémérisme», compte encore des adeptes.

Chez les philologues indo-germaniques de la période de suprématie de Max Müller, on était persuadé que les mythes n'étaient à l'origine que de sentimentales représentations de la nature. L'homme voyait plus ou moins sciemment la tragédie de sa propre vie dans la trajectoire du soleil, de sa naissance, de «sa mortelle étreinte de la rosée», à son zénith, puis à sa descente et à sa disparition dans les bras de la nuit. Puisque les noms indo-européens sont soit masculins, soit féminins, on personnifiait souvent les objets qu'ils désignaient. La langue étant en pleine évolution, on en vint rapidement à oublier la référence originale au nom personnifié et à prendre les noms communs pour des noms propres[33]. Par exemple, un nom aussi métaphorique que Kephalos, la «Tête» (de lumière), pour représenter le soleil, perdit rapidement sa signification première pour désigner un jeune homme. De même, la rosée, Prokris, épouse de la «Tête», devint une jeune mortelle au tragique destin. Allons un peu plus loin: ces noms peuvent être confondus avec ceux de héros véritables; ainsi, le mythe devient légende[34].

La théorie de Müller était une tentative très élaborée d'explication de la mécanique de la personnification. Les «anthropologues», quant à eux, supposaient volontiers que les sauvages et les poètes étaient naturellement portés à attribuer une âme aux objets inanimés et à les personnifier[35].

La fantaisie puérile de l'homme primitif, son sens inné de la poésie et son imagination morbide et onirique jouaient en sa défaveur dès lors qu'il s'efforçait de trouver un sens à son univers, le poussant ainsi à s'inventer un monde parallèle fantasmagorique. Mais ce que voulait l'homme primitif, au fond, c'était découvrir la cause des événements pour ensuite contrôler ceux-ci au moyen d'enchantements, de prières, de sacrifices et de rituels. En multipliant graduellement les erreurs, inévitablement et sans méthode, l'homme s'est frayé un chemin à travers le labyrinthe de l'émerveillement jusqu'à parvenir à la plus grande lucidité qui le caractérise aujourd'hui[36].

Selon un autre point de vue (qui renforçait au lieu de la contredire la théorie descripto-étiologique), les morts terrifiaient l'homme primitif, de sorte que celui-ci s'efforçait de les apaiser et de les détourner de lui. Les racines du mythe et du rituel s'enfonçaient dans le culte souterrain de la sépulture et de la peur de la mort[37].

Le sociologue français Émile Durkheim a proposé un quatrième point de vue. Selon lui, lors des rassemblements claniques, tribaux ou inter-tribaux, la surexcitation éprouvée par chaque membre du groupe était perçue comme la manifestation d'un pouvoir impersonnel et contagieux *(mana)*; on croyait, en outre, que ce pouvoir émanait du clan lui-même ou de l'emblème de la tribu *(totem)*; par conséquent, cet emblème était tenu à l'écart de tous les autres objets, car il était rempli du *mana* (opposition du sacré et du profane). Ce *totem,* ce premier objet de culte, transmettait son *mana* à tous les objets qui lui étaient associés, donnant lieu ainsi à un système de croyances et de pratiques ayant trait aux choses sacrées qui unissait tous les adeptes de ces pratiques en une seule et unique communauté spirituelle[38]. La grande contribution de la théorie de Durkheim, et ce qui la distinguait de toutes celles qui l'avaient précédée, est qu'elle ne voyait pas dans la religion le résultat d'une exagération morbide, d'une hypothèse erronée ou d'une peur obscurantiste, mais une vérité profondément ressentie, c'est-à-dire la vérité de la relation entre un individu et le groupe auquel il appartient.

Cette reconnaissance, par Durkheim, d'une sorte de vérité à l'origine de l'univers imagé du mythe est appuyée, renforcée et élargie par la démonstration des psychanalystes, selon lesquels les rêves sont le précipité de nos peurs, de nos désirs et de nos idéaux inconscients, et les images oniriques ressemblent d'une façon générale, et souvent dans le détail, aux thèmes présents dans les mythes et les contes de fées. En choisissant d'étudier le niveau du psychisme responsable de l'invention du symbole et du motif mythique – c'est-à-dire la source de tous ces thèmes universels (les «Idées fondamentales[39]») que les hommes ont de tout temps décelés dans les phénomènes naturels, dans les spectres des tombeaux, dans la vie des héros et dans les emblèmes de la société, les psychanalystes ont nul doute mis au jour le cœur de ce problème multiforme. À la lumière de leurs réflexions, les théories jusque-là contradictoires en apparence s'harmonisent sans peine. L'être, la nature, la mort, la société, toutes ces choses n'ont jamais été que des écrans sur lesquels l'être humain projetait son symbolisme onirique. Il en découle que les thèmes primitifs ne se rapportent pas (quoi qu'en déduise la pensée rationnelle) au soleil, à la lune, aux étoiles, au vent et à l'orage, à la sépulture, au héros ou même au pouvoir collectif du groupe, mais, *à travers eux,* à un certain état psychique. En réalité, la mythologie n'est autre que la psychologie que l'on confond avec la cosmologie, l'histoire et la biographie.

Un autre pas en avant s'impose toutefois si nous voulons parvenir enfin aux confins du problème. Le mythe, ainsi que le déclarent les psychanalystes, *n'est pas* un ensemble d'erreurs; le mythe est un langage pictographique. On ne saurait comprendre ce langage sans l'étudier. C'est avant tout la langue maternelle du rêve. Cette langue a ensuite été étudiée, clarifiée et enrichie par les poètes, les prophètes et les visionnaires depuis des millénaires. Dante, saint Thomas d'Aquin, saint Augustin, Algazel, Mahomet, Zoroastre, Chankaracharya, Nagarjuna et T'ai Tsung n'étaient pas de mauvais scientifiques qui se trompaient sur le temps qu'il fait ou des névrosés qui interprétaient les rêves en observant les étoiles, mais des maîtres qui nous transmettaient la sagesse de la vie et de la mort. Le thésaurus des symboles mythologiques leur tenait lieu de lexique. Ils réfléchissaient à la nature et aux comportements humains, et leurs réflexions les conduisaient à la sagesse. Ensuite, en recourant pour leurs enseignements au langage pictural de la mythologie, ils transformaient la composition de leur héritage iconographique.

Cela n'avait pas lieu uniquement dans les cultures plus développées; dans les sociétés qu'on appelle primitives, les prêtres, les mages et les visionnaires interprètent et réinterprètent le mythe comme un symbole de «la Voie», que les Navajo appellent «le sentier fécond de la beauté». L'on comprend que cette Voie, qui participe de l'entièreté de l'être humain, est un petit tronçon de la grande Voie qui unifie le cosmos; car, partout, comme chez les Babyloniens, le fondement de l'enseignement mythologique a toujours été qu'«a lieu, dans l'espace et dans le temps, dans l'infiniment grand et l'infiniment petit, l'éternelle répétition de principes et d'événements immuables[40*].» La Voie individuelle est la répétition microcosmique de la Voie collective. En ce sens, les raisonnements des sages sont non seulement psychologiques mais métaphysiques. Ils ne se laissent pas facilement saisir. Ils constituent pourtant les arguments subtils dont s'alimentent les iconographies du monde entier.

Ainsi, à mesure qu'ils nous parviennent, qu'ils éclatent et dispersent leurs thèmes féconds dans la matière première du conte populaire, les mythes sont porteurs d'une sagesse qui a longtemps soutenu l'espèce humaine dans les vicissitudes de son existence. «Le folklore, écrit Ananda K. Coomaraswamy, est métaphysique. Notre inaptitude à le comprendre est surtout due à notre ignorance profonde de la métaphysique et de son lexique[41].»

Résumons: Les thèmes «monstrueux, irrationnels et contre nature» du conte de fées et du mythe sont puisés aux ressources inconscientes du rêve et de la vision. Dans le rêve, ces images sont représentatives de la psyché de l'individu. Mais dépouillées de ces distorsions personnelles et recréées par les poètes, les prophètes et les visionnaires, elles deviennent les symboles spirituels de l'Homme microcosmique. Elles sont des énoncés pictographiques de vérités métaphysiques, psychologiques et sociologiques. Dans les sociétés primitives, orientales, archaïques et médiévales, ce lexique était médité et relativement bien compris. Mais le siècle des Lumières lui a fait perdre tout son sens et l'a perçu comme une extravagance.

[b] Les contes

Contrairement au mythe, le conte de fées a pour but de divertir. Le conteur y parvient ou échoue selon la somme d'amusement qu'il procure. Il cueille sans doute ses thèmes à l'arbre du mythe, mais son art n'est jamais de l'ordre de la mythologie. Ses créations sont appréciées, non pas en tant que science ou mode d'expression sociologique, psychologique ou métaphysique, mais bien en tant qu'œuvre d'art – plus spécifiquement, en tant que production artistique d'un individu, à une époque identifiable et en un lieu identifiable. Nous devons nous poser la question suivante: quels principes artistiques ont guidé les narrateurs qui ont su donner forme à ces histoires à des époques reculés?

L'art des conteurs indiens, celtes, arabes et médiévaux à qui nous devons les plus exquis des contes européens aspirait à révéler l'éclat des formes éternelles par le biais des choses terrestres[42]. La qualité de leur travail ne résidait pas dans la précision naturaliste mais bien dans l'exactitude spirituelle, et leur pouvoir dans la faculté d'instruire en émerveillant. L'écart peut paraître mince à nos yeux entre cet art et la métaphysique, car nous avons englobé dans le mot «métaphysique» tout ce qui ne peut être traduit en discours positiviste. Mais les peuples prémodernes, qu'ils soient gothiques, orientaux, archaïques, totémistes ou primitifs, tenaient pour acquis qu'une énergie transcendante agissait dans les représentations spatio-temporelles. Toute œuvre d'art, quelle qu'elle soit, devait répondre à des objectifs à la fois spirituels et profanes. Ainsi, le rôle du conteur ne se limitait-il pas à combler les heures creuses, mais à les nourrir de symboles. Puisque l'élaboration des symboles constitue un plaisir propre à l'esprit humain, le conte fascinait d'autant plus que la richesse de son symbolisme était grande.

Par un drôle de paradoxe, le symbolisme amusant du conte de fées, d'abord destiné à remplir les heures creuses, nous semble aujour-

d'hui plus réel, plus persistant que toute la force et le poids du mythe.
Alors que les figures symboliques de la mythologie étaient perçues
(par tous, sauf par les métaphysiciens les plus sophistiqués) non pas
comme des symboles mais bien comme des divinités authentiques à
invoquer, à se concilier, à aimer et à craindre, les personnages de
contes, par comparaison, manquaient de substance. On les appréciait
avant tout pour leur pouvoir de fascination. Ainsi, quand l'acidité de
l'esprit moderne a dissous les royaumes des dieux, les contes de fées
sont, dans l'ensemble, demeurés intacts. Si les lutins avaient perdu un
peu de leur réalité, les contes étaient plus vivants que jamais. On peut
donc dire que, parmi toutes les créations symboliques du passé, celle
qui a survécu jusqu'à aujourd'hui sans altération majeure de son efficacité et de son rôle, c'est le conte merveilleux.

En outre, le conte n'est pas un simple reliquat de croyances
enfantines. Son univers de magie révèle les fièvres qui affectent profondément la psyché: les présences obsédantes, les désirs, les peurs, les
idéaux, tout ce potentiel qui a coulé dans nos veines, agité nos nerfs et
confondu nos sens depuis le commencement du monde. La psyché agit
à la fois dans l'imaginaire et dans les actions concrètes du genre
humain, celles-ci étant sûrement préfigurées dans celui-là. L'histoire
est une promesse de réalisation de *Märchen* envers et contre les obstacles spatio-temporels. Si simples et enjoués que semblent les archétypes du conte de fées, ce sont eux, ces héros et ces méchants, qui ont
construit pour nous notre univers. La jeune fille qui se coiffe devant
son miroir, la mère qui songe à l'avenir de son fils, le mineur, le navire
chargé de marchandises, l'ambassadeur ou le soldat au front, tous font
en sorte que les caractéristiques irréfutables du conte de fées, les
thèmes éternels des histoires merveilleuses se recouvrent de chair et
fusionnent avec la vie.

Nous constatons ainsi que, dans les chefs-d'œuvre modernes
possédant une nature visionnaire plutôt que descriptive, reparaissent
les formes autrefois propres aux contes de nourrice, enrichies de leur
maturité. Tandis que les Frazer et les Müller de ce monde se creusaient
la tête pour trouver des explications rationnelles aux thèmes irrationnels de la littérature folklorique, Wagner composait sa *Tétralogie,*
Strinberg et Ibsen leurs pièces symboliques, Nietzsche son
Zarathoustra, Melville son *Moby Dick.* Goethe avait depuis longtemps
terminé son *Faust* et Spenser son *Faerie Queene.* Aujourd'hui, les
romans de James Joyce, de Franz Kafka, de Thomas Mann et de combien d'autres, de même que la poésie de notre époque, nous disent que
les feux de l'imaginaire humain brûlent encore, sont encore capables

d'avaler la matière première de l'expérience pour la fondre au génie créateur de l'être humain. Ces œuvres, comme les contes d'autrefois qu'elles prolongent et en quelque sorte reproduisent, possèdent un symbolisme qui trouve son sens dans la destinée humaine: destinée qui, en dépit de toutes ses horreurs cannibales, est cette histoire merveilleuse, monstrueuse, irrationnelle et contre nature qui remplit les heures creuses. Voilà l'histoire que notre esprit a demandée; voilà l'histoire qui nous a été donnée.

Le conte de fées a survécu à tous les courants littéraires. Raconté des milliers de fois, il a perdu ici un détail, gagné là un nouveau héros; tel conteur a parfois désintégré l'intrigue, tel autre l'a parfois recréée. C'est un petit chef-d'œuvre qui transporte jusqu'à nous un vaste héritage narratif venu des auteurs du Moyen Âge, des rigoureux poètes celtes, des conteurs professionnels du monde arabe, des exquis, féconds et brillants fabulistes de l'Inde bouddhiste et hindoue. Ce petit conte que nous sommes en train de lire porte la marque subtile de Somaveda, de Schéhérazade, de Taliesin et de Boccace, de même que l'accent particulier de la conteuse de Niederzwehren. S'il fut jamais un art auquel a contribué l'humanité tout entière, un art teinté par la philosophie du vieux bonhomme assis au bord du quai, un art qui se joint à la musique des sphères, c'est bien celui du conte éternel.

Le conte de fées est l'abécédaire pictographique de l'âme.

Appendice

CLASSIFICATION DES CONTES PAR NUMÉRO ET PAR TITRE

1. Le Roi-Grenouille ou Henri-le-Ferré
2. Chat et souris associés
3. L'enfant de Marie
4. Histoire d'un qui s'en alla pour apprendre le tremblement
5. Le loup et les sept chevreaux
6. Jean-le-Fidèle
7. La bonne affaire
8. Le merveilleux ménétrier
9. Les douze frères
10. De la racaille
11. Frérot et sœurette
12. Raiponce
13. Les trois petits hommes de la forêt
14. Les trois fileuses
15. Jeannot et Margot
16. Les trois feuilles du serpent
17. Le serpent blanc
18. Bout de paille, braise et haricot
19. Le pêcheur et sa femme
20. Sept d'un coup, ou le hardi petit tailleur
21. Cendrillon
22. L'énigme
23. Du souriceau, de l'oiselet et de la saucisse
24. Dame Holle
25. Les sept corbeaux
26. Le Petit Chaperon Rouge
27. Les musiciens de la fanfare de Brême
28. L'os chanteur
29. Le Diable et ses trois cheveux d'or
30. Pucette et Petit-pou
31. La jeune fille sans mains
32. Jean-le-Finaud
33. Les trois langages
34. La sage Élise
35. Le tailleur au ciel
36. Petite-table-sois-mise, l'Âne-à-l'or et Gourdin-sors-du-sac
37. Tom Pouce
38. Les noces de dame Renard
39. Les lutins
40. Le fiancé brigand
41. Monsieur Corbis
42. Monsieur le Parrain
43. Dame Trude (la sorcière)
44. La mort marraine
45. Le voyage du Petit Poucet
46. L'oiseau d'Ourdi
47. Le conte du genévrier
48. Le vieux Sultan
49. Les six frères cygnes
50. La Belle au Bois Dormant (ou la Princesse Fleur-d'Épine)
51. Volétrouvé
52. Le roi Barbabec
53. Blanche-Neige
54. La sacoche, le vieux chapeau et la petite trompette
55. Oustroupistache
56. Roland le Bien-aimé
57. L'oiseau d'or
58. Le Chien et le Moineau
59. Le Frédé et sa Chattelise
60. Les deux frères
61. Le Bouffron
62. La reine des abeilles
63. Les trois plumes
64. L'oie d'or
65. Toutes-Fourrures
66. La fiancée du petit lapin
67. Les douze chasseurs
68. L'apprenti larron et son maître
69. Yorinde et Yoringue

70. Les trois enfants gâtés de la fortune
71. Six à qui rien ne résiste
72. Le Loup et l'Homme
73. Le Loup et le Renard
74. Le Renard et la mère Louve
75. Le Renard et le Chat
76. L'Œillet
77. Margot-la-Malice
78. Le vieux grand-père et son petit-fils
79. La Nixe ou la Dame des Eaux
80. Mort de Poulette
81. Frère Loustic
82. Le Jean Joueur
83. Jean-la-Chance
84. Jean marié
85. Les enfants d'or
86. Le Renard et les Oies
87. Le pauvre et le riche
88. La fauvette-qui-saute-et-qui-chante
89. La gardeuse d'oies
90. Le jeune géant
91. Le petit gnome
92. Le roi de la Montagne d'Or
93. Le corbeau
94. L'intelligente fille du paysan
95. Le vieil Hildebrand
96. Les trois oisillons
97. L'Eau de la Vie
98. Docteur Je-Sais-Tout
99. L'esprit dans la bouteille
100. Le frère noirci du Diable
101. L'homme à la peau d'ours
102. Le roitelet et l'Ours
103. La bonne bouillie
104. Les gros malins
105. Le conte du crapaud
106. Le pauvre garçon meunier et la petite chatte
107. Les deux compagnons de route
108. Hans-mon-hérisson
109. Sa petite chemise de mort
110. Le Juif dans les épines
111. Le parfait chasseur
112. Le fléau rapporté du ciel
113. Prince et Princesse, enfants de roi
114. Le malin petit tailleur
115. Le clair soleil le révélera au grand jour
116. La lumière bleue
117. L'enfant difficile
118. Les trois barbiers du régiment
119. Les sept souabes
120. Les trois compères ouvriers
121. Le prince qui n'avait peur de rien
122. L'âne-salade
123. La vieille dans la forêt
124. Les trois frères
125. Le Diable et sa grand-mère
126. Fernand-Loyal et Fernand-Déloyal
127. Le fourneau
128. La paresseuse au rouet
129. Les quatre frères habiles
130. Un œil, Deux yeux, Trois yeux
131. La belle Catrinelle et Pif-Paf Lelutin
132. Le Renard et le Cheval
133. Les souliers usés au bal
134. Les six serviteurs
135. La noire et la blanche épousée
136. L'Homme-de-Fer
137. Les trois princesses noires
138. Gnaste et ses trois fils
139. La Demoiselle de Brakel
140. La maisonnée
141. L'agnelet et le petit poisson
142. Le Mont Chauve
143. L'envie de voyager
144. Le petit âne
145. Le fils ingrat

LES LÉGENDES

CLASSIFICATION DES CONTES PAR CATÉGORIES

I. *Contes animaliers:* Animaux sauvages, 2, 23, 38, 73, 74, 132. Animaux sauvages et domestiques, 5, 27, 48, 75. Homme et animaux sauvages, 8, 72, 157. Animaux domestiques, 10, 41 (comparer 18). Oiseaux, 58, 86, 102, 171. Poissons, 172. Autres animaux et objets, 105, i; 187.

II. *Contes populaires ordinaires*: A. *Histoires de magie*[43]: Adversaires fabuleux, 4, 5, 12, 15, 26, 42, 44, 46, 51, 56, 60, 66, 79, 81, 82, 85, 91, 99, 101, 106, 108, 123, 127, 135, 144, 160, 161, 169, 193, 197 (comparer 163). Époux, épouse ou autres membres de la famille fabuleux ou enchantés, 1, 9, 11 (comparer 141), 13, 25, 49, 50, 63, 69, 88, 92, 93, 106, 108, 123, 127, 135, 144, 160, 161, 169, 193. Tâches fabuleuses, 24, 29, 100. Aide fabuleuse, 6, 14, 17, 19, 21, 55, 57, 62, 65, 71, 89, 97, 126, 130, 134, 136. Objets enchantés, 16, 36, 54, 60, 64, 103, 107, 110, 116, 122, 165, 188. Connaissance ou pouvoir surnaturels, 16, 33, 76, 90, 118, 124, 129, 142, 149. Autres contes magiques, 3, 31, 37, 45, 47, 53, 96. B. *Histoires religieuses:* 28, 35, 81, 87, 92, 125, 145, 147, 167, 178, 194, 195, 206. C. *Contes romantiques:* 22, 40, 52, 67, 94, 112, 114, 115, 152, 179, 198, 199. D. *Contes de l'ogre naïf:* 20, 183, 189 (comparer 148).

III. *Anecdotes et facéties:* Histoires de nigauds, 70, 174. Histoires de couples mariés, 34, 59, 83, 104, 128, 164, 168. Histoires à propos d'une femme (ou d'une jeune fille), 34, 139, 155, 156. Histoires à propos d'un homme (ou d'un jeune garçon), 61 et 192 (l'homme futé); 7, 20, 59, 70, 98, 104 (hasards heureux); 32, 120, 143 (l'idiot). Histoires de mensonges, 146, 151, 158, 159, 185.

CLASSIFICATION DES CONTES SELON LEUR ORIGINE

I. *Superstitions primitives:* 28, 39, 55, 60, 85, 105: i et ii, 109, 154.

II. *Épopées de l'époque des grandes migrations:* 47, 52, 89, 11, 198.

III. *Récits des ménestrels du dixième siècle:* 8, 18, 20, 33, 37, 45, 61, 64, 90, 91, 103, 112, 114, 146, 151, *151, 166, 183.

IV. *Récits chevaleresques du Moyen Âge:* 1, 3, 4, 9, 11, 12, 13, 15, 19, 21, 24, 25, 31, 42, 43, 46, 49, 53, 57, 62, 63, 65, 67, 76, 88, 97, 106, 108, 113, 121, 123, 126, 127, 130, 135, 136, 137, 144, 169, 186, 192, 193, 201-210.

V. *Contes d'influence orientale:* 6, 16, 29, 36, 51, 54, 56, 68, 71, 79, 92, 93, 94, 98, 107, 122, 129, 134, 143, 152, 165, 182.

VI. *Contes animaliers:* 2, 17, 23, 27, 48, 58, 72, 73, 74, 75, 102, 132, 148, 157, 171, 173, 177, 187.

VII. *Contes bourgeois du quatorzième au seizième siècle:* 7, 14, 32, 34, 35, 44, 59, 70, 77, 81, 82, 83, 87, 95, 100, 101, 104, 110, 115, 116, 118, 119, 120, 124, 125, 128, 147, 149, 153, 162, 164, 167, 168, 170, 174, 175, 176, 177, 178, 180, 183, 184, 189, 194, 195, 199.

VIII. *Contes du dix-septième et du dix-huitième siècles:* 5, 22, 26, 40, 50, 69, 78, 96, 99, 117, 133, 141, 145, 150, 155, 156, 160, 161, 163, 179, 181, 188, 191, 197.

IX. *Anecdotes et facéties:* 10, 30, 38, 41, 66, 80, 86, 105: iii, 131, 138, 139, 140, 158, 159, 190, 196, 200.

Notes

1. Johannes Bolte et Georg Polivka, *Ammerkingen zu den Kinder- und Hausmärchen der Brüder Grimm,* Leipzig, Dietrichsche Verlagsbuchhandlung, 1915-1937, vol. IV, pp. 443-444. Nous devons dix-neuf des meilleurs contes de Grimm à cette «conteuse de Niederzwehren», soit les contes numéros 6, 9, 22, 29, 34, 58, 59, 61, 63, 71, 76, 89, 94, 98, 100, 102, 106, 108 et 111.

* Quatre ans après que les frères Grimm eurent fait sa connaissance, elle sombra dans la pauvreté et l'indigence et mourut au bout de quelques mois.

2. Les contes numéros 18 et 30 sont dus à Frau Wild; Lisette fournit les variantes 41, 55 et 105; Gretchen les contes numéros 2, 3 et 154; Dortchen les contes 13, 15, 24, 39, 46, 49, 56, 65, 88, 103, 105, des seg-

ments de 52, 55, 60 et une variante du conte numéro 34. *Die alte Marie* a fourni les numéros 11, 26, 31, 44, 50 et une variante du numéro 53.

* La famille des Wild comptait six filles et un garçon; celle des Grimm, cinq garçons et une fille.

3. Les sœurs de Ludwig Hassepflug, Jeanette et Amalie, fournirent les contes numéros 13, 14, 17, 20, 29, 41, 42, 53, une partie du conte 26 ainsi que des variantes des contes numéros 61, 67 et 76.

** Ludwig Hassenpflug épousa Lotte Grimm.

4. La famille se composait de huit garçons et de six filles. Leur contribution ne commença qu'après la publication de la première édition du tome I (1812), mais dans les éditions subséquentes, leurs variantes remplacèrent certains des contes précédents. Les contes 7, 10, 16, 27, 60, 70, 72, 86, 91, 99, 101, 112, 113, 121, 123, 126, 129, 131, 134, 135, 139 ainsi que des segments des contes 52 et 97 proviennent de leur village de Bökendorf à proximité de Brakel. Les contes du Münsterland, portant les numéros 133 et 143, de même qu'une demi-douzaine de contes d'autres régions du pays, sont également dus aux von Haxthausen. (*Cf.* Bolte et Polivka, *op. cit.,* vol. IV, pp. 437 sq.)

*** Les contes de fées de mon enfance cachent un sens plus profond que les leçons de la vie (*Die Piccolomini,* III, 4).

5. En français dans le texte. *N.d.t.*

6. Richard Cleasby, *An Icelandic-English Dictionary,* Oxford, Clarendon Press, 1874, Introduction, p. lxix.

7. Ce volume subit une dernière révision en vue de l'édition finale en 1856. Il a récemment été entièrement revu et augmenté à cinq épais volumes, sous la direction des professeurs Johannes Bolte et Georg Polivka (*cf. op. cit.*).

8.* La critique allemande opère généralement une distinction entre les termes *Sage* et *Legende*. *Sage* désigne un tout petit récit local, associé à telle colline, tel bocage, telle mare ou telle rivière. Les habitants d'un pays hanté par les esprits et la mémoire voient dans la *Sage* un récit véridique. La *Sage* peut évoluer vers la *Kunstsage,* ou «saga littéraire». Le terme *Legende,* d'autre part, désigne le récit religieux associé à une église ou à une relique spécifique. Cette forme est plus récente et plus élaborée que la *Sage*. Les «Légendes enfantines» des frères Grimm font s'entre-croiser les motifs des contes de fées et les motifs chrétiens. Nous employons le terme «légende» dans un sens plus général qui englobe la *Sage* et la *Legende,* de même que la chronique et le récit épique.

9. Dans l'Ancien Monde, la répétition était généralement ternaire, tandis qu'elle était quaternaire chez les autochtones d'Amérique.

10. Bolte et Polivka, *op. cit.*, vol. IV, p. 34.

11. Le conte populaire littéraire est parfois en prose, parfois en vers. Dans l'Allemagne du dix-huitième siècle, Johann Musäus (1735-1787) écrivait en prose et Christoph Wieland (1735-1813) en vers. Le volumineux recueil hindou intitulé *Kathasaritsagara*, «L'Océan des ruisseaux de l'histoire» (c. 1063-1081), est entièrement versifié; *Les Mille et une nuits* (du onzième au quinzième siècle) sont en prose.

12. Certains Jatakas, ou récits des vies antérieures de Bouddha, sont des fables se voulant à moitié de courtes légendes. Les fables bouddhiques et jains transmettent la tradition religieuse; Ésope et le *Panchatantra* brahmanique transmettent la sagesse de la vie.

13. Antti Aarne, *Verzeichnis der Märchentypen*, Folklore Fellows Communications, Helsinki, 1911, vol. I, n° 3. Johannes Bolte remarque que les contes suivants manquent à la liste de Aarne: *Contes animaliers,* 30, 80, 173, 190; *Contes populaires ordinaires,* 39, 43, 78, 109, 117, 137, 150, 154, 175, 177, 180, 182, 184, 196, 201-205, 208-210; *Facéties et anecdotes*, 77, 95, 119, 131, 162, 170, 200. Bolte et Polivka, *op. cit.,* vol. IV, pp. 467-470.

14. Voir l'article du Dr Ruth Benedict, sous la rubrique «Folklore», dans *The Encyclopedia of the Social Sciences* et celui du professeur William H. Halliday, sous la même rubrique, dans *The Encyclopædia Britannica*. Un compte rendu plus détaillé accompagné d'une bibliographie exhaustive a paru dans Bolte et Polivka, *op. cit.,* vol. V, pp. 239-264.

15. *La Pancha-Tantra, ou Les cinq ruses, fables du brahme,* traduit par l'abbé J.A. Dubois, Paris, J.S. Merlin, 1829. Voir aussi *Panchatantra*, Paris, L'imprimerie nationale, 1871.

16. Voir, par exemple, l'Appendice de la p. 39.

17. Des formules magiques rappelant l'ancien style versifié du germanique survivent dans les contes des frères Grimm:
Rapùnzel, Rapùnzel,
Lass dein Haàr herùnter. (Numéro 12)

Éntchen, Éntchen,
Da steht Grétel und Hàensel
Kein Stég und keìne Brùecke
Nimm ùns auf deìnen weìssen Rùecken. (Numéro 15)

18. Nous ignorons toujours quelle proportion de matière hellénique et romaine a pu contaminer les mythologies tribales germaniques au cours des premiers siècles, avant et après la chute de l'Empire romain. Ce qui est certain, par contre, c'est que l'essentiel de l'imagerie de Balder et d'Odin ne possède aucune caractéristique primitive aryenne. *Cf.* Franz Rolf Schröder, *Germanentum und Hellenismus,* Heidelberg, Carl Winter's Universitätsbuchhandlung, 1924; *Altergermanische Kulturprobleme,* Berlin et Leipzig, Walter de Gruyter & Co., 1929.

19. La jeunesse de Siegfried, le sommeil de Brünhild, l'épée dans l'arbre et le sabre rompu sont des thèmes empruntés à la tradition celtique. Les sagas et les eddas islandaises ont subi l'influence des bardes irlandais. Dans la classification de l'Appendice, les contes de la section IV – *Récits chevaleresques du Moyen Âge,* regroupent cette matière telle qu'elle fut retravaillée sous l'influence des romances du douzième siècle.

20. Benfey, *op. cit.,* p. xxvi.

* À la suite des modifications apportées à une histoire orientale, le Bouddha est canonisé par l'Église médiévale sous les traits des saints Barlaam et Joasaph, abbés. Leur fête était célébrée le 27 novembre. Les recherches effectuées par les folkloristes du dix-neuvième siècle ont eu pour résultat de les faire rayer du calendrier.

21. Friedrich von der Leyen, *Das Märchen,* Leipzig, 3e édition, 1925, pp. 147-148.

22. Archer Taylor, *The Black Ox,* Folklore Fellows Communications, Helsinki, 1927, vol. XXIII, n° 70, p. 4.

23. Adapté de Antti Aarne, *Letfaden der vergleichenden Märchenforschung,* Folklore Fellows Communication, Helsinki, 1913, vol. II, n° 13, pp. 23-29. *Cf.* aussi Taylor, *op. cit.,* p. 9, pour une traduction de la liste originale établie par Kaarle Krohn dans *Mann und Fuchs,* Helsingfors, 1891, pp. 8-9.

24. Si cette méthode fut perfectionnée par l'École finnoise, elle avait d'abord été développée aux quatre coins du monde par différents chercheurs: par exemple, aux États-Unis par Frank Boas, au Danemark par Axel Olrik, en France par Gaston Paris et E. Coquin, en Allemagne par Johannes Bolte, William Herz, Ernst Kuhn et Theodor Zachatiae, en Russie par L. Kolmachevski.

25. Une autre édition, revue et augmentée, parut en 1849. Traduite en allemand (1852), elle éveilla l'intérêt de Henry Wardsworth

Longfellow. Celui-ci eut l'idée d'entreprendre une cueillette similaire auprès des Amérindiens et de rédiger un poème semblablement conçu. «Le Chant de Hiawatha» est le résultat de ces efforts.

26. Kaarle Krohn, *Die folkloristische Arbeitsmethode,* Oslo, Instituttet
for Semmenlignende Kulturforskning, 1926, pp. 13-14.

27. *Ibid.,* p. 13.

28. Kaarle Krohn, *Bär (Wolf) und Fuchs,* Helsingfors, 1910; voir aussi
Mann und Fuchs.

29. Antti Aarne, *Verzeichnis der Märchentypen,* Folklore Fellows
Communications, Helsingfors, 1910, vol. I, n° 3. Cet ouvrage fut
mis à jour et réédité en 1928 par le folkloriste américain Stith
Thompson: Aarne et Thompson, *The Types of Folk-Tales,* Folklore
Fellows Communications, Helsinki, deuxième édition, 1964; et en
1929 par le Russe N. P. Andrejev, *Ukazateli skazochnych
syuzhetov po system Aarne,* Léningrad, 1929. Depuis, le professeur
Thompson a colligé un impressionnant index des motifs, *Motif-
Index of Folk-Literature,* Indiana University Studies, Bloomington, Ind., 2ᵉ édition, 1955-1958.

30. Les travaux d'Antti Aarne ont été traduits, mis à jour et grandement augmentés par son distingué collègue américain, le Dʳ
Stith Thompson, de l'Université de l'Indiana, dans *The Types of
the Folktale,* Folklore Fellows Communications, Helsinki, 2ᵉ
édition, 1964, n° 184. Un deuxième ouvrage, encore plus
exhaustif et plus utile, est son monumental *Motif-Index of Folk
Literature,* en six volumes, Copenhague et Bloomington, Ind.,
1955-1958.

31. Walter Anderson, dans Lutz Mackensen, *Hanwörterbuch des
deutschen Märchen,* Berlin et Leipzig, 1934 ff., vol. II, article:
«Geographisch-historische Methode». L'ouvrage de Archer Taylor,
The Black Ox, mentionné précédemment, est un bon exemple de ce
genre de monographie.

32. Friedrich von der Leyen, *op. cit.,* p. 36.

33. Müller insistait toujours sur la description du lever et du coucher
du soleil. D'autres érudits l'imitèrent et cogitèrent sur les phases
de la lune et sur les interrelations lune/soleil (E. Siecke, *Die
Liebesgeschichte des Himmels,* 1892; *Die Urreligion der
Indogermanen,* 1897), sur la terreur charroyée par les orages et
le vent (A. Kuhn, *Die Herabkunft des Feuers und des
Göttertranks,* 1859, 1886; W. Schwarz, *Die poetischen
Naturerscheinungen der Griechen, Römer und Deutschen,* 1864-
1879), ou sur les merveilles stellaires (E. Stucken, *Astralmythen*

der Hebräer, Babylonier und Aegypter, 1896-1907). Pour la célèbre interprétation qu'a faite Müller du «Roi-Grenouille» (Grimm I) comme personnification du soleil, voir *Chips from a German Workshop,* Londres, Longmans, Green and Co., 1880, vol. II, pp. 249-252.

34. F. Max Müller, *op. cit.,* vol. II, pp. 1-146, «Comparative Mythology», 1856.

35. *Cf. La civilisation primitive,* Paris, C. Reinwald, 1876-1878, 2 vol., chapitres VIII-X.

36. «Nos réflexions et nos enquêtes devraient nous convaincre que nous sommes redevables à nos prédécesseurs (primitifs) pour tout ce que nous pensions avoir inventé, et que leurs erreurs n'étaient pas d'opiniâtres exagérations ou des manifestations de folie furieuse, mais de simples hypothèses, et comme telles justifiables à l'époque où elles furent émises, mais dont le passage du temps a démontré la fausseté. C'est seulement par la mise à l'épreuve répétée de nos hypothèses et par le rejet du faux que nous parvenons enfin à la vérité.» (Sir James G. Frazer, *Le Rameau d'or,* Paris, Laffont, 1981-1984, 4 vol.)

37. *Cf.* Jane Ellen Harrison, *Prolegomena to the Study of Greek Religion,* Cambridge, Cambridge University Press, 3e édition, 1922.

38. Émile Durkheim, *Les Formes élémentaires de la vie religieuse,* Paris, 1912; 2e édition, 1925; Tome I, chapitre premier; Tome II, chapitres 5-6.

39. Voir plus loin, p. 54.

40. Hugo Winckler, *Himmels- und Weltenbild der Babylonier, als Grundlage der Weltanschauung und Mythologie aller Völker,* Leipzig, J.C. Hinrichs, 1903, p. 49.

* La mythologie astrologique des Babyloniens, telle que la décrit Hugo Winckler, représente la description précise, l'amplification et l'application de thèmes fondamentaux qui constituent, partout dans le monde, l'essence même de la mythologie.

41. Ananda K. Coomaraswamy, «De la "Mentalité primitive"», *Études traditionnelles,* 44e année, n°s 236, 237, 238, Paris, 1939, p. 278.

42. *Cf.* Jacques Maritain, *Art et scolastique,* Paris, Desclée de Brouwer, 1965; Ananda K. Coomaraswamy, *The Transformation of Nature in Art,* Cambridge, Mass., Harvard University Press, 1934; Heinrich Zimmer, *Kunstform und Yoga,* Berlin, Frankfurter Verlags-Anstalt, 1936.

43. Albert Wesselski (*Versuch einer Theorie des Märchens,* 1931, pp. 12, 32, etc.) est d'avis que le terme *Märchen* devrait uniquement s'appliquer à la catégorie II A.

Biologie et mythologie

[1]

Les interprétations sociologique et psychologique

L'universalité des archétypes mythologiques est suffisante pour que les catholiques romains du seizième et du dix-septième siècle, bien au fait de leur symbolique, aient perçu dans les mythes, les symboles, les sacrements et les temples du Nouveau Monde des parodies diaboliques de la vérité transmise par la vraie foi. Fray Pedro Simòn commente ainsi sa mission en Colombie au dix-septième siècle:

> Le démon du lieu entreprit de transmettre de faux dogmes; il s'efforça, entre autres, de discréditer les enseignements du prêtre quant à l'Incarnation, déclarant qu'elle n'avait pas encore eu lieu mais qu'elle aurait lieu bientôt par la volonté du Soleil. Celui-ci se ferait chair dans le sein d'une jeune vierge de Guacheta qu'il féconderait de ses rayons sans porter atteinte à sa virginité. Cette nouvelle fut proclamée dans toute la contrée. Or, il se trouvait que le chef du village de Guacheta avait deux filles encore vierges, et que chacune d'elles désirait que le miracle s'accomplît en elle. Elles prirent l'habitude de quitter la maison et le jardin enclos de leur père tous les matins à l'aube et de se rendre au sommet d'une des nombreuses collines des environs. Là, elles s'étendaient de façon que les premiers rayons du soleil les inondent. Au bout de quelques jours, Dieu (dont les desseins sont impénétrables) fit en sorte que les prédictions du démon se réalisent, car l'une des

jeunes filles conçut, selon ses dires par les œuvres du soleil. Neuf mois plus tard, elle mit au monde une précieuse hacuata de grande taille, c'est-à-dire une émeraude. Elle l'enveloppa dans des langes, puis elle la garda sur son sein pendant plusieurs jours, au terme desquels l'émeraude fut métamorphosée en créature vivante: tout ceci, par la volonté du démon. On donna à l'enfant le nom de Goranchacho; il vécut dans la demeure du chef, son grand-père, jusqu'à l'âge de vingt-quatre ans...

après quoi il se rendit en grande pompe dans la capitale et il se fit connaître dans tout le pays comme le «Fils du Soleil[1]».

Les témoignages tels que celui de Fray Pedro abondent. Le symbolisme et les mythes mexicains de Quetzalcoatl se rapprochent de ceux de Jésus à un point tel que les religieux de cette région crurent que la mission de saint Thomas en Inde était parvenue à Tenochtitlàn où, loin de la source de Rome, les eaux de la Rédemption furent brouillées par les anges déchus. Trois siècles plus tard, au cours de ses voyages en Chine, au Japon, en Inde, en Afrique et en Amérique du Sud, Adolf Bastian (1826-1905) constata lui aussi l'uniformité de ce qu'il appela les «Idées fondamentales» (Elementargedanke) du genre humain[2], mais il aborda ce problème implicite d'un point de vue scientifique plus réfléchi. Au lieu d'attribuer les variations locales qu'il rencontrait au pouvoir déformant du diable, il tint compte de l'influence de la géographie et de l'histoire dans le développement des «Idées ethniques» (Völkergedanke), c'est-à-dire dans le façonnement des transformations locales des formes universelles. «Avant tout, écrit-il, nous devons étudier l'idée en tant que telle [...], pour ensuite tenir compte de l'influence des conditions climatiques et géologiques[3].» Un troisième facteur, auquel il consacre plusieurs chapitres de son œuvre considérable, concerne l'impact et l'influence qu'ont les unes sur les autres les différentes traditions «populaires» à travers l'histoire. Cette théorie de Bastian est fondamentale, et aucune autre ne l'a encore supplantée.

Tylor, Frazer et les autres spécialistes de l'anthropologie comparative de la fin du dix-neuvième siècle et du début de vingtième siècle ont également constaté l'universalité des Idées fondamentales de l'humanité. Par exemple, Franz Boas, dans la première édition de son ouvrage, *The Mind of Primitive Man*[4], déclare sans réserve que «pour l'essentiel, les caractéristiques mentales de l'être humain sont identiques partout dans le monde»; et que «certaines similitudes d'idées se retrouvent dans toutes les cultures[5]». Mais ces aveux furent rayés de la deuxième édition «revue» ou, plus justement, «récrite[6]», car on tendait déjà à souligner les différences et même à nier toute ressemblance entre les nombreux dialectes de la langue commune de l'humanité.

Nous devons principalement cette nouvelle tendance aux idées embrouillées d'Émile Durkheim. Lisez son essai confus sur les formes *a priori* de la sensibilité chez Kant[7], ainsi que sa charlatanerie sur la différence entre la notion d'espace des Zuni et celle des Européens[8]: la superficialité de sa parodie de la profondeur vous apparaîtra dans toute sa splendeur! Tout le mouvement culturaliste des recherches anthropologiques anglo-américaines contemporaines souffre de cette myopie durkheimienne. L'interprétation erronée que Bronislaw Malinowski fit du terme technique de Freud «complexe d'Œdipe» et sa réfutation de son idée fausse rehaussèrent quelque peu ce mouvement[9] qui avait culminé au milieu des années trente dans une sorte de *curie* professionnelle dont le credo était que l'espèce humaine n'est pas une «espèce», mais bien une pâte indéfiniment modelable, façonnée par un démiurge autocréé qui n'est autre que la «Société». L'opinion selon laquelle l'homme puisse posséder des caractéristiques psychologiques autant que physiques fut qualifiée *ex cathedra* de «mystique[10]» et frappée d'anathème.

L'erreur de la *curie* a été de confondre fonction et morphologie: supposons qu'un groupe de zoologistes qui étudieraient les ailes de la chauve-souris, les nageoires de la baleine, les pattes antérieures du rat et les bras de l'homme ignoreraient que ces organes, bien que conçus pour obéir à des fonctions différentes, présentent des homologies de structure, et que ces zoologistes laisseraient entendre que des similitudes morphologiques existent entre l'aile d'une chauve-souris et celle d'un papillon, entre la nageoire d'une baleine et celle d'une truite, entre la patte d'un rat et celle d'un scarabée, entre le bras d'un homme et la pince d'un homard. Ces étudiants du genre humain, négligeant la première étape de toute étude comparative qui consiste à opérer une distinction entre ce qui relève de l'analogie et ce qui relève de l'homologie, passèrent immédiatement à l'étape suivante, celle de la monographie. Cela eut pour conséquence le démembrement de ce qui promettait, au début du siècle, de devenir une science véritable.

De nos jours, au contraire, fleurissent les différentes écoles de pensée diffusionnistes faisant valoir les affinités culturelles qui, manifestement, unissent entre elles de vastes portions de l'humanité. Les philologues du dix-neuvième siècle (Bopp, les frères Grimm, Max Müller, etc.) se sont penchés sur la diffusion des langues mères et des divinités indo-européennes. Pour Hugo Winckler et ses disciples, la conception du monde et les structures sociales concomitantes qui se retrouvent dans toutes les sociétés évoluées de la planète prennent leur source en Mésopotamie[11]. James H. Breasted, G. Elliot Smith et W.J. Perry, quant à eux, favorisent l'Égypte[12]. Harold Peake et Herbert John Fleure pencheraient plutôt pour la Syrie[13], tandis que V. Gordon Childe suppose que c'est quelque part entre le Nil et l'Indus que s'est effectué le passage du paléolithique, dont les sociétés vivaient de cueillette, au néolithique, quand l'agriculture, qui sous-tend la structure de toutes les civilisations sédentaires du monde, vit le jour[14]. Sylvanus G. Morley, quant à lui, est de l'opinion que les sociétés agricoles de l'Amérique centrale se sont développées de façon autonome[15]; il adhère par conséquent à la thèse isolationniste de l'American Anthropological Society. Longtemps avant, Leo Frobenius avait quant à lui découvert des indices démontrant que le Pacifique avait été un axe important de diffusion[16]. Adolf E. Jensen entérina le point de vue de Frobenius dans un essai sur la propagation transpacifique de l'univers mythologique d'une société agricole primitive[17]. Selon G.F. Scott Elliot, il est probable que des fugitifs en provenance du Japon environ mille ans avant Jésus-Christ soient à l'origine du développement de l'Amérique centrale[18]. Robert von Heine-Geldern a démontré que les thèmes artistiques de la fin de la dynastie Chou ont émigré de Chine en Indonésie puis en Amérique centrale[19]. Très récemment, dans une recherche conjointe abondamment documentée réalisée par Betty J. Meggers, Clifford Evans et Emilio Estrada ont démontré que dès ~3000 des poteries préhistoriques japonaises décorées d'impressions de cordes (période Jômon) ont voyagé de Kyushu jusqu'aux côtes de l'Équateur[20]. Nous savons en outre que la patate douce porte le nom de *kumar* au Pérou et de *kumara* en Polynésie[21]. En outre, comme l'a souligné Carl O. Sauer, un certain nombre d'autres végétaux et d'animaux semblent avoir traversé le Pacifique à l'époque des civilisations précolombiennes: d'ouest en est, la gourde ou courge calebasse, la fève, la noix de coco, le plantain, une variété de coton diploïde, le chien (et l'habitude de manger du chien), le poulet, l'art de brasser la bière de maïs; d'est en ouest, la patate douce, l'amarante et une variété de coton tétraploïde; le kapoc et le maïs étaient également connus des deux côtés de l'océan Pacifique[22]. C.C. Uhlenbeck a attiré l'attention sur la parenté fondamentale existant entre les langues inuit occidentales, l'ouralo-altaïque et les parlers indo-européens du groupe «A»[23]. Une certaine continuité sémitico-indo-européenne est, du reste, de plus en plus démontrée[24]. Bref, de vastes zones de diffusion des cultures ont indubitablement été identifiées, diffusion qui n'est pas seulement récente mais aussi très ancienne. Le contour défini et l'autonomie de bon nombre de ces sphères culturelles sont impressionnants, de même que la ténacité qui a permis la préservation de leurs schémas rituels et mythologiques dans des contextes différents et même en dépit de conditions économiques très diversifiées[25].

Mais il importe beaucoup de ne pas perdre de vue le fait que les archétypes mythologiques (les Idées fondamentales de Bastian) ne se limitent pas à une ou deux de ces sphères culturelles mais en traversent les frontières et sont ainsi représentés dans chacune d'elles. Par exemple, la vie après la mort, les lieux sacrés (sanctuaires), l'efficacité des rituels, des ornements, des sacrifices et de la magie, l'existence d'intercesseurs surnaturels, d'un pouvoir sacré transcendantal et néanmoins ubiquiste et immanent *(mana, wakonda, sakti*, etc.), la parenté entre le rêve et l'univers mythologique, l'initiation et l'initiateur (chaman, prêtre, prophète, etc.), et ainsi de suite pendant des pages et des pages, voilà des notions qui semblent remonter jusqu'à l'origine du genre humain[26]. Les chicaneries les plus érudites sur les différences entre les héros égyptiens, aztèques, hottentots et cherokees ne sauraient obscurcir le fait que le problème n'est ici ni historique ni ethnologique, mais bien psychologique et même biologique; en d'autres termes, il s'agit d'un problème antérieur à la phénoménologie des mœurs culturelles, et aucun jargon ou appareil érudit ne saurait convaincre quiconque de ce que l'historien et l'anthropologue moyens touchent au cœur même de cette question.

Dans ce chatouilleux univers de ruses (le royaume des «Mères» de Goethe), le succès sourit davantage au poète, à l'artiste peintre et à un certain type de philosophe romantique (Emerson, Nietzsche, Bergson, par exemple); en poésie et en peinture, puisque l'art consiste, au-delà de la maîtrise de la rhétorique et de l'acquisition de la dextérité manuelle, à saisir une idée et à en favoriser l'épiphanie, l'esprit créateur, s'il est correctement entraîné, est moins susceptible que l'esprit analytique de prendre un simple trope ou un concept pour un symbole vivant et révélateur. Qu'elles soient «académiques» ou «modernes», la poésie et la peinture demeurent inertes tant que ne les animent pas les «Idées fondamentales», ces idées n'étant pas des abstractions limpides logées dans le cerveau, mais bien des éléments vitaux du sujet lui-même, des facteurs connus, ou mieux, reconnus. S'il est vrai que seuls le vocabulaire et le style propres à une période spécifique peuvent rendre manifestes ces idées vivantes, leur force ne réside pas dans ce qu'elles offrent au regard mais dans l'émotion qu'elles suscitent; et c'est justement cette qualité qui les caractérise. Or, puisque la mythologie est un condensé de ces idées, l'historien ou l'anthropologue qui ne se soucie que d'objectivité se prive de l'instrument qui lui permettrait de distinguer les uns des autres les différents éléments de sa recherche. Il peut noter et classer des faits, mais il lui est aussi impossible de parler en maître de mythologie qu'à un homme dépourvu de papilles gustatives de discourir sur le goût.

D'autre part, bien que le poète ou l'artiste peintre perçoive d'emblée l'idée qui surgit et qu'il se hâte à sa rencontre; bien que cette dernière l'initie à sa propre condition en l'aidant à prendre possession de lui-même et à acquérir une plus grande compréhension de l'Idée fondamentale, dans les domaines de l'histoire et de l'ethnologie il n'est qu'un amateur. On ne saurait comparer la profondeur avec laquelle Wagner rend compte de l'importance de la mythologie germanique dans *L'Anneau des Nibelungen* et la théorie sentimentale de Max Müller à propos des symboles solaires; mais pour acquérir une connaissance détaillée de ces questions, on préférera le philologue peu inspiré au génie de Bayreuth.

Une science du mythe est-elle donc impossible?

Depuis Wagner et Max Müller, C.G. Jung et Sigmund Freud nous ont ouvert ces perspectives nouvelles. Depuis qu'ils ont constaté l'homologie du mythe et du rêve, du rituel et de la névrose – leur interprétation psychologique de la magie, de la sorcellerie et de la théologie les conduit à assimiler le royaume et l'âge du mythe à l'inconscient et à établir, par conséquent, un lien entre le mythe et le rêve, entre le rituel et l'ensemble des symptômes d'une névrose –, notre compréhension du problème posé par l'Idée fondamentale s'est complètement transformée. Freud, qui faisait surtout valoir le parallèle avec la névrose, et Jung, qui reconnaissait le pouvoir d'éducation (dans le sens étymologique de *e-ducere*) des symboles qui nous relient à la vie, ont jeté les bases d'une science des universaux du mythe. La répartition de Bastian était correcte: (1) l'Idée fondamentale; (2) l'influence des facteurs climatiques et géologiques locaux dans l'évolution des Idées ethniques; et (3) l'impact qu'exercent les différentes coutumes locales les unes sur les autres au cours de l'histoire. La psychanalyse nous permet maintenant d'aller au-delà de l'inventaire et de la description que fait Bastian des Idées fondamentales pour étudier leurs racines biologiques. Il est ridicule de prétendre que cette méthode ne relève pas de la science, puisque le savoir objectif s'est montré totalement inefficace dans ce domaine, la matière étudiée résistant à toute évaluation optique; l'on doit, au contraire, en faire l'expérience, sinon à travers l'œuvre du poète ou du peintre, du moins dans la vie de tous les jours.

Il ne sert à rien de relater par le menu la démonstration que fait la psychanalyse du parallèle entre le rêve et le mythe ni la théorie qui en découle selon laquelle la mythologie peut se développer spontanément, en fonction du modèle traditionnel, partout où s'établissent des représentants de l'espèce humaine. Géza Ròheim écrit: «Quiconque sait ce qu'est un rêve conviendra que, tout comme il n'existe pas plusieurs façons de dormir, il ne saurait exister plusieurs façons de rêver "en fonction d'une société spécifique". [...] Le travail onirique est le même pour tous, bien qu'on puisse noter des variantes dans le degré et la technique des élaborations secondaires[27].» De Dante aux rêveurs des îles Andaman (*oko-jumu*)[28], le lien entre le rêve, la vision et le symbolisme mythologique est trop connu pour qu'il soit nécessaire de le démontrer ici. Il existe un rapport étroit, chez un peuple spécifique, entre le symbolisme religieux qui a pour fonction de protéger et de défendre le moi, et les rêves de ses rêveurs les plus doués. Dans la formulation si juste de Ròheim, les chamans sont «les paratonnerres de l'angoisse. Ils affrontent les démons pour que d'autres puissent chasser leurs proies et combattre la réalité[29]. Ils combattent les démons et, ce faisant, ils acquièrent une sagesse psychologique qui échappe à leurs frères extravertis. En réalité, ils sont les précurseurs de ces grands rêveurs que sont les pédagogues de l'humanité: Ptahhotep, Akhnaton, Moïse, Socrate, Platon, Lao Tseu, Confucius, Vyâsa, Homère, Bouddha, Jésus, Quetzalcoatl et Mahomet. L'approfondissement délibéré des ténèbres intérieures de la psyché que préconisent les disciplines yogiques traditionnelles a sans doute procuré à l'Inde une part plus vaste que les autres de cette sagesse que nous accordent «les Êtres éternels du rêve». Le reste de l'humanité se partage néanmoins une portion de cette sagesse. Ainsi, Ananda K. Coomaraswamy peut affirmer que les principes métaphysiques que l'on retrouve en Inde dans un symbolisme mythologique tenant de l'onirisme se retrouvent aussi de manière implicite dans toutes les mythologies du monde. «Toute mythologie», écrit-il dans une étude comparative des pensées indienne et platonicienne, «suppose l'existence d'une philosophie correspondante; si, comme il n'existe qu'une "éternelle philosophie", il n'existe qu'une seule mythologie, le fait que "le mythe ne m'appartient pas, il m'a été transmis par ma mère" (Euripide) permet de supposer que, bien avant la découverte des métaux, une unité spirituelle fusionnait toute l'humanité. Il est sans doute vrai que, comme le disait [Alfred] Jeremias, les diverses sociétés humaines ne sont en réalité que les dialectes d'une seule et même langue spirituelle[30].»

«Le mythe, poursuit-il, est la pénultième vérité, dont toute expérience est le reflet temporel. Le récit mythique échappe au temps et à l'espace, il est vrai partout et il n'est vrai nulle part[31].» Exactement, pourrait-on dire, comme le rêve représente la pénultième vérité du rêveur, dont toutes les expériences sont le reflet temporel.

Une véritable science de la mythologie devrait étudier minutieusement son sujet, analyser globalement son champ d'investigation et se faire une certaine idée de l'éventail prodigieux des rôles de la mythologie dans l'histoire de l'humanité. La mythologie participe du rêve et, comme le rêve, elle est un produit spontané de la psyché; comme le rêve, elle révèle ce psychisme et, par conséquent, la nature et la destinée humaines; comme le rêve, comme la vie, elle demeure une énigme pour le non-initié; comme le rêve, elle protège le moi. Dans les sociétés les plus primitives, la mythologie dicte les rites de passage; dans les écrits des philosophes hindous, chinois et grecs (comme dans les écrits de tous ceux qui les ont fréquentés), la mythologie est le langage pictographique de la métaphysique. Ce second rôle ne viole pas le premier, mais le prolonge; ces deux fonctions relient harmonieusement l'homme, cet animal en croissance, à son univers, tant visible que transcendant. La mythologie est le creuset où l'humanité s'initie à la vie et à la mort.

[2]

La fonction biologique du mythe

Comment fonctionne la mythologie, pourquoi est-elle requise et engendrée par le genre humain, pourquoi est-elle essentiellement la même partout, et pourquoi sa destruction rationnelle débouche-t-elle sur l'infantilisme? Les réponses à ces questions nous sont révélées dès que nous cessons d'appliquer la méthode historique qui consiste à rechercher les origines secondaires et que nous adoptons l'optique biologique (typique de la psychanalyse), soit celle qui étudie l'organisme premier, le façonneur et le véhicule de l'histoire, c'est-à-dire le corps humain. Comme le déclare Ròheim dans sa brillante monographie intitulée *The Origin and Function of Culture*:

> Les traits morphologiques infantiles de l'être humain, la perpé-
> tuation de l'enfance, voilà ce qui différencie le plus l'homme de
> l'animal. Cette perpétuation de l'enfance explique le traumatisme
> lié aux expériences sexuelles – traumatisme que l'on n'observe
> pas chez nos frères et nos cousins simiens – de même que l'exis-
> tence du complexe d'Œdipe, qui résulte en partie d'un conflit
> entre un objet aimé récent et un objet aimé passé. Enfin, les
> mécanismes de défense eux-mêmes doivent leur existence au fait
> que notre soma (le moi) est encore plus attardé que notre germen
> (le ça); ainsi, le moi immature développe des défenses contre des
> pulsions libidinales dont il n'est pas prêt à assumer l'impor-
> tance[32].

«L'homme, selon la formule du Bâlois Adolf Portmann, est cette créature inachevée dont la vie est un processus historique dicté par une tradition[33].» Il dépend congénitalement de sa culture; de même, sa culture dérive de la structure psychosomatique particulière de l'homme et à la fois y retourne. En outre, cette structure n'est pas enracinée dans un terroir local doté d'un potentiel politico-économique spécifique, mais dans le germen d'une espèce biologique vastement répandue. Qu'elle s'établisse sur les banquises de la Terre de Baffin ou dans les forêts tropicales du Brésil, qu'elle édifie des temples au Siam ou des cafés à Paris, «la civilisation, ainsi que nous le montre le Dr Ròheim, prend sa source dans une enfance perpétuée et sa tâche est de protéger. Il s'agit d'un vaste réseau de tentatives plus ou moins réussies de protection contre la perte de l'objet, des efforts colossaux déployés par le bébé qui craint qu'on ne le laisse seul dans une pièce obscure[34].» Dans un tel contexte, les potentialités symboliques des différents milieux comptent autant que les potentialités économiques; le symbolisme, la protection de la psyché ne sont pas moins essentiels que l'entretien du soma. La société, en tant qu'organe nourricier, est en quelque sorte une «seconde matrice», une matrice externe où les étapes postnatales de la longue gestation humaine (la plus longue de tous les placentaires) reçoivent protection et assistance.

L'on songe à la poche marsupiale qui contribue auxiliairement à un développement fœtal dépassant les capacités intra-utérines de l'espèce. Le petit du kangourou, par exemple, naît après une gestation de trois semaines seulement, il mesure à peine deux centimètres et demi, il est glabre et aveugle. Ses membres postérieurs ne sont pas encore formés, mais ses antérieurs sont robustes et dotés de griffes. William King Gregory, de l'American Museum of Natural History, décrit la façon dont ces petites créatures, en s'aidant de leurs membres antérieurs, se hissent sur le ventre de leur mère dès leur naissance, puis se glissent dans la poche marsupiale où ils recherchent les mamelles dont ils finissent par s'emparer. Le bout du tétin enfle alors dans leur bouche, de sorte que les petits ne peuvent plus s'en séparer. «Ainsi, conclut Gregory, les marsupiaux se sont spécialisés dans le bref développement initial de l'embryon qui, pour se sustenter, dépend principalement de la membrane vitelline, et qui achève de se développer après sa naissance quand il s'attache à la mamelle maternelle. Les petits des mammifères placentaux ou plus évolués ont un développement utérin plus prolongé, et l'allaitement, plus flexible, accroît les responsabilités de la mère[35].»

Les marsupiaux (kangourou, péramèle, wombat, opossum, etc.) représentent le stade intermédiaire entre les monotrèmes (ornithorynque, fourmilier d'Australie, etc.) qui, comme les reptiles, sont ovipares, et les placentaires (souris, antilope, léopard, gorille, etc.), dont la progéniture, qui voit le jour après une longue gestation dans le sein maternel (gestation rendue possible par le placenta), est presque autonome. Biologiquement, l'homme est un placentaire. Mais sa période de gestation est redevenue insuffisante, encore plus insuffisante que celle du marsupial. En effet, au lieu des quelques mois passés par le petit marsupial dans le repli de sa mère, dans le cas de l'enfant *Homo sapiens,* il faut attendre plusieurs années avant qu'il trouve lui-même sa nourriture et quelque vingt ans avant qu'il ait une apparence et un comportement adultes.

George Bernard Shaw s'est servi de cette anomalie dans *Retour à Mathusalem*[36], un cycle de cinq pièces fantaisistes, un «pentateuque métabiologique», où l'homme est représenté de façon nietzschéenne comme un tremplin vers le surhomme. En nous projetant en l'an 31 920 après J.-C., il nous fait assister à l'éclosion d'un œuf immense d'où surgit une belle jeune fille. Au vingtième siècle, on lui eût donné environ dix-sept ans. Elle grandit pendant deux ans à l'intérieur de l'œuf. Les premiers neuf mois de cette gestation, comme ceux de la gestation de l'embryon humain actuel, répètent l'évolution biologique de l'homme; au cours des quinze autres mois, l'organisme mûrit et parvient rapidement mais sûrement à l'état de jeune adulte. La fillette passe les quatre années qui suivent l'éclosion de son œuf en compagnie de petits camarades et connaît l'enfance que nous ne quittons guère nous-mêmes avant l'âge de soixante-dix ans, puis, soudainement lasse des jeux puérils, elle devient une adulte réfléchie, capable d'exercer un pouvoir qui, laissé aujourd'hui entre les mains d'éternels enfants, menace de détruire le monde.

L'être humain ne parvient pas à l'âge adulte avant la vingtaine. Shaw le fait patienter jusqu'à ses soixante-dix ans: le Purgatoire n'est pas loin. Entre-temps, la société joue le rôle de l'œuf shavien.

Ròheim a noté ce qui freine la croissance de l'homme, où qu'il se trouve: ses défenses contre des pulsions libidinales dont son moi immature n'est pas prêt à assumer l'importance[37]. Il a en outre analysé la curieuse «maîtrise symbiotique de la réalité»[38], qui est bien le façonneur, le maître d'œuvre de toutes les sociétés humaines. «Il est dans la nature de notre espèce, écrit-il, de maîtriser la réalité en se fondant sur la libido, et nous forgeons la société, le milieu où cela et rien d'autre n'est possible[39].» «L'introjection d'éléments premiers (surmoi) et le premier contact avec le milieu (moi) forment la structure psychique telle que nous la connaissons. La projection de ces éléments premiers

ou concepts introjetés suivie d'introjections et de projections subséquentes est ce qui structure la société[40].» Cette union étroite entre
fantasmes défensifs et réalité extérieure permet le développement de la
seconde matrice, ce repli marsupial que nous appelons la société. Par
conséquent, bien que l'environnement de l'être humain varie beaucoup
d'un point à l'autre de la planète, ses rituels sont remarquablement uni-
formes. Bien entendu, on note des variantes de style selon l'époque, le
pays, la race ou la classe sociale. Mais ce que James Joyce nomme «ce
qu'il y a de grave et de constant dans les souffrances humaines[41]»
demeure en effet partout constant et grave. L'esprit en demeure saisi en
toute occasion, dans les rites de la naissance, de l'adolescence, du
mariage, de la mort, de l'intronisation et de l'initiation, et il fusionne
ainsi avec les mystères de l'éternelle récurrence et du mûrissement
psychosomatique de l'homme. L'individu évolue, non seulement en
tant que membre d'un groupe social spécifique, mais en tant que membre du genre humain.

[3]

L'image d'une seconde naissance

Les rituels et les mythologies qui les secondent constituent donc la deuxième matrice permettant la gestation postnatale du placentaire *Homo sapiens*. Les pédagogues de l'humanité le savaient très certainement dès l'époque des Upanishads, sans doute même dès l'aurignacien. Par exemple, la Mundaka Upanishad dit ceci: «Il existe deux niveaux de savoir, ainsi qu'ont coutume de dire ceux qui connaissent *Brahman*: un savoir supérieur et un savoir inférieur. Le savoir inférieur se compose du Rig Veda, du Yajur Veda, du Sama Veda, de l'Atharva Veda, de la prononciation, du rituel, de la grammaire, de la définition, de la métrique et de l'astrologie. Le savoir supérieur est celui qui permet d'appréhender l'Impérissable[42].» «Ceux qui séjournent dans la demeure de l'ignorance, satisfaits d'eux-mêmes, suffisants et se leurrant sur leur savoir, ceux-là s'égarent, comme un aveugle que guide un autre aveugle. Le sacrifice et la valeur sont à leurs yeux le bien suprême, mais ils sont malavisés. [...] Tandis que ceux qui se retirent dans la forêt pour vivre dans la foi et dans l'austérité, ces érudits sereins qui vivent d'aumônes, ceux-là franchissent sans passion le seuil du soleil et rejoignent l'Être immortel, l'Esprit impérissable[43].»

L'objectif, en Inde, est de *naître* de la matrice du mythe, non pas d'y rester. Celui qui parvient à cette «seconde naissance» est réellement «re-né», il s'est affranchi des stratagèmes pédagogiques de la société, des leurres et des menaces du mythe, des *mœurs* locales, de l'attente habituelle des avantages et des récompenses. Il est réellement «libre» (*mukti*), «libéré de son vivant» (*jivan mukti*); il est ce «surhomme» serein, l'être parachevé – bien que, dans notre jardin d'enfants de fantasmatiques idées fausses, il semble appartenir à un tout autre univers.

Cette idée de «seconde naissance», symbolisée par le baptême, est également fondamentale dans le christianisme. «En vérité, en vérité, je te le dis, à moins de naître d'eau et d'Esprit, nul ne peut entrer dans le royaume de Dieu. Ce qui est né de la chair est chair, ce qui est né de l'Esprit est esprit[44].» On ne saurait trouver meilleure définition de l'idée de double matrice: la matrice du mammifère et la matrice de l'être parachevé.

Mais, historiquement, le christianisme est toujours parvenu à jeter l'anathème sur les implications évidentes de cette notion, ce qui a eu pour conséquence d'obscurcir le fait que l'individu régénéré ne demeure pas en deçà des limites de la mythologie, mais les franchit. En Orient – en Inde, au Tibet, en Chine, au Japon, en Indochine et en Indonésie –, chaque individu, du moins dans sa dernière incarnation, doit quitter la matrice du mythe, franchir le seuil du soleil et affronter les dieux; en Occident, du moins là où se sont développées les sociétés judéo-chrétiennes et musulmanes, Dieu est encore et toujours le Père, et nul ne saurait Lui passer outre. Cela explique sans doute la vaste différence entre la piété adulte de l'Orient et la piété infantile de l'Occident. Là où l'homme est réellement «re-né», il devient supérieur aux dieux, tandis qu'en Occident, même un saint ne saurait quitter l'Église; la «seconde naissance» signifie que l'on acquiert le droit d'entrer dans l'Église plutôt que celui d'en sortir. Les conséquences historiques de cette interprétation ont été l'éclatement, au quinzième siècle, de cette poche marsupiale spécifique.

Inutile d'accumuler les exemples de renaissance dans les philosophies et les rituels religieux du monde civilisé. Les représentations de ce concept abondent chez les néoplatoniciens et les taoïstes, dans les mystères grecs, les mythes et les rituels phéniciens, mésopotamiens et égyptiens tout comme dans ceux des Celtes, des Germains, des Aztèques et des Mayas. Il est tout aussi évident dans les mythologies et les rituels des peuples primitifs. «Mort et renaissance, déclare Ròheim, sont les instances caractéristiques de tous les rites initiatiques[45].»

Chez les Kéraki de la Nouvelle-Guinée, les «beugleurs» jouent un rôle de premier plan dans les cérémonies d'initiation. Les jeunes garçons sont assis pendant que les aînés, maintenant leurs yeux fermés, les empêchent de voir. C'est alors que les beugleurs entament leurs cris. Les garçons croient entendre le vagissement du dieu-crocodile qui préside au rituel; le son s'intensifie, comme si le monstre s'approchait dans l'intention de les dévorer. Quand le son parvient au-dessus de leur tête, les aînés retirent leurs mains des yeux des enfants, et ceux-ci aperçoivent les beugleurs[46]. Ils comprennent brusquement la source du bruit que, tout au long de leur enfance, ils ont confondu avec la voix d'un monstre vivant.

Ces éveils brutaux sont typiques de toutes les coutumes initiatiques. Les terreurs qui, pour l'enfant, ont jusque-là été des instruments de discipline deviennent les outils symboliques de sa connaissance adulte. Il ne s'ensuit pas que ces symboles sont jugés frauduleux; au contraire, les beugleurs kéraki reçoivent des offrandes de nourriture[47]. Ce sont des divinités, les gardiens du Chemin de la vie. Un chaman de la tribu des Paunie du Kansas et du Nebraska dit ceci: «Au moment de la création du monde, il fut convenu qu'existeraient des puissances inférieures. Tirawaatius, le pouvoir suprême, ne pouvait approcher les hommes, il était impossible aux hommes de le voir et de le toucher, voilà pourquoi l'existence de puissances inférieures fut autorisée. Elles intercèdent pour les hommes auprès de Tirawa[48].» Les mythes et tout l'appareil nécessaire aux rites de passage représentent ces puissances et s'enrichissent de la force de la source, de celle du parcours et de celle de la fin de l'existence.

Le fait que dans certaines sépultures moustériennes on ait découvert des outils et des quartiers de viande permet de supposer que la notion de régénération au-delà de la mort devait déjà exister quelque cinquante mille ans avant J.-C. Des sépultures paléolithiques, donc plus récentes, où le corps a été trouvé en position fœtale, renforcent cette idée en suggérant la possibilité d'une seconde naissance. Enfin, la peinture pariétale qui figure un chaman masqué et dansant dans la grotte aurignacienne des Trois-Frères, en Ariège, en France, permet de supposer qu'il y a quinze mille ans des initiés connaissaient le pouvoir et la signification des symboles. Il serait sans doute exagéré de prétendre que les sociétés primitives possédaient des pédagogues, ou des mystagogues, pour qui l'idée d'une seconde naissance rejoignait peut-être celle des hindous. Mais on ne saurait nier que dans les mythologies et les rituels primitifs on retrouve des seuils de lumière, des pierres parlantes, l'idée de mort et de résurrection, l'Incarnation, le mariage sacré, la propitiation, non pas au petit bonheur mais selon les mêmes schémas que dans les mythologies des sociétés plus évoluées[49].

L'uniformité actuelle du folklore [selon Ananda K. Coomaraswamy] est aux sociétés populaires ce que l'orthodoxie de l'élite est au milieu cultivé. Le rapport entre les métaphysiques populaire et cultivée est analogue et partiellement identique à celui qui relie les petits et les grands mystères. Les deux ont recours sensiblement aux mêmes symboles; dans le premier cas, ces symboles sont interprétés littéralement, et dans le second, ils sont compris dans leur sens parabolique. Par exemple, les «géants» et les «héros» de la légende populaire sont les titans et les dieux des mythologies supérieures; les bottes de sept lieues du héros correspondent aux longues foulées d'Agni ou de Bouddha, tandis que «Tom Pouce» n'est nul autre que ce Fils que maître Eckhart décrit comme étant «petit, mais si puissant». La superstructure d'un réel savoir initiatique est à la mesure du matériau folklorique sur lequel on l'érige[50].

Que l'individu soit appelé à renaître ou requis de demeurer spirituellement à l'état d'embryon jusqu'à s'affranchir du purgatoire, le mythe est partout et de tout temps la matrice de la naissance proprement humaine de l'homme; une matrice qui a subi l'épreuve du temps et où l'être inachevé parvient à sa maturité; une matrice qui le protège des pulsions libidinales dont il n'est pas capable d'assumer l'importance et qui lui procure le boire et le manger nécessaires à un développement normal et harmonieux. La mythologie favorise une ontogénèse où s'équilibrent l'intuition, l'instinct et la rationalité. Partout où s'est développée l'espèce, la morphologie de ce curieux organe spirituel de l'*Homo sapiens* est aussi persistante et reconnaissable que celle de son aspect physique.

[4]

L'angoisse de la fausse couche

L'avortement spontané est tout aussi possible mythologiquement que physiologiquement: adhérences, malformations et interruptions sont possibles. C'est ce que nous appelons les névroses et les psychoses. Après quelque cinq cents ans passés à démembrer et à rejeter l'organe mythologique de notre espèce, nous sommes confrontés à tous ces jeunes êtres tristes pour qui la vie est un fardeau. La mythologie guide la libido vers un moi syntone, tandis que «la névrose (pour citer Géza Ròheim une fois de plus) sépare l'individu de ses semblables et le rattache à ses fantasmes infantiles[51].» La psychanalyse de même que certains mouvements contemporains de la littérature et des arts visuels s'efforcent de restaurer l'organe spirituel nécessaire à notre survie biologique. Par exemple, Blake, Goethe et Emerson ont été conscients de sa nécessité. Ils ont tenté de restituer au poète son rôle traditionnel de visionnaire et de mystagogue de la vision régénératrice. James Joyce nous en a fourni le mode d'emploi. La morphologie de cet organe demeure immuable, mais les matériaux qui le composent et les rôles qu'il est appelé à jouer devront devenir ceux du monde actuel: ces matériaux sont ceux de la société industrielle, ces rôles, ceux d'une humanité qui accouche, dans la douleur, de sa mythologie.

Notes

1. Fray Pedro Simòn, *Noticias historiales de las conquistas de Tierra Firme en las Indias Occidentales* (Cuenca, 1627), publié dans

Lord Kingsborough, *Antiquities of Mexico,* Londres, R. Havell, 1830-1848, vol. III, pp. 263-264.

2. Adolf Bastian, *Ethnische Elementargedanke in der Lehre vom Menschen,* Berlin, Weidmannsche Buchhanndlung, 1985, p. ix.

3. Adolf Bastian, *Das Beständige in den Menschenrassen und die Spielweite ihrer Veränderlichkeit,* Berlin, Dietrich Reimer, 1868, p. 88.

4. Franz Boas, *The Mind of Primitive Man,* New York, The Macmillan Company, 1911, p. 104.

5. *Ibid.,* p. 228.

6. Franz Boas, *The Mind of Primitive Man*, New York, The Macmillan Company, 1938.

7. Durkheim, *Les Formes élémentaires de la vie religieuse*, pp. 15-21. Comparez avec Emmanuel Kant, *Kritik der reinen Vernunft (Critique de la raison pure),* Einleitung et I. «Transzendentale Elementarlehre».

8. Durkheim cite F.H. Cushing pour dire que l'espace zuni compte sept points cardinaux, ce qui le rend fondamentalement différent du nôtre, qui n'en a que quatre. Les sept points zuni sont: le nord, le sud, l'est, l'ouest, le haut, le bas et le centre. Différent en effet! De toute évidence, le problème de Durkheim est un problème élémentaire et sémantique. Il conclut en déclarant que «les divisions de l'espace changent avec les sociétés; c'est la preuve qu'elles ne sont pas fondées exclusivement sur la nature congénitale de l'homme». Selon lui, cela réfutait le concept de Kant voulant que l'espace soit une «forme *a priori* de la sensibilité».

9. Voir l'analyse que fait Géza Ròheim du raisonnement de Malinowski, «The Œdipus Complex, Magic and Culture», *Psychoanalysis and the Social Sciences,* New York, International Universities Press, 1950, vol. II, pp. 173-228.

10. La signification de ce néologisme dans la littérature polémique des sciences sociales où on l'emploie péjorativement n'est pas claire. Il semble signifier, à peu près, «antiscientifique».

11. Winckler, *op. cit.*; et, du même auteur, *Die babylonische Geisteskultut in ihrer Bezierhung zur Kulturentwicklung der Menschheit,* Leipzig, Quelle und Meyer, 1907.

12. James H. Breasted, *The Conquest of Civilization,* New York, Harper and Brothers, 1926; G. Elliot Smith, *Human History,* New York, W. W. Norton and Company, 1929; W. J. Perry, *The Children of the Sun, A Study in the Early History of Civilization,* New York, E. P. Dutton and Company, s.d.

13. Harold Peake et Herbert John Fleure, *Peasants and Potters,* New Haven, Conn., Yale University Press, 1927.

14. V. Gordon Childe, *New Light on the Most Ancient East,* New York, 1934; *What Happened in History,* New York, D. Appleton-Century, 1934.

15. Sylvanus G. Morley, *The Ancient Maya,* Standford, Calif., Stanford University Press et Londres, Oxford University Press, 1946.

16. Leo Frobenius, *Geographische Kulturkunde,* Leipzig, Friedrich Brandstetter, 1904, pp. 443-664.

17. Adolf E. Jensen, *Das religiöse Weltbild einer frühen Kultur,* Stuttgart, August Schröder Verlag, 2e édition, 1949.

18. G. F. Scott Elliot, *Prehistoric Man and His Story,* Londres, Seely, Service, 1920, pp. 255-271.

19. Vingt-neuvième Congrès international des Américanistes, Musée d'Histoire naturelle, New York, 7 septembre 1949, communication conjointe du Dr Robert von Heine-Geldern et du Dr Gordon F. Ekholm, «Significant Parallels in the Symbolic Arts of Soutern Asia and Middle America». Cette communication était appuyée par une exposition temporaire tenue au musée, de même que par une communication du Dr Carl Schuster, «The Circum-Pacific and Oceanic Distribution of Some Body-Markings and Petroglyphic Designs».

20. Betty J. Meggers, Clifford Evans et Emilio Estrada, *Early Formative Period of Coastal Ecuador: The Valdivia and Machalilla Phases,* Washington, D.C., Smithsonian Institution, 1965.

21. Peter H. Buck (Te Rangi Hiroa), *Vikings of the Sunrise,* New York, Frederick A. Stokes, 1938, p. 314.

22. Carl O. Sauer, *Agricultural Origins and Dispersals,* New York, The American Geographical Society, 1952; voir aussi son article «Cultivated Plants of South and Central America», dans *Handbook of South American Indians,* sous la direction de Julian H. Steward, Washington, D.C., Smithsonian Institution, Bureau of American Ethnology, Bulletin 143, 1950, vol. 6, pp. 487-543.

23. C. C. Uhlenbeck, «The Indo-Germanic Mother Language and Mother Tribes Complex», *American Anthropologist,* 1937, XXXIX, pp. 385-393.

24. J. Vendryes, *Le Langage,* Paris, La Renaissance du livre, 1921, pp. 356-357.

25. Voir, par exemple, Leo Frobenius, *Histoire de la civilisation africaine,* Paris, Gallimard, 1936, et Jensen, *op. cit.*

26. Pour un survol des archétypes universels de «l'aventure du héros» et du «cycle cosmologique», voir Joseph Campbell, *The Hero with a Thousand Faces,* The Bollingen Series XVII, New York, Pantheon Books, 1949.

27. Géza Ròheim, «Dream Analysis and Field Work in Anthropology», *Psychoanalysis and the Social Sciences,* New York, International Universities Press, 1947, vol. I, p. 90.

28. A.R. Radcliffe-Brown, *The Andaman Islanders,* Cambridge, Cambridge University Press, 1933, pp. 177-179.

29. Géza Ròheim, *The Origin and Function of Culture,* New York, Nervous and Mental Disease Monographs, 1943, p. 51.

30. Ananda K. Coomaraswamy, *Recollection, Indian and Platonic,* Supplément au Journal of the American Oriental Society, n° 3, avril-juin 1944, p. 18.

31. Ananda K. Coomaraswamy, *Hindouisme et bouddhisme,* Paris, Gallimard, 1949.

32. Géza Ròheim, *The Origin and Function of Culture, op. cit.,* p. 17.

33. Adolf Portmann, «Das Ursprungsproblem», *Eranos-Jahrbuch 1947,* Zurich, Rhein-Verlag, 1948, p. 27.

34. Ròheim, *The Origin and Function of Culture, op. cit.,* p. 100.

35. William King Gregory, «Marsupialia», *Encyclopædia Britannica,* 14e édition, XIV, pp. 975-976.

36. George Bernard Shaw, *Retour à Mathusalem,* Paris, Aubier, 1959.

37. Ròheim, *The Origin and Function of Culture, op. cit.,* p. 17.

38. *Ibid.*, p. 81.

39. *Ibid.*

40. *Ibid.*, p. 82.

41. James Joyce, *Portrait de l'artiste en jeune homme,* trad. de Ludmilla Savitzky révisée par Jacques Aubert, Paris, Folio, Gallimard, 1992, p. 298.

42. *Les Upanishads,* vol. 4 et vol. 5, *Mundaka Upanishad,* trad. de J. Maury, Paris, Maisonneuve, 1943.

43. *Ibid.*

44. Évangile selon saint Jean, 3:5-6.

45. Géza Ròheim, *The Eternal Ones of the Dream,* New York, International Universities Press, 1945, p. 116.

46. Richard Thunrwald, «Primitive Initiations-und Wiederge-burtsriten», *Eranos-Jahrbuch 1939,* Zurich, Rhein-Verlag, 1940. pp. 364-366. Quiconque doute de l'universalité de la notion de renaissance devrait consulter cet ouvrage dans son entier.

47. *Ibid.*, p. 369.

48. Alice C. Fletcher, *The Hako: A Paunie Ceremony,* 22e rapport annuel, Bureau of American Ethnology, Washington, D.C., 1904, 2e partie, p. 27.
49. *Cf.* Jeff King, Maud Oakes et Joseph Campbell, *Where the Two Came to Their Father: A Navaho War Ceremonial,* The Bollingen Series I, New York, Pantheon Books, 1943.
50. Ananda K. Coomaraswamy, «Primitive Mentality», *Figures of Speech or Figures of Thought,* Londres, Luzac, 1946, p. 220. Les italiques sont du Dr Coomaraswamy.
51. Ròheim, *The Origin and Function of Culture, op. cit.,* p. 93.

L'homme primitif et métaphysicien

«On appelle cette chanson: Yeux de morue.
*— Oh! c'est le nom de la chanson? dit Alice en
s'efforçant de paraître intéressée.
— Non, vous ne comprenez pas, dit le Cavalier qui
parut un peu vexé. C'est le nom dont on l'appelle.»*

Lewis Carroll, De l'autre côté du miroir

[I]

Souplesse et intransigeance

«**L**es concepts métaphysiques de l'homme peuvent se résumer à quelques catégories universellement répandues», écrivait Franz Boas dans la première édition (1911) de *The Mind of Primitive Man*[1]. Toutefois, comme nous l'avons déjà noté[2], cette observation a disparu de la deuxième édition de cet ouvrage marquant, publiée un quart de siècle plus tard (1938), car les anthropologues américains avaient alors développé une forte tendance à souligner les différences plutôt que les similitudes entre les sociétés primitives; ainsi, un auteur qui aurait mentionné l'existence de ressemblances entre ces sociétés aurait été jugé rétrograde par ses collègues. D'autre part, au début des années cinquante, le courant s'était à nouveau renversé. Un important inventaire de traditions anthropologiques préparé sous la direction de A.L. Kroeber et publié en 1953 sous le titre *Anthropology Today*[3] incluait un article substantiel signé Clyde Kluckhohn, «Universal Categories of Culture»; d'autres autorités en la matière y soulignaient également la nécessité d'effectuer des analyses comparatives. Cependant, personne ne jugea opportun de rappeler les idées développées quelque trente ans plus tôt par Paul Radin qui, dans *Primitive Man as Philosopher* (1927), proposait une formule permettant de concilier en une seule et même hypothèse générale les deux points de vue de Boas. Les représentants d'une science qui, dans les termes mêmes de Boas, «ne s'intéresse pas à l'être exceptionnel[4]», avaient apparemment oublié sa remarque éminemment sensée, selon laquelle on retrouvait, tant dans les sociétés primitives que dans les sociétés hautement évoluées, les deux types d'hommes que William James avait il y a longtemps qualifiés de souples et d'intransigeants[5] – et que les mythes et symboles de tous les groupes humains étaient interprétés différemment par chacun de ces deux types.

«Du point de vue de l'homme d'action», écrivait Radin en parlant du type intransigeant, «un fait donné ne possède aucune valeur symbolique ou statique. Au-delà de leurs transformations continues, il ne reconnaît à ces faits aucune conformité. À ses yeux, une double déformation se produit lorsqu'on investit un objet transitoire en perpétuelle transformation d'une signification symbolique, idéaliste ou statique.» «De par sa nature même, de par l'orientation innée de son esprit, le penseur ou type intransigeant est incité à s'efforcer de découvrir les relations de cause à effet, la nature du rapport qui relie le moi à l'univers et le rôle précis qu'assume l'être pensant dans ce rapport. Comme tous les philosophes, il s'intéresse au sujet, à l'objet et aux liens de parenté qui les unissent. [...] Un univers original, mouvant, informe ou indifférencié doit être immobilisé et stabilisé. [...] Les philosophes ont de tout temps proposé la même solution à ce problème et reconnu à ces aspects et à ces formes changeantes une uniformité certaine. Les philosophes primitifs rejoignent en cela leurs frères européens et asiatiques[6].»

Selon moi, toute science qui s'intéresse principalement ou uniquement à une interprétation vulgaire et rigide des symboles se limite forcément à l'étude des différenciations locales, tandis qu'une science qui étudie le point de vue des penseurs est en mesure d'observer que les réflexions de ceux-ci portent sur un petit nombre de sujets universellement répandus. À tout prendre, les anthropologues (du moins, les anthropologues américains actuels) sont notoirement intransigeants. (Un proverbe haïtien dit: «Quand arrivent les anthropologues, les dieux s'en vont!») Ils ont eu tendance à conférer aux symboles de la pensée primitive une interprétation réductrice et à ne se référer qu'aux particularités locales. Les pages qui suivent proposent une vision alternative, un supplément et un enrichissement de ce point de vue.

[2]

Le symbole et sa signification

L e premier problème auquel est confronté quiconque désire aborder les idées métaphysiques du genre humain consiste à opérer une distinction entre les symboles et leurs références, entre ce que nous pourrions appeler les *véhicules* et la *teneur* de ces véhicules. Par exemple, les trois ou quatre instances des «idées métaphysiques» énumérées par Franz Boas dans son chapitre sur l'universalité des caractéristiques culturelles («The Universality of Cultural Traits») ne sont pas du tout des idées métaphysiques: ce ne sont que des images, des symboles, bref, des véhicules qu'un esprit intransigeant pourrait interpréter d'un point de vue physique, non pas en tant que référence à une quelconque réalisation métaphysique, mais à des faits, à des domaines ou à des territoires semblables aux nôtres – alors que le terme «métaphysique» ne renvoie à aucun lieu, à aucune époque, à aucun objet, à aucun fait, ni même à cette étoffe dont sont faits les rêves. «La croyance en une terre d'asile pour les âmes des défunts», par exemple[7], «située à l'ouest, au-delà d'une rivière», n'est pas en soi une idée métaphysique bien qu'on puisse l'interpréter d'un point de vue métaphysique. On ne saurait davantage qualifier de métaphysique «la notion d'univers multiples, dont un ou plusieurs s'étendent au-dessus de nous, d'autres au-dessous, l'univers central étant la demeure de l'homme, tandis que l'univers du dessus ou celui du dessous est la demeure des dieux et des âmes sereines et l'autre, celle des affligés[8]».

De telles images ne constituent pas l'énoncé final de notre sujet, s'il s'agit bien de métaphysique. En effet, elles ont souvent été le véhicule de l'expression métaphysique et notre problème consiste en partie à les colliger, à les comparer et à les classifier; mais nous nous leurrons si nous nous limitons à ces images telles quelles. Car une image peut avoir plusieurs significations, selon les contextes et selon l'esprit qui la capte. En outre, quand une image disparaît, il ne s'ensuit pas forcément que son contenu disparaît avec elle: celui-ci peut se tapir sous une image tout à fait différente. Nous ne saurions davantage affirmer, lors d'études comparatives interculturelles, que lorsque des symboles diffèrent d'une culture à l'autre leur signification doit forcément différer aussi.

Examinons par conséquent quelques images symboliques provenant de cultures diverses et voyons si elles ne constituent pas les véhicules mutiples d'une seule et unique teneur métaphysique.

[3]

Le symbolisme du Multiple
et sa «cause»

Dans son ouvrage intitulé *The Indians' Book* publié en 1907, Natalie Curtis relate un remarquable mythe de la création qui lui fut raconté par un vieux chef de la tribu des Pima, Hovering Hawk:

Au début, tout n'était que ténèbres – des ténèbres et de l'eau. Et les ténèbres s'épaississaient par endroits, s'accumulaient puis se divisaient, jusqu'à ce qu'un homme surgisse d'un des amas de ténèbres. Cet homme erra dans les ténèbres jusqu'à ce qu'il commence à réfléchir. Il sut alors qu'il était un homme; il sut qu'il n'était pas là pour rien.

Il posa la main sur son cœur et en retira un long bâton. Il s'aida de son bâton pour traverser les ténèbres, puis, las, il s'appuya dessus. Ensuite, il créa de minuscules fourmis; il les retira de son corps et les déposa sur son bâton. Tout ce qu'il créait, il le retirait de son corps comme il avait retiré le bâton de son cœur. Le bâton était en bois de houx, et avec la glu du houx les fourmis façonnèrent une sphère qui adhéra au bâton. L'homme prit alors la sphère de glu et la déposa sous son pied, dans les ténèbres; ensuite il se dressa sur la sphère qu'il fit rouler sous son pied et chanta:

Je crée le monde et voilà que
Le monde est créé.
Ainsi je crée le monde, et voilà que
Le monde est créé.

Il chantait de la sorte, il déclarait être le créateur du monde. Il chantait lentement, et tandis qu'il chantait la sphère grossissait à mesure, et quand il eut terminé son chant, le monde était sous son pied. Alors il chanta plus vite :

Laisse-le partir, laisse-le partir,
Laisse-le partir, qu'il soit sur son départ!

Ainsi fut créé le monde, et l'homme retira une pierre de son corps et la brisa en petits morceaux. Il en fit les étoiles qu'il lança dans le ciel pour éclairer les ténèbres. Mais il jugea que les étoiles n'étaient pas assez brillantes.

Alors il créa Tau-mik, la Voie lactée. Mais Tau-mik n'était pas assez brillante. Alors il créa la lune. Tout cela, il le fit avec des pierres qu'il retirait de son corps. Mais la lune non plus ne brillait pas assez. Alors il réfléchit à ce qu'il devait faire. Il ne parvenait pas à trouver dans son corps de quoi éclairer les ténèbres.

Il réfléchit encore. Puis il puisa en lui de quoi façonner deux grands bols. Il remplit le premier avec de l'eau et il le recouvrit avec le second. Puis il s'assit et observa les bols, et tandis qu'il les observait il fit le vœu que tout ce qu'il voudrait créer serait créé. Et cela fut comme il l'avait souhaité. Car l'eau dans le bol devint le soleil, et les rayons du soleil filtrèrent par la fissure au point de jonction des deux bols.

Après avoir créé le soleil, l'homme souleva le bol du dessus, puis il prit le soleil dans ses mains et le lança en direction de l'est. Mais le soleil ne toucha pas le sol; il demeura dans le ciel, là où l'homme l'avait lancé, et il ne bougea plus. L'homme lança donc le soleil vers le nord, vers l'ouest et vers le sud. Mais chaque fois le soleil restait accroché au firmament, immobile, car il ne touchait jamais terre. L'homme lança de nouveau le soleil vers l'est, et cette fois le soleil toucha terre, rebondit et remonta dans le ciel. Depuis, le soleil se déplace sans arrêt. Il tourne autour de la terre en un jour, mais chaque matin, il rebondit à l'est[9].

Il est impossible de lire ce récit sans songer à un thème très répandu dans l'Ancien Monde, celui du géant primordial qui accouche de l'univers et qui continue jusqu'à la fin des temps à être intégré à l'univers en tant que «moi du tout».

«Au commencement, l'univers n'était que la forme humaine du moi», lit-on dans la Brihadaranyaka Upanishad sanskrite.

> Il regarda autour de lui et il vit qu'il était seul. Puis, au commencement, il s'écria «Je suis moi!» D'où le pronom «moi». Voilà pourquoi, encore aujourd'hui, quand une personne se présente, elle dit d'abord: «C'est moi», puis elle se nomme.
>
> Il avait peur. Voilà pourquoi les hommes ont peur de la solitude. Il songea: «Mais de quoi ai-je peur? Je suis seul ici.» Et sa peur s'estompa...
>
> Il était malheureux. Voilà pourquoi les hommes sont malheureux lorsqu'ils sont seuls. Il désirait une compagne. Il devint aussi gros qu'un homme et une femme enlacés. Il divisa ce corps, qui était lui, en deux parties. Et ainsi furent créés le mari et la femme. [...] Voilà pourquoi ce corps (avant qu'il s'unisse à une femme) ressemble à la moitié d'un pois cassé. [...] Il s'unit à elle; et d'eux naquirent les hommes.
>
> Elle songea: «Comment peut-il s'unir à moi puisqu'il m'a tirée de lui? Eh bien! je vais me cacher.» Elle devint une vache; mais il devint taureau et s'unit à elle; et d'eux naquit le bétail. Elle devint jument, lui un étalon; elle une ânesse, lui un âne; et il s'unit à elle; et d'eux naquirent les animaux ongulés. [...] Elle devint chèvre, lui bouc; elle brebis, lui bélier; et il s'unit à elle; et d'eux naquirent les chèvres et les moutons. Ainsi créa-t-il tous les couples, jusqu'aux fourmis.
>
> Alors il constata: «En vérité, je suis la création, car j'ai produit tout cet univers.» Et voilà pourquoi il s'appelle Création.[10] [...]

Parfois, comme c'est le cas ici, la mythologie brahmanique relate une création délibérée du monde. Parfois, comme dans le Kalika Purana[11] où les dieux surgissent spontanément de la contemplation yogique du démiurge Brahma, la création résulte d'une série d'événements surprises qui étonnent même le créateur. On se souviendra que dans les eddas islandaises, des géants surgissent des pieds et des mains de l'hermaphrodite cosmique Ymer, mais à un âge plus avancé, ce dernier est attaqué par les jeunes dieux Wotan (Odin), Wili et We qui le découpent en morceaux et font de lui la voûte céleste[12]. De même, dans le «Poème de la création» babylonien, le jeune dieu Marduk tue le monstre du chaos primordial Tiamat, dépèce son corps dont il façonne ensuite l'univers. Ovide, dans le premier chapitre de ses *Métamorphoses*[13], déclare qu'au commencement un dieu ordonna le chaos. Et l'ancienne théogonie memphite nous apprend que l'Égypte, l'univers et tous les dieux sont issus de Ptah, «Le Plus Grand», «Le dieu au joli visage[14]».

Dans le système métaphysique du Vedanta, qui prétend traduire l'imagerie métaphorique des mythes brahmaniques en abstractions philosophiques, l'entité première d'où est issu le monde est décrite comme une fusion de la Conscience pure (*brahman, vidyâ*) et de l'Ignorance (*mâyâ, avidyâ*); l'Ignorance (*mâyâ*), comparée à la femelle du couple mythologique, fournit à la fois la matrice et la substance de la création. De par sa faculté d'obscurcissement elle occulte le *brahman* absolu et de par son pouvoir de projection elle réfracte la luminosité de l'Absolu sous la forme du mirage de l'univers, un peu comme un prisme décompose la lumière blanche du soleil dans les sept couleurs de l'arc-en-ciel, car, comme l'a dit Goethe dans son *Faust*: «*Am farbigen Abglanz haben wir das Leben*[15].» Dans le Vedantasara du quinzième siècle, ce mariage de l'Ignorance et de la Conscience, de l'Illusion et de la Vérité, de Mâyâ et de *Brahman* est à la fois la cause efficiente et matérielle de toute chose. «La Conscience associée à l'Ignorance (cette dernière possédant les deux pouvoirs) est en même temps la cause efficiente et la cause matérielle de l'univers [...]; tout comme l'araignée, du point de vue de son être, est la cause efficiente de sa toile et, simultanément, du point de vue de son corps, la cause matérielle de sa toile[16].

En termes kantiens, l'Ignorance, telle qu'elle est interprétée ici, correspond aux formes *a priori* de la sensibilité (espace et temps), qui sont les frontières extrêmes et les conditions requises de toute expérience empirique. Ces formes *a priori* occultent le royaume métaphysique de la réalité absolue et créent l'univers de la phénoménalité. Mais nous ne saurons jamais en quoi consiste «l'être véritable» de l'ultime réalité, dissocié de nos expériences; car, ainsi que le formule le «grand Chinois de Königsberg»: «*Was es für eine Bewandniss mit den Gegenständen an sich und abgesondert von aller dieser Receptivität unserer Sinnlichkeit haben möge, bleibt uns gänzlich unbekannt*[17].»

Ainsi, Hovering Hawk, les Brihadaranyaka Upanishads, le Kalika Purana, les eddas, le «Poème de la création» des Babyloniens, Ovide, la théogonie memphite, la philosophie védantique, Kant et Goethe, en recourant à toute une variété de métaphores, ont formulé à maintes reprises une seule et même pensée, qui semble en outre aisée à énoncer, à savoir: que l'Un, par un tour de passe-passe ou une aberration de la perception, est devenu le Multiple. Pourtant, au lieu de formuler directement cette idée, ils ont eu recours à des véhicules allégoriques parfois picturaux, parfois abstraits, et, curieusement, bien que chaque véhicule parvienne à transmettre ne serait-ce qu'une allusion à la teneur du message, aucun ne l'élucide, aucun n'explique ni même ne se réfère directement au mystère de la transformation de l'Un en Multiple. À cet égard, la formulation de Kant n'est pas plus satisfaisante que celle d'Hovering Hawk.

Mais quand on se penche sur lui de nouveau, le problème ne semble pas s'offrir à une élucidation immédiate, car il s'agit d'un problème posé par le rapport entre un terme connu (l'univers) et un terme inconnu (sa supposée origine); en d'autres mots, il s'agit *stricto sensu* d'un problème métaphysique et non pas empirique. Qu'on l'aborde à travers le lexique pictographique du mythe ou par le biais de l'abstraction philosophique, on ne saurait que le soumettre, non pas le résoudre. Puisqu'il est ineffable, aucune métaphore, aucun ensemble de métaphores ne peuvent venir à bout de ses implications. Un simple changement de point de vue peut transformer kaléïdoscopiquement le concept entier, comme aussi les véhicules correspondants du symbolisme et de la communication. L'Un primordial, par exemple, est parfois masculin (Brahma), féminin (la Terre Mère), hermaphrodite (Moi, Ymer), anthropomorphique (la plupart des exemples ci-dessus), thériomorphique (le mythe persan du taureau primordial), botanomorphique (Yggdrasil, qui représente la Cendre du monde dans les eddas scandinaves), simplement ovoïde (l'Œuf primordial), géométrique (les yantras tantriques), vocal (la syllabe sacrée védique OM ou AUM et le tétragramme de la kabbale), ou tout à fait transcendant (le Néant bouddhique et le Ding-an-sich kantien). Mais la notion de l'Un primordial est elle aussi une métaphore évoquant un terme inconcevable qui va bien au-delà des contraires que sont l'Un et le Multiple, le masculin et le féminin, l'existence et la non-existence.

[4]

La «cause»: parfaitement inconnue

Kant propose une formule extrêmement simple pour une compréhension correcte du symbole métaphysique[18]. Il s'agit d'une relation de quatre termes (*a* est à *b* ce que *c* est à *x*) qui n'indique nullement une ressemblance incomplète entre deux objets, mais bien la ressemblance parfaite de deux rapports entre des objets de nature très différente («*nicht etwa, eine unvollkommene Ähnlichkeit zweier Dinge, sondern eine vollkommene Ähnlichkeit Verhältnisse zwischen ganz unähnlichen Dingen*»): non pas «*a* ressemble un peu à *b*,*»* mais «le rapport entre *a* et *b* est identique au rapport entre *c* et *x*», là où *x* a une valeur non seulement inconnue, mais impossible à connaître, c'est-à-dire métaphysique.

Kant propose deux exemples pour illustrer sa formule:

1. Ce que la promotion du bonheur des enfants = *a* est à l'amour des parents = *b*, la prospérité du genre humain = *c* l'est à l'inconnu en Dieu = *x*, que nous appelons amour [...].

2. La causalité de la cause suprême est par rapport au monde ce qu'est la raison humaine par rapport à ses œuvres d'art.

Il analyse ensuite les implications de ce second exemple comme suit: «En quoi la nature de la cause suprême me demeure inconnue: je me borne à comparer son effet que je connais (l'ordre du monde) et sa conformité à la raison avec les effets que je connais de la raison humaine et du coup, j'appelle cette cause suprême une raison sans pour autant lui attribuer comme étant sa propriété cela même que j'entends par ce terme chez l'homme ou d'ailleurs quoi que ce soit de connu de moi.»

Autrement dit, les analogies mythologiques, théologiques et
métaphysiques ne renvoient pas indirectement vers un terme connaissable partiellement compris, mais directement *au rapport entre deux
termes,* l'un étant empirique, l'autre métaphysique, ce dernier étant
pour toujours et de quelque point de vue humain que ce soit, inconnaissable.

Si c'est le cas, nous avons mal interprété la série posée dans la
section 2 dès lors que nous avons tout à fait compris sa teneur dans
l'énoncé: «L'Un, par un tour de passe-passe, est devenu le Multiple.»
En effet, un tel énoncé propose un résumé très clair de l'aspect véhi-
culaire des métaphores analogues, mais n'éclaire nullement leur teneur
métaphysique; autrement dit, il résume les deux premiers termes seulement d'une relation supposée de quatre termes qui, si elle était com-
plétée, se lirait comme suit: «Comme le multiple (a) procède de l'un
(b), ainsi l'univers (c) procède-t-il de Dieu (x).» Mais le terme x, rap-
pelons-le, demeure inconnu et inconnaissable. L'unicité ne saurait
davantage être un attribut de x que l'amour ou la raison. Par conséquent, ainsi que l'a déclaré Kant, ce n'est que par analogie que nous
parlons de l'amour, de la raison, de l'unité ou de l'homme en tant que
Dieu.

Si x nous demeure inconnu, la nature précise de son rapport à c
doit aussi demeurer inconnue. La magie, la fission, la procréation
sexuelle, le démembrement, la réfraction, l'effusion et l'illusion, voilà,
entre autres, les rapports qui ont été proposés, non pas comme étant
propres au mystère de la création, mais en tant que véhicules de
l'analogie. Les possibilités de rapports véhiculaires sont infinies; il
existe une infinité de termes a possibles et de termes b possibles; par
exemple: comme le Créateur de l'Univers (b^1) se rapporte à tout ce
qu'il extrait de son corps (a^1); comme le Père (b^2) se rapporte aux créatures qu'il a engendrées (a^2); comme le Brahma méditant (b^3) se rapporte aux visions nées de sa méditation (a^3); comme la lumière
occultée (b^4) se rapporte à sa réfraction (a^4); comme l'araignée (b^5) se
rapporte à sa toile (a^5); etc., ad infinitum (b^n:a^n); ainsi «Dieu» (x) se
rapporte-t-il à la création (c).

[5]

La théologie: une interprétation erronée de la mythologie

À moins que l'esprit souple ne comprenne – ou ne ressente – les mythes de cette façon, ceux-ci se dépouillent à ses yeux de leur pouvoir, de leur magie et de leur charme pour n'être plus que de simples curiosités archéologiques uniquement dignes d'une quelconque classification réductrice. C'est là, sans doute, la mort que redoutent le plus les héros mythiques. Ils n'ont de cesse de faire ressortir, plus que leurs qualités de phénomène, leur universalité et leur transcendance. «Moi et le Père nous sommes un», dit le Christ (Jean 10:30). Krishna, dans le Bhagavad Gita, montre que toutes les formes de l'univers sont enracinées dans son essence métaphysique, tout comme cette essence est enracinée dans toute chose:

> Ni les multitudes de devas, ni les grands sages ne connaissent Mon origine, car en tout, Je suis des uns comme des autres la Source. Qui Me sait non né, sans commencement, le Souverain de tous les mondes, celui-là, sans illusion parmi les hommes, devient libre de tout péché. [...] Je suis l'Âme Suprême, sis dans le cœur de chaque être. De tous, Je suis le commencement, le milieu et la fin. D'entre les Âdityas, Je suis Vishnou, et d'entre les sources de lumière, le soleil radieux. [...] Parmi les eaux, Je suis l'océan. [...] ... et d'entre les asservisseurs, le temps. Parmi les bêtes, Je suis le lion, et parmi les oiseaux, Garuda, qui porte Vishnou. [...] Chez les poissons, Je suis le requin, et parmi les cours d'eau, le Gange.

[...] Je suis le jeu des trompeurs, et l'éclat de tout ce qui resplendit. Je suis la victoire, l'aventure et la force du fort. [...] Parmi les châtiments, Je suis la verge, et chez ceux qui cherchent à vaincre, la moralité. Dans les choses secrètes, Je suis le silence, et du sage la sagesse[19].

De même, Tueur-des-Ennemis, le héros de la tribu apache des Jicarilla du Nouveau-Mexique, déclare au moment de prendre congé de son peuple:

Mon corps est la terre. Mon corps est le ciel. Mon corps est les saisons. Mon corps est l'eau... L'univers a la dimension de mon corps. L'univers est aussi grand que mes prières. Les saisons ne sont jamais plus belles que mon corps, mes paroles et mes prières. De même, l'eau; mon corps, mes paroles et mes prières sont plus grands que l'eau. Qui me croit, qui m'écoute aura une longue vie. Qui ne m'écoute pas et dont les pensées sont mauvaises ne vivra pas longtemps. Ne croyez pas que je suis seulement à l'est, au sud, à l'ouest ou au nord. La terre est mon corps. Je suis ici. Je suis partout. Ne croyez pas que je réside seulement sous terre ou dans le ciel, ou dans les saisons ou au-delà des eaux. Tout cela est mon corps. En vérité, les enfers, le ciel, les eaux, tout cela est mon corps. Je suis partout. Je vous ai déjà donné les éléments de l'offrande que vous devez me présenter. Vous possédez deux genres de pipes et le tabac de la montagne[20].

Ou encore, dans les mots d'Eschyle:

Zeus est l'air, Zeus est la terre, Zeus est le ciel;
Zeus est tout, et ce tout est plus grand que toute chose[21].

«Il faut bien comprendre», dit Black Elk, un vieux chaman sioux, gardien du calumet sacré de sa tribu, «que toute chose est l'œuvre du Grand Manitou. Nous devons savoir qu'Il est partout: dans les arbres, dans l'herbe, dans les rivières, dans les montagnes, dans tous les quadrupèdes et les créatures ailées; qui plus est, nous devons comprendre qu'Il est au-dessus de ces choses et de ces créatures. Quand nous aurons très bien compris cela au plus profond du cœur, nous craindrons le Grand Manitou, nous L'aimerons et Le connaîtrons, et ainsi, nous vivrons et nous nous comporterons selon Sa volonté[22].

Partout où les mythes sont encore des symboles vivants, les mythologies foisonnent de telles images oniriques. Mais là où la rationalité des théologiens s'est manifestée et a pris le dessus (les esprits intransigeants dans le jardin des rêveurs), elle a fossilisé ces symboles, elle en a fait des axiomes. La mythologie est alors mal comprise, interprétée comme une vérité historique ou scientifique, le symbole devient un fait, la métaphore un dogme, surgissent les guerres de religions, chacune se persuadant que son symbolisme est la seule vérité, le véhicule d'un message intemporel et ineffable.

«Mais celui qui porte le nom de Krishna», dit Ramakrishna, le gourou indien du dix-neuvième siècle, «porte aussi le nom de Shiva et ceux de Shakti, de Jésus et d'Allah – un seul Rama et des milliers de noms. [...] Une seule substance sous des appellations différentes; tous cherchent la même substance; seuls varient le climat, le tempérament et le nom[23].»

[6]

L'anthropologie ésotérique et exotérique

Nous devons maintenant nous demander s'il se peut que la mythologie ait vu le jour dans le camp des esprits rationnels, et qu'ensuite seulement elle ait été sublimée et transformée en poésie métaphysique grâce aux méditations des rêveurs, ou si elle a évolué en sens contraire, soit de l'imagerie poétique du rêveur aux interprétations erronées et maladroites d'une majorité dépourvue de dons. Franz Boas semble avoir préconisé la première hypothèse. Dans son article intitulé «The Ethnological Significance of Esoteric Doctrines», il a écrit:

> L'on peut dire que la doctrine exotérique constitue le phénomène ethnique le plus répandu, et que son étude est essentielle à la compréhension de l'enseignement ésotérique. Il apparaît donc évident que, dans notre examen de la vie indienne, nous ne devions pas rechercher uniquement les formes de pensée les plus élevées qui sont celles du prêtre, du chef, du maître. Si intéressant et fascinant que soit ce champ d'études, il ne peut être qu'un complément aux recherches dans le domaine de la pensée, de la vie affective et des niveaux d'éthique des gens ordinaires dont les intérêts sont différents et auprès de qui l'élite ne représente qu'un groupe privilégié[24].

D'autre part, le professeur R.R. Marett, qui a signé l'article *Mana* de la quatorzième édition de l'*Encyclopædia Britannica,* semble adopter le point de vue opposé. «De par sa profession, dit-il, le chaman ou le roi déifié doit se tenir à l'écart de ceux qui, par choix ou par obligation, sont des *noa,* des profanes. Ces derniers connaissent sans doute une vie de bonheurs grossiers, mais ils demeurent à jamais privés de la lumière et les grands mystères ne leur livrent jamais complètement leurs secrets. Tous les membres d'une société primitive ont, à des degrés divers, une certaine expérience de l'occulte, mais la plupart du temps, une personne plus versée leur sert de guide.»

Qu'il occupe la première ou la seconde place en termes temporels – c'est-à-dire «Qu'est-ce qui est venu en premier?» –, le point de vue ésotérique est clairement celui qui a joué un rôle de premier plan dans le façonnement des traditions puisque, partout, ce sont les prêtres et les chamans qui ont protégé et développé cet héritage de mythes et de symboles. Radin, tout comme Boas, n'attribuait qu'un rôle secondaire à l'intellectuel dans les sociétés primitives[25]. Il a cependant reconnu l'importance de la pensée philosophique dans le développement de leur héritage culturel; et puisqu'on ne saurait reculer, même par hypothèse, jusqu'au moment où la première intuition métaphysique a pénétré un esprit humain afin d'apprendre si les mythes, les symboles et les rituels avaient déjà façonné le milieu dans lequel vivait le premier génie capable de penser comme un philosophe, l'heureuse thèse du Dr Radin voulant qu'une interrelation de ces deux doctrines ait permis le prolongement et le développement des traditions primitives est sans doute la seule possible. «Comment pourrons-nous jamais retracer le développement de la pensée et, plus particulièrement, celui de nos idées philosophiques fondamentales, demande-t-il, si nous partons de fausses prémisses? Si l'on peut démontrer qu'au sein des sociétés primitives les penseurs observent la vie d'un point de vue philosophique, que l'expérience vécue des hommes et le monde qui les entoure sont pour eux des sujets de réflexion, que leurs méditations et leurs recherches s'incarnent dans la littérature et les rituels, notre façon habituelle d'aborder l'histoire culturelle, sans parler de celle des idées, doit de toute évidence être révisée[26].»

Pour ma part, je crois que nous devons tant le symbolisme que l'intuition poétique du mythe au génie des rêveurs, les esprits rationnels et intransigeants n'étant responsables que de leur réduction religieuse. Selon moi, les mythes eux-mêmes attribuent l'origine de leur symbolisme et de leurs cultes aux visionnaires: les rêveurs, les chamans, les héros spirituels, les prophètes et les incarnations divines.

Quand on lui demanda comment son peuple avait créé ses chants, Hovering Hawk répondit: «Nous les avons rêvés. Un homme partait tout seul, il s'isolait dans la solitude, puis il rêvait un chant[27].»

Quoi qu'il en soit, ainsi que le faisait remarquer Paul Radin il y a longtemps, l'heure est venue pour les chercheurs d'accorder une importance profonde à l'objet de leurs recherches. Dans tous les coins du globe, ils ont recueilli des symboles, des légendes et des mythes; pourtant, l'interprétation de ces matériaux a à peine effleuré la surface de l'attitude de l'homme et de son expérience en matière de métaphysique, car jusqu'à présent, les chercheurs ont presque exclusivement réservé leurs études aux champs historiques et ethnologiques. Ils ont analysé de plusieurs points de vue ce que l'on pourrait appeler les variations stylistiques des véhicules. Mais il sera certes impossible de dire quelle est la signification de ces variations jusqu'à ce que l'on rassemble et comprenne le sens des grappes de métaphores analogues. Car le fondement de la science du folklore et de la mythologie ne se situe pas dans les détails et les particularités des métaphores mais dans les idées auxquelles ces métaphores renvoient.

Notes

1. Boas, *The Mind of Primitive Man,* p. 156.
2. Voir p. 54.
3. *Anthropology Today,* sous la direction de A.L. Kroeber, Chicago, University of Chicago Press, 1953.
4. Franz Boas, *Race, Language and Culture,* New York, The Macmillan Company, 1940: «The Ethnological Significance of Esoteric Doctrines» (1902), p. 314.
5. William James, *Le Pragmatisme,* Paris, Flammarion, 1911.
6. Paul Radin, *Primitive Man as Philosopher,* New York et Londres, D. Appleton and Company, 1927, pp. 247-252.
7. Boas, *Race, Language and Culture, op. cit.,* p. 156.
8. *Ibid.,* p. 157.
9. Natalie Curtis, *The Indians' Book,* New York, Harper and Brothers, 1907, pp. 315-316.
10. *Brhadâranyaka Upanishad,* I. iv. 1-5.
11. Voir aussi Heinrich Zimmer, *The King and the Corpse,* The Bollingen Series XI, New York, Pantheon Books, 1948; 2e éd. augmentée d'un index, 1956, pp. 239 sq.

12. *Les poèmes héroïques de l'Edda et la saga des Völsungs,* Paris, E. Leroux, 1929. Voir aussi *Les poèmes mythologiques de l'Edda,* Paris, E. Droz, 1936 et *La fascination de Gulfi,* Strasbourg, Trenttel et Würtz, 1871.

13. Ovide, *Les Métamorphoses,* I, 21, Paris, Flammarion, 1966.

14. *Cf.* Henri Frankfort, *La Royauté et les dieux,* Paris, Payot, 1951; voir l'index à «Ptah».

15. Goethe, *Faust,* 2ᵉ partie, I.I, dernier vers. «Ce reflet coloré n'est autre que la vie.» Trad. de Jean Malaplate, Paris, Garnier Flammarion, 1984, p. 222.

16. *Vedântasâra,* pp. 55-56.

17. Emmanuel Kant, *Critique de la raison pure,* I.8.i. «Ce qui peut être dit de l'objet lui-même hors de tout lien avec les sens nous reste absolument inconnu.»

18. Emmanuel Kant, *Prolégomènes à toute métaphysique future qui pourra se présenter comme source,* Paris, Vrin, 1986 (1993 pour l'édition de poche), par. 57-58.

19. *Bhagavad-Gîtâ,* chap. 10 (abrégé), Paris, Bhaktivedanta, 1975; 2ᵉ édition revue et corrigée, 1977.

20. Morris Edward Opler, *Myths and Tales of the Jicarilla Apache Indians,* Memoirs of the American Folklore Society, XXXI, New York, G.E. Stechert and Co., 1938, pp. 133-134.

21. Eschyle, *Heliades,* frag. 70.

22. Préface de Joseph Epes Brown, *The Sacred Pipe: Black Elk's Account of the Seven Rites of the Oglala Sioux,* Norman, Okla., University of Oklahoma Press, 1953, p. xx. Voir aussi, Black Elk, Indien Oglala, *Les Rites secrets des Indiens Sioux,* Paris, Payot, 1953.

23. Sri Ramakrishna Centenary Committee, *The Cultural Heritage of India,* Mayavati, Inde, Advaita Ashrama, 1936, vol. II, pp. 518-519.

24. Boas, *Race, Language and Culture,* pp. 314-315.

25. Radin, *Primitive Man as Philosopher,* pp. 211-212.

26. *Ibid.,* p. 386.

27. Curtis, *The Indians' Book,* p. 314.

Mythogénèse

[1]

Une légende amérindienne

Si une autorité dans le domaine de l'architecture, observant les édifices de New York, faisait remarquer que la plupart des édifices plus anciens sont en brique, puis, devant les ruines de l'ancienne Mésopotamie, déclarait que tous les édifices sont en brique, et enfin, en visite à Ceylan, signalait que la plupart des anciens temples sont aussi en brique, en conclurions-nous que cet homme s'y connaît en matière d'architecture? C'est vrai, la brique est un matériau utilisé partout dans le monde; c'est également vrai que l'on pourrait étudier les différences entre la brique utilisée à Ceylan, celle de Sumer, celle qui a servi à la construction des aqueducs romains que l'on voit toujours dans le sud de la France, et celle des édifices new-yorkais. Mais ces observations sont loin de suffire à notre compréhension de l'architecture urbaine dans le monde.

Permettez-moi de souligner ici l'existence d'un problème dans l'architecture mythologique.

Un beau matin, il y a de cela très longtemps, deux Sioux armés d'arcs et de flèches chassaient le gibier des plaines de l'Amérique du Nord. Ayant gravi une colline pour scruter l'horizon, ils aperçurent au loin une créature qui venait vers eux d'une démarche étrange et merveilleuse. Quand la créature fut plus près d'eux, ils virent que c'était une très belle femme vêtue de daim blanc qui portait un ballot sur ses épaules. L'un des chasseurs la désira aussitôt. Il confia son désir à son compagnon qui le réprimanda et le mit en garde contre cette femme, car elle n'était certes pas une femme ordinaire. Quand elle fut très près d'eux, elle déposa son ballot par terre et appela le premier des chasseurs. Il s'approcha d'elle et aussitôt un nuage les enveloppa. Quand le nuage se dissipa, la femme était seule et l'homme n'était plus qu'un amas d'ossements que dévoraient des serpents.

— Regarde bien! dit-elle à l'autre chasseur. Va dire à ton peuple d'ériger pour moi une grande tente rituelle. Je dois lui transmettre une nouvelle d'importance.

Le jeune homme se hâta de retourner au campement; le chef, qui s'appelait Standing Hollow Horn, demanda qu'on défasse plusieurs tipis et qu'on les couse ensemble pour en faire une tente rituelle. La tente rituelle est montée sur vingt-huit pieux; le pieu central, le plus important, équivaut au Grand Manitou, Wakan Tanka, qui porte l'univers sur son dos. Les autres correspondent à différents aspects de la création. La tente elle-même est une représentation du monde.

— Le produit de quatre fois sept, dit le vieux chaman guerrier Black Elk qui nous a transmis cette légende, est vingt-huit. La lune vit vingt-huit jours. Notre mois a vingt-huit jours. Chacune des journées du mois a une signification sacrée pour nous: deux d'entre elles représentent le Grand Manitou; deux sont dédiées à la Terre Mère; quatre sont les quatre vents; une correspond à l'aigle; une autre au soleil et une autre à la lune; une autre encore représente l'Étoile du matin; quatre correspondent aux quatre âges; sept aux sept grands rituels; une représente le bison, une autre le feu, une autre l'eau, une autre le roc; enfin, la dernière représente les bipèdes. Si vous additionnez toutes ces journées, vous obtenez vingt-huit. Vous devez aussi savoir que le bison a vingt-huit côtes et que nos parures de tête comptent vingt-huit plumes. Vous voyez, tout a une signification, et il est bon que les hommes connaissent ces choses et s'en souviennent[1].

C'est ce vieux chaman sioux oglala qui fournit une explication de l'image de l'homme dévoré par les serpents à un jeune érudit, Joseph Epes Brown, venu exprès à la réserve Pine Ridge dans le Dakota du Sud pour explorer sur place la dimension mystique de la mythologie amérindienne.

— Tout homme prisonnier de ses sens et des choses matérielles vit dans l'ignorance; les serpents, qui représentent ses passions, le dévorent[2].

L'on songe à la légende grecque du jeune chasseur Actéon qui, remontant un ruisseau jusqu'à sa source en quête de gibier, surprit la déesse Artémis alors qu'elle se baignait nue dans une mare. Quand elle vit qu'il la désirait, elle le métamorphosa en cerf et il fut poursuivi, mis en pièces et dévoré par ses propres chiens[3]. Non seulement ces deux légendes se ressemblent, mais l'interprétation du vieux chaman sioux concorde avec celle de la légende grecque. En outre, son interprétation du symbolisme de la tente rituelle nous rappelle un certain nombre de thèmes familiers, ce qui nous amène à chercher une explication à cette concordance.

Quand le peuple de la légende de Black Elk eut dressé la grande tente rituelle, symbole de l'univers, tout le peuple s'y rassembla, avide de savoir qui était cette femme mystérieuse et ce qu'elle avait à leur annoncer. Soudain, elle parut dans l'entrée, face à l'est, et fit le tour du pilier central dans le sens du mouvement du soleil: du sud à l'ouest, puis au nord, puis à l'est.

— La source de toute vie ne se trouve-t-elle pas au sud? dit le vieux conteur. Et l'homme ne procède-t-il pas de là pour se rendre au couchant de sa vie? S'il vit, ne parvient-il pas à la source de la lumière et de la connaissance, qui se trouve à l'est? Et ne retourne-t-il pas d'où il est parti, à sa deuxième enfance, pour redonner sa vie à la vie et sa chair à la terre d'où elle est issue? Plus vous réfléchirez à ceci, poursuivit-il, plus vous en comprendrez le sens[4].

Ce solide fils du sol américain, maintenant presque aveugle, était né vers 1860; il avait participé à la bataille de Little Bighorn et à celle de Wounded Knee; il avait connu les grands chefs Sitting Bull, Crazy Horse, Red Cloud et American Horse. Au moment où il relatait cette légende, à l'hiver de 1947-1948, il était le gardien du calumet sacré. Il avait reçu ce précieux talisman et la légende qui lui était associée des mains du gardien précédent, Elk Head, qui avait alors prophétisé que, tant que le calumet servirait et que sa légende serait connue, les Sioux oglala survivraient; mais dès qu'ils oublieraient cette légende, ils perdraient leur axe et périraient[5].

Le calumet et sa légende n'avaient pas d'âge, ils étaient anonymes et intemporels. Mais à y regarder de plus près, l'on constate qu'ils ne pouvaient remonter à plus de deux cents ans environ; car les Sioux oglala n'émigrèrent pas vers les plaines et ne devinrent pas des chasseurs de bisons avant la fin du dix-septième siècle, soit vers 1680. Ils avaient d'abord été un peuple de la forêt du Mississipi supérieur, une région de lacs et de marécages, où ils se déplaçaient en canots d'écorce[6]. Pourtant, ainsi que nous l'avons déjà noté, même si nous n'avons jamais entendu parler du calumet sacré des Sioux oglala ou dénombré les côtes du bison, tous les éléments de ce mythe nous sont curieusement familiers. Nous en reconnaissons les briques, si j'ose dire, bien que leur agencement nous étonne.

La tente rituelle peut se comparer à un temple, ses quatre coins correspondent aux points cardinaux et son pieu central symbolise l'axe terrestre.

— Nous avons fixé ici le centre de la terre, dit le vieux chaman presque aveugle à son auditeur attentif, et ce centre qui, en réalité, est partout, est la demeure de Wakan Tanka[7].

Mais cette image du «centre» qui est «partout» correspond exactement à celle que l'on retrouve dans le *Livre des vingt-quatre philosophes* d'où Nicolas de Cuse, ainsi qu'un certain nombre d'autres éminents penseurs européens (Alain de Lille, Rabelais, Giordano Bruno, Pascal et Voltaire, par exemple) ont tiré leur définition de Dieu: «une sphère intelligente dont le centre est partout et la circonférence nulle part[8]». N'est-il pas fabuleux d'entendre l'écho de cet énoncé métaphysique sortir de la bouche d'un vieillard illettré qui occupe ses derniers jours à protéger un fétiche amérindien et son mythe?

Que devons-nous penser de toutes ces coïncidences? D'où proviennent ces thèmes n'appartenant à aucune époque et à aucun lieu?

Devons-nous nous joindre à ceux qui parlent d'une Éternelle philosophie qui, depuis des millénaires, serait la seule vraie sagesse du genre humain, révélée aux hommes par une instance supérieure? Comment aurait-elle été transmise avec tous ses symboles au peuple sioux? Ou devons-nous chercher une réponse dans une quelconque théorie psychologique, comme l'ont fait bon nombre d'éminents ethnologues du dix-neuvième siècle – Bastian, par exemple, Tylor et Frazer – et attribuer ces concordances interculturelles aux «effets», comme le dit Frazer, «de causes similaires qui ont une influence identique sur l'esprit humain qui, dans tous les pays et sous tous les cieux, est semblablement constitué[9]?» Ces images prennent-elles forme naturellement dans le psychisme? Peut-on supposer qu'elles apparaissent spontanément dans les rêves, les visions, les représentations mythologiques, partout sur la terre où l'être humain aura élu domicile, ou même s'attendre à ce qu'il en soit ainsi?

Ou, au contraire, devons-nous penser que, puisque les ordres mythologiques – comme les ordres d'architecture – servent des fonctions spécifiques et historiquement conditionnées, s'il y a analogie entre deux d'entre eux, ceux-ci sont forcément reliés historiquement? Doit-on supposer que l'héritage culturel des Grecs et des Sioux possède, en tout ou en partie, une origine commune?

Enfin, devons-nous rejeter toute cette question des thèmes communs (qu'ils soient justifiés par la religion, par la psychologie ou par l'histoire) comme étant indigne des spéculations des spécialistes puisque, comme le soutiennent plusieurs éminents anthropologues sur le terrain, les mythes et les rituels sont des expressions propres à un contexte social local, qu'ils n'ont aucune signification hors de ce contexte et qu'on ne saurait par conséquent les en abstraire pour les soumettre à des études comparatives interculturelles? De telles comparaisons, appréciées des dilettantes et des amateurs, sont, si l'on adhère à ce point de vue, dénuées de sens et sans intérêt pour un esprit scientifique convenablement formé.

Efforçons-nous d'examiner de plus près le problème d'un œil exempt de tout préjugé.

Nous remarquons dans le commentaire de Black Elk que la multiplication de quatre par sept, dont le produit est vingt-huit, soutient l'univers; les nombres quatre et sept sont des symboles courants de la totalité dans les iconographies tant orientales qu'occidentales. Ce jeu des nombres est une caractéristique commune digne d'attention. L'un des vingt-huit piliers de l'univers, l'axe, le pivot, se trouve au centre du grand tipi. Le nombre qui l'entoure est donc vingt-sept: trois fois neuf, soit trois fois trois fois trois. L'on est ramené ici aux propos de C.G. Jung sur le symbolisme du chiffre quatre et du chiffre trois. L'on songe aux neuf chœurs des anges (trois fois trois) qui entourent et célèbrent le trône de la Trinité. Trois est le nombre du temps: passé, présent, avenir; quatre, celui de l'espace: nord, sud, est, ouest. L'espace (quatre) et le temps (trois) constituent le champ – l'univers – où toute forme phénoménale apparaît et disparaît. (L'on pourrait également songer à la verticale – ce qui est au-dessus, ce qui est ici, ce qui est au-dessous – et aux quatre points cardinaux: ce qui donnerait encore une fois trois plus quatre.) Le chiffre quatre revient dans le «cerceau sacré», la circumambulation dans le sens des aiguilles d'une montre, la promenade autour du centre, associée ici non seulement aux quatre coins mais aussi aux étapes de la vie de chaque individu, de sorte que le symbolisme s'applique autant au microcosme qu'au macrocosme: les deux sont unis par le nombre vingt-huit au cycle de la lune qui, parce qu'elle meurt et renaît, symbolise le cycle du renouveau.

En outre, on nous dit que le bison possède vingt-huit côtes; il est lui-même le pendant de la lune – et de l'univers. Les troupeaux de bisons ne reviennent-ils pas chaque année, miraculeusement renouvelés, comme la lune? Nous songeons au taureau lunaire de l'ancien Proche-Orient, à l'animal d'Osiris, de Tammus et, en Inde, de Shiva. Les cornes de la lune rappellent celles de dieu lunaire Sin, qui a donné son nom au mont Sinaï afin qu'il représente la montagne cosmique au centre de l'univers d'où Moïse est descendu vers son peuple. La peau de son visage était devenue rayonnante pendant son entretien avec le Seigneur, et quand il se tint devant les Israélites il dut le recouvrir d'un voile (Exode 34:29-35) ainsi que le faisaient les rois de l'Antiquité en qui l'on voyait l'incarnation du renouveau lunaire et que, pendant des siècles avant Moïse, l'on vénérait. Au pied du mont Sinaï, le grand prêtre Aaron avait organisé une fête pour célébrer le taureau lunaire, représenté par un veau d'or que Moïse, dans sa colère, précipita dans le feu; puis il le broya jusqu'à le réduire en une poussière que, mélangée à de l'eau, il fit boire aux Israélites, dans une sorte d'Eucharistie (Exode 32:1-20). Étonnamment, c'est seulement après la conclusion de ce sacrifice que, de retour au sommet de la montagne (où la Terre mère et le Dieu céleste sont unis en un mariage éternel), Moïse reçut les Tables de la Loi et l'annonce d'une Terre promise, non pas pour lui-même, car il était lui-même l'offrande du sacrifice, mais pour le Peuple élu.

Dans la mythologie du Christ crucifié, dans les trois jours au tombeau suivis de la résurrection, on retrouve de manière implicite le même symbolisme de la lune qui disparaît pendant trois jours. L'agneau propitiatoire, le taureau du sacrifice, le bison cosmique: leur symbologie fut correctement interprétée par le vieux chaman sioux, Black Elk, quand il dit que le bison qui meurt mais est sans cesse renouvelé est le symbole de l'univers sous son aspect temporel et lunaire, mais aussi, par sa vingt-huitième côte, celui du Grand Manitou, qui est éternel, qui est le centre autour duquel tout évolue.

Black Elk raconte que le chef Standing Hollow Horn était assis à l'ouest de la tente, à la place d'honneur, quand la belle femme fit son entrée: il se trouvait donc face à la porte, située à l'est, par où pénètre la lumière, c'est-à-dire la sagesse, dont un chef ne saurait être dé-pourvu. La femme se posta devant lui, souleva le ballot de ses épaules et le lui tendit à deux mains.

— Prends ce ballot, dit-elle, et vénère-le toujours. Il est *lela wakan* [très sacré], et tu dois le traiter comme tel. Aucun homme impur ne devra poser son regard sur lui; car ce ballot contient un calumet sacré. À l'avenir, ce calumet transportera vos voix jusqu'à Wakan Tanka, votre Père et votre Grand-Père.

Elle prit le calumet qui était dans le ballot et aussi une pierre ronde qu'elle posa sur le sol. Tenant le calumet le tuyau pointé vers le ciel, elle dit: «Avec ce calumet sacré tu marcheras sur la Terre; car la Terre est ta Grand-Mère et ta Mère, et elle est sacrée. Chacun de tes pas doit être une prière. Le fourneau de ce calumet est taillé dans la pierre rouge; c'est la Terre. Sur le fourneau est gravé un jeune bison qui représente tous les quadrupèdes vivant sur ta Mère. Le tuyau de la pipe est en bois, pour représenter tout ce qui pousse sur la Terre. Les douze plumes que voici, au joint du tuyau et du fourneau, ce sont les plumes de l'Aigle. Elles représentent cet aigle et toutes les créatures ailées qui volent dans le ciel. Quand tu fumeras ce calumet, tout ce qui vit sur la Terre t'accompagnera et toutes enverront leurs prières à Wakan Tanka, le Grand Manitou, ton Grand-Père et ton Père. Quand tu prieras avec ce calumet, tu prieras pour toute chose et avec toute chose[10].

Ainsi que l'explique le chaman gardien du calumet, pour bien se servir du calumet il doit d'abord l'assimiler à l'univers et à lui-même. Au moyen d'une branche, un assistant retire une braise du feu, symbole de Wakan Tanka, qui se consume au milieu de la tente, et la dépose devant le gardien du calumet. Ce dernier tient le calumet dans sa main gauche et, avec sa main droite, il prend un peu d'une herbe sacrée et la brandit quatre fois vers le ciel en disant:

— Ô Grand-Père, Wakan Tanka, en ce jour sacré je t'envoie ce parfum pour qu'il monte jusqu'au ciel. Cette herbe contient la Terre, notre île; elle contient ma Grand-Mère, ma Mère, tous les quadrupèdes, tous les bipèdes et toutes les créatures ailées qui se déplacent saintement *(wakan)*. L'arôme de cette herbe couvrira l'univers entier. Ô Wakan Tanka, aie pitié de nous.

Il renverse ensuite le fourneau du calumet sur l'herbe de façon que la fumée parfumée en traverse le tuyau, sorte à l'autre extrémité et s'élève vers le ciel. Wakan Tanka fume en premier, purifiant ainsi le calumet[11]. On bourre ensuite le calumet avec du tabac qu'on a d'abord brandi dans les six directions: ouest, nord, est, sud, vers le ciel et vers la terre.

— Ainsi, dit le chaman, tout l'univers est dans le calumet[12].

Enfin, l'homme qui bourre le calumet doit l'assimiler à lui-même. Voici la prière qu'il doit dire dans ce but:

Ces gens-là avaient un calumet
Qu'ils ont façonné pour qu'il devienne leur corps.

Ô mon ami, je possède un calumet que j'ai façonné pour qu'il devienne mon corps;
Si tu le façonnes pour qu'il devienne ton corps
Ton corps sera libre de tout ce qui pourrait causer sa mort.

Voyez l'attache de son cou, disaient-ils,
Elle est l'attache de mon cou.

Voyez la bouche du calumet.
Elle est ma bouche.

Voyez le flanc droit du calumet.
Il est mon flanc droit.

Voyez l'épine dorsale du calumet.
Elle est mon épine dorsale.

Voyez le flanc gauche du calumet.
Il est mon flanc gauche.

Voyez le vide du calumet.
Il est le vide de mon corps...

Fumez ce calumet en offrande de vos prières,
Et vos prières seront exaucées[13].

Ce jeu sacré de purification au cours duquel on étend les limites du calumet jusqu'à lui faire englober tout l'univers, on l'assimile à soi-même et on l'allume en offrande symbolique, est semblable au rituel des cérémonies védiques où l'autel et tous les instruments du sacrifice sont allégoriquement assimilés à l'univers et à l'officiant. «Celui qui est dans le feu, lisons-nous dans la Maitri Upanishad, celui qui est dans le cœur et celui qui est là-bas dans le soleil: celui-là est un[14].» Le grand Chandogya dit de même: «La lumière qui brille plus haut que ce ciel, sur le dos de tous les êtres, sur le dos de toute chose, dans le plus haut des mondes dont il n'existe pas de plus grand – en vérité, c'est la même lumière qui brille ici, au fond de l'être[15]. [...]

«On doit vénérer l'esprit, il est *brahman*. – Cela en ce qui concerne soi-même. Et maintenant, en ce qui concerne les dieux: on doit vénérer l'espace, il est *brahman*. – Voilà les deux volets de cette instruction: ce qui nous concerne et ce qui concerne les dieux.

«Ce *brahman* a quatre quartiers. L'un est la parole. Un autre est le souffle. Un autre est l'œil. Un autre l'oreille. – Voilà pour ce qui nous concerne. Et pour ce qui concerne les dieux: un quartier est le Feu. Un quartier est le Vent. Un quartier est le Soleil. Un quartier représente les quatre coins du ciel. Voilà les deux volets de l'instruction en ce qui nous concerne et en ce qui concerne les dieux[16].»

Nous avons vu que les plumes du calumet sacré sont celles de l'aigle, l'oiseau d'Amérique du Nord capable de voler le plus haut et qui, par conséquent, est assimilé au soleil. Ses plumes en sont les rayons – au nombre de douze, nombre qui correspond exactement à l'année solaire et aux douze signes du zodiaque (trois fois quatre). Il y a un chant sacré sioux qui dit: «L'aigle vient et m'emporte avec lui[17].» Comment ne pas songer ici au mythe grec de Ganymède transporté par Zeus, venu le chercher sous l'apparence d'un aigle? «Les oiseaux, dit le Dr Jung dans une de ses dissertations sur le processus d'individuation, sont les pensées et les élans de l'esprit. [...] L'aigle représente les hauteurs [...], il est un symbole alchimique connu. *Lapis* et *rebis* (la pierre philosophale), deux parties en une seule et par conséquent hermaphrodites, fusion de Sol et de Luna, sont souvent figurées pourvues d'ailes de manière à représenter la prémonition/intuition. En dernière analyse, tous ces symboles dépeignent cet état de choses que nous appelons le Moi, dans son effort pour transcender la conscience[18].»

Ce qui précède s'harmonise au rôle joué par l'aigle nord-américain dans les rituels amérindiens. On y trouve aussi une explication au port de plumes d'aigles. Elles sont l'équivalent des rayons dorés des couronnes européennes. Elles sont les rayons du soleil spirituel, symbolisé par la vie du guerrier. En outre, on nous a dit que le panache des guerriers compte vingt-huit plumes, ce qui correspond au nombre de jours du cycle lunaire, à la mort temporelle et au renouveau, de sorte que Sol et Luna ont été réunis.

On ne saurait douter une seconde que cette légende amérindienne est issue des mêmes matériaux et des mêmes idées que les grandes mythologies de l'Ancien Monde – Europe, Afrique, Asie. Les parallèles, tant de sens que de symbolisme, sont trop nombreux et trop subtils pour n'être que de pures coïncidences. Et ce n'est pas fini!

Car lorsque la femme sacrée, debout devant le chef Standing Hollow Horn, lui eut enseigné à se servir du calumet, elle en frappa le fourneau sur la pierre ronde posée par terre.

— Avec ce calumet, tu seras lié à tous les membres de ta famille: ton Grand-Père et ton Père, ta Grand-Mère et ta Mère.

«Le Grand Manitou, dit le chaman, est notre Grand-Père et notre Père; la Terre est notre Grand-Mère et notre Mère. En tant que Père et Mère, ils donnent naissance à toute chose; en tant que Grand-Père et Grand-Mère, ils passent notre entendement[19].» Cela suggère deux façons d'envisager Dieu que Rudolf Otto, dans *Le Sacré,* a qualifié d'«ineffable» et de «rationnel[20]»: exactement (ainsi que le souligne Joseph Epes Brown dans ses commentaires sur Black Elk) comme les

Indiens le disent *nirguna* et *saguna brahman*, l'«Absolu sans Qualités» et l'«Absolu avec des Qualités», soit *Cela* qui n'a pas de nom, de forme ou de liens et *Cela* qui personnifie «Dieu».

— Ton Père Wakan Tanka, poursuivit la très belle femme, t'a donné cette pierre ronde qui est de la même pierre rouge que le fourneau de ton calumet. C'est la Terre, ta Grand-Mère et ta Mère, et c'est là que tu vivras et te multiplieras. Cette Terre qu'il t'a donnée est rouge, et les bipèdes qui vivent sur la Terre sont rouges; et le Grand Manitou t'a aussi donné un jour rouge et une route rouge.

«La "route rouge", explique Joseph Brown, est celle qui va du nord au sud, et c'est la voie droite, car pour le Sioux, le nord est la pureté et le sud est la source de toute vie. [...] Les Sioux ont aussi une route «bleue» ou «noire», qui va d'est en ouest et qui est la voie de l'erreur et de la destruction. "Celui qui parcourt ce chemin, dit Black Elk, est celui qui se laisse distraire, qui est dominé par ses sens et qui vit pour lui-même plutôt que pour son peuple[21]."» C'est le chemin que suit l'homme du début de l'histoire, celui que les serpents ont dévoré. Nous voyons donc que même la polarité éthique perceptible entre l'oiseau et le serpent, l'allégorie de l'essor de l'esprit et des passions terrestres, ont été suggérées ici.

— Les sept cerceaux qui apparaissent sur cette pierre, dit la femme, représentent les sept rituels du calumet. [...] Respecte ces dons et ton peuple; car ils sont *wakan* [sacrés]. Ce calumet permettra aux bidèpes de se multiplier et tout ce qui est bon leur sera donné.

Elle décrivit les rituels, puis elle s'apprêta à prendre congé.

— Je pars maintenant, mais je poserai mon regard sur ton peuple à chacun de ses âges; n'oublie pas que je porte quatre âges en moi, et qu'à la fin de tout, je reviendrai.

Elle fit le tour de la tente dans le sens du soleil et sortit, mais quand elle eut parcouru une courte distance elle se retourna vers le peuple et s'assit. Quand elle se releva, ils virent avec étonnement qu'elle s'était métamorphosée en un jeune bison brun. Le bison parcourut une courte distance, se coucha et se roula dans l'herbe, regarda le peuple; puis quand il se releva, il était devenu un jeune bison blanc. Ce bison parcourut une courte distance, se roula par terre, et quand il se releva, il était noir. Le bison noir s'éloigna, et quand il eut parcouru une longue distance, il se retourna vers le peuple, il s'inclina en direction des quatre points cardinaux, puis il disparut derrière une colline[22].

La femme *wakan* représentait l'aspect féminin du bison cosmique. Elle était le jeune bison rouge gravé sur le fourneau du calumet, mais aussi sa mère, le bison blanc, et sa grand-mère, le bison noir. Elle s'en était retournée à sa part d'éternité après avoir offert aux hommes les pensées et les choses visibles qui pouvaient les unir à leur propre éternité, qui a lieu aujourd'hui et maintenant, qui est en eux et en toute chose, dans cet univers vivant.

Efforçons-nous de remonter avec elle jusqu'à sa source.

[2]

L'arrière-plan néolithique

etons d'abord un coup d'œil sur le passé lointain, sur l'histoire et la préhistoire. En réalité, nous disposons d'un grand nombre de données sur l'histoire des tribus amérindiennes d'Amérique du Nord et sur leur mythologie. Nous savons, par exemple, ainsi que nous l'avons déjà noté, que les Sioux oglala n'ont pas toujours chassé le bison ni habité les plaines. Au seizième et au dix-septième siècles, ils vivaient dans la région des lacs et des marécages du Mississipi, dans les forêts du Minnesota et du Wisconsin, et ils se déplaçaient en canots d'écorce. Peuple sylvicole, et non pas des plaines, ils ignoraient presque tout du bison[23]. Le grand Bison blanc ne peut pas avoir fait partie de leur mythologie à cette époque.

Toutefois, il se peut qu'ils aient déjà connu plusieurs éléments de cette légende, notamment le symbolisme de la déambulation sacrée (dans le sens du mouvement du soleil), la tente rituelle cosmique et le cycle des quatre âges. En outre, le rituel du calumet semble renvoyer non pas à une société de chasseurs, mais bien à une société agricole. En effet, avant de s'installer, au seizième siècle, à la source du «Père des Eaux» où ils se déplaçaient dans de délicats canots d'écorce le long des rivières et sur les lacs, les Sioux avaient vécu dans le sud de la vallée du Mississipi, entre l'embouchure du fleuve Ohio et celle du Missouri, région que les chercheurs associent maintenant aux sociétés agricoles (maïs) du «Moyen Mississipi», dont plusieurs éléments de la mythologie ont leur origine en Amérique centrale. Car, dès ~500, le Mississipi avait favorisé certaines influences en provenance du

Mexique[24] où, comme le découvrirent les Espagnols quand ils y mirent les pieds au seizième siècle (c'est-à-dire en même temps que les tribus siouennes quittaient le Moyen Mississipi pour remonter vers le nord), fleurissait une grande civilisation dont plusieurs pratiques religieuses ressemblaient étrangement aux leurs[25], une civilisation agricole possédant un calendrier astronomiquement correct, et dotée d'agglomérations urbaines dont la dimension, la beauté et la sophistication équivalaient à celles des plus grandes villes de l'Ancien Monde. L'usage du calumet et du tabac – qui n'est pas une plante sauvage, mais bien une plante cultivée – aurait déjà dû nous indiquer que ce rituel ne pouvait pas trouver sa source dans une société de chasseurs. De toute façon, les Sioux et leurs voisins des plaines ne se contentaient pas de chasse. Ils cultivaient le maïs, les courges, les haricots de Lima[26], toutes plantes qui, comme le tabac[27], avaient été importées du sud.

En tout, quelque soixante variétés de plantes domestiquées faisaient l'objet d'une culture en Amérique du Sud et en Amérique centrale précolombiennes, dont le maïs, la courge, le haricot de Lima, l'ananas, l'arachide, l'avocat, le haricot nain, la citrouille, la pomme de terre, la patate douce, la pastèque et la tomate. Le chocolat, le caoutchouc et la quinine, tout comme le tabac, sont eux aussi originaires de ces régions.

De très nombreuses recherches exhaustives ont été effectuées dans ces régions du Mexique et de l'Amérique du Sud où les aliments de base du Nouveau Monde semblent avoir été naturalisés. La période préhistorique s'étend *grosso modo* de ~7000 à ~1500; il semble que ce soit de ~4000 à ~3000 environ que les indices les plus probants d'acclimatation de végétaux ont été «presque certainement» détectés[28]. Les fouilles les plus riches sont celles de la vallée de Tehuacàn et celles du sud-ouest de Tamaulipas, au Mexique, où une série d'analyses très poussées des nombreuses couches de débris des habitations troglodytiques peuvent se résumer comme suit:

A. Dans les strates des cavernes de la vallée de Tehuacàn:
   (1) La couche la plus profonde, dite de l'époque El Riego, ca.~7200-~5200, contient un certain nombre de plantes sauvages qui furent naturalisées plus tard: courge sauvage, piment fort, avocat et une variété de coton sauvage.
   (2) Dans la couche suivante, celle de l'époque Coxcatlàn, ca. ~5200-~3400, on a découvèrt plusieurs plantes comestibles: la gourde, l'amaranthe, une variété de fève, le sapotillier blanc et un sapotillier jaune, une autre courge,

une variété primitive de maïs (certaines de ces plantes étaient peut-être naturalisées, à l'exception du maïs, dont c'est la première apparition consignée dans les annales archéologiques).

(3) Tout porte à croire que c'est à l'époque suivante, celle d'Abejas, ca. ~3400-~2300, que le maïs fut cultivé. L'on trouve dès lors des indices de plus en plus probants d'une certaine forme d'horticulture comme complément aux arts primitifs de la cueillette, de la chasse et de la pêche. À noter que ces tribus étaient encore cavernicoles.

B. Concurremment, à Tamaulipas:

(1) Dans la couche de l'époque Infiernillo, ca. ~7000-~5000, on trouve des plantes sauvages qui furent plus tard naturalisées: l'agave, le figuier de Barbarie, le haricot à rames, le piment fort, une variété de gourde, une citrouille.

(2) L'époque Ocampo, ca. ~5000-~3000, révèle des citrouilles à graines plus grosses ainsi que de grosses fèves jaunes et rouges. N'importe lequel de ces végétaux pouvait déjà être naturalisé.

(3) Pendant l'époque La Perra, ca. ~3000-~2200, on trouve du maïs naturalisé, provenant vraisemblablement de la région de Tehuacàn.

C. Il se pourrait également que le maïs soit entré en Amérique du Sud environ à la même époque, et que dès ~3800-~3000, les civilisations péruviennes aient déjà cultivé le haricot de Lima et la gourde.

Quoi qu'il en soit, c'est à compter de ~3800-~2200 qu'apparaissent pour la première fois en Amérique les signes d'une horticulture primitive pratiquée par les peuplades cavernicoles de chasseurs et de pêcheurs. Ces indices vont s'accroissant jusqu'en ~1500, moment où les premiers signes d'une authentique agriculture villageoise néolithique font leur apparition.

Mais cette période critique correspond exactement à celle des premières migrations transpacifiques en provenance d'Asie qui soient sérieusement documentées, et dont il se pourrait même qu'elles ne soient pas les *premières*!

Dans *The Masks of God* [29], je me suis penché sur les preuves d'une contribution transpacifique à la supposée «Période de formation» des civilisations du Nouveau Monde telles qu'elles étaient disponibles en 1959. L'on datait alors les premières naturalisations horticoles du Nouveau Monde vers ~1016 (à quelque 300 ans près), et les objets découverts sur la côte nord du Pérou sur un site appelé Huaca

Prieta consistaient en un filet de corde et de matière tissée (vraisem-blablement du coton asiatique), de même que deux petites gourdes sculptées de figures stylisées évoquant des thèmes transpacifiques (un oiseau à deux têtes et le masque d'un homme-chat ou homme-jaguar). À noter que la gourde n'était pas indigène à l'Amérique. En outre, on avait exhumé près de ces restes quelques fragments de tapa, c'est-à-dire de tissu fait d'écorce, ce qui est propre aux civilisations de l'Océanie.

Aujourd'hui, comme nous l'avons noté précédemment[30], nos connaissances sont plus exhaustives. En décembre 1960, un fragment de poterie japonaise à motif de corde (Jômon) datant d'environ ~3000 a été découvert sur les côtes de l'Équateur. Des fouilles subséquentes le long de cette côte ont révélé de nombreux autres fragments de ce qui semble être les plus anciennes poteries jamais découvertes au Nouveau Monde. Ces fouilles ont aussi mis au jour un certain nombre de fi-gurines féminines en céramique, les plus anciennes des trois Amériques. Curieusement, une carte marine de l'océan Pacifique Nord, publiée par le département d'hydrographie de la marine améri-caine[31], montre que l'un des courants marins ouest-est les plus forts part des environs de l'île japonaise Kyushu pour se diriger vers le nord, puis dessine un arc en direction de l'est, passe par Hawaii puis se dirige exactement vers Guayas, sur les côtes de l'Équateur. Les analyses au carbone 14 permettent de faire remonter les fragments de poterie du début de la période Jômon à environ ~3140 à quelque 400 ans près, et ceux de la phase dite Valdivia de la poterie équatorienne à environ ~3190 à quelque 150 ans près.

«On ne saurait décrire avec justesse, disent les chercheurs, les nom-breuses ressemblances qui existent entre les anciennes poteries Valdivia et Jômon. [...] La plupart des motifs ornementaux présentent de telles similitudes qu'ils pourraient presque provenir des mêmes récipients[32].»

Si on examine un ensemble de très belles photographies de ces motifs correspondants, il devient nécessaire de tracer une ligne entre les deux groupes pour parvenir à les différencier[33].

Les motifs de la figure 1 proviennent d'un mound amérindien de la période du Mississipi, soit ca. 1000-1500, situé à Spiro, en Oklahoma. Ceux de la figure 2 proviennent d'Iraq et datent d'environ ~4000. La figure 3 montre la répartition du motif du svastika à travers le monde, et la figure 4 celle des couleurs associées aux quatre points cardinaux. Dès le début du vingtième siècle, il semble évident pour Frobenius (l'auteur de ces cartes) qu'«une filiation relie l'Amérique et l'Asie, qu'il ne s'agit pas d'aires culturelles distinctes[34]». Par la suite,

Figure 1

Figure 2

le Dr Adolf Jensen, directeur du Forschungsinstitut für Kulturmorphologie de Francfort-sur-le-Main, a démontré dans ses recherches sur les mythes et les rituels des sociétés horticoles tropicales[35] que, même au début du mésolithique, une continuité culturelle reliait l'Afrique à l'Inde, le sud-est asiatique, l'Océanie et l'Amérique, et que l'une des caractéristiques de cette *Kulturkreis* équatoriale est le mythe selon lequel les végétaux prennent naissance dans le cadavre inhumé d'une créature qui, dans des temps immémoriaux, aurait été tuée et dépecée[36]. Dans toutes les régions du monde où ont évolué ces premières sociétés horticoles, ce mythe archétypal de l'origine a été adapté à la végétation locale. En Indonésie et en Polynésie, il s'agit de la banane, de la noix de coco et de l'igname; au Japon, du riz; au Mexique, du maïs; au Brésil, du manioc; en Égypte, du blé. Se peut-il que cette tradition équatoriale très répandue ait rejoint les Sioux?

Figure 3

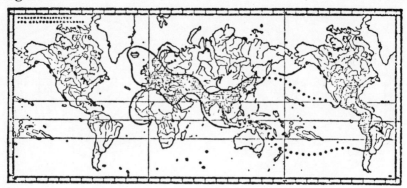

Figure 4

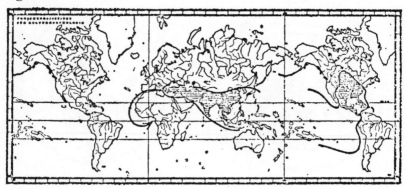

Il serait étonnant que cela ne se soit pas produit.

Dans la cinquième partie de son long poème *Le Chant de Hiawatha,* intitulée «Le jeûne d'Hiawatha», Longfellow a traduit en vers un exemple de ce mythe, puisé dans l'ouvrage de Henry Schoolcraft, *Algic Researches*[37]. Il prend sa source dans une légende saulteuse voulant que le maïs germe dans le cadavre dépecé d'une divinité. Les Saulteux sont une tribu algonquine originaire du cours supérieur du Mississipi, région connue des Sioux au seizième siècle. Qui plus est, à l'époque où les Sioux s'étaient installés plus au sud, dans la zone médiane du fleuve, de très nombreuses collectivités agricoles comptant plusieurs milliers d'âmes y florissaient; ces sociétés pratiquaient la culture du maïs, de la courge et des haricots; elles édifiaient autour d'une aire centrale d'immenses temples en forme de mounds rectangulaires; elles possédaient un gouvernement spirituel et temporel et de mystérieuses iconographies. L'origine de ces sociétés, nous l'avons déjà dit[38], remonte jusqu'au cinquième siècle avant J.-C. Elles culminent au quinzième siècle de notre ère, s'étendent vers l'est jusqu'à l'Atlantique, vers l'ouest jusqu'en Arkansas et à l'est de l'Oklahoma, et vers le nord à travers tout l'Illinois[39]. Leur niveau de développement équivaut à celui de la France à l'époque de la guerre des Gaules, soit à l'époque de Vercingétorix. Leurs mounds, ainsi qu'un certain nombre d'autres particularités, indiquent que le Mexique a eu sur elles une influence considérable.

Bref, la possibilité – et même la probabilité – de très anciens contacts plus que provisoires entre les régions du Pacifique et l'Amérique équatoriale, la présence, sur les côtes de l'Équateur, de céramiques japonaises remontant à ~3000, celle, sur les côtes péruviennes, de tapa, une variété de coton asiatique remontant à ~1016 et celle de gourdes gravées de figures mythologiques dans le style de la Chine des Shang (la dynastie Shang date de ca. ~1523-~1027), suggèrent très fortement que Frobenius avait sans doute raison. Ces premiers contacts ne sont pas les seuls dont les signes nous soient parvenus: bon nombre d'indices nous permettent de supposer que des influences venues plus tard de Chine et du Sud-Est asiatique ont affecté les zones nucléaires de l'Amérique centrale et du Sud. Ces influences commencent dès le huitième siècle avant J.-C., au milieu de la grande dynastie Chou (période Chou inférieure, ca. ~1027-772; période Chou moyenne, ~722-480; période Chou supérieure, ~480-221), et se poursuit jusqu'au douzième siècle de notre ère, quand la magnifique civilisation khmère d'Angkor (ca. ~600-1300) semble avoir teinté l'architecture maya et les sculptures de Chiapas, de Tabasco et de Campeche, l'art du Petén de même que l'art toltèque du fabuleux serpent à plumes Quetzalcoatl[40].

Il est donc tout à fait possible que tous ces éléments qui nous ont paru familiers dans la mythologie sioux procèdent du même vaste complexe mythologique des grandes civilisations agricoles d'où provient notre propre héritage mythologique et que, par conséquent, ils ne soient pas une coïncidence culturelle ou l'une des manifestations admises de l'inconscient collectif, mais des archétypes des civilisations supérieures fondées sur l'agriculture qui, comme nous l'apprennent les fouilles archéologiques effectuées au Proche-Orient, ont pris naissance vers ~9000 dans les villes et villages protonéolithiques et néolithiques de ces régions et ont atteint leur apogée dans les antiques cités mésopotamiennes de Sumer, vers ~3500-2500[41].

[3]

L'arrière-plan paléolithique

e contexte de la légende de Black Elk est cependant très différent de celui des légendes des civilisations agricoles de l'Ancien et du Nouveau Monde. C'est nettement celui d'un peuple de chasseurs; son esprit et son ton sont proches de ceux de la légende pied-noir relatant l'origine de la danse du bison, que j'ai reprise, dans *Primitive Mythology,* de l'ouvrage de George Bird Grinnell, *Blackfoot Lodge Tales*[42]. Toutes ces légendes ont pour point commun le pacte conclu entre le gibier et les hommes qui dépendent de lui pour leur survivance, pacte que vient confirmer et reconfirmer la célébration de certains rituels assortis de fétiches spécifiques. Tant les rituels que les talismans ont été transmis aux hommes longtemps auparavant par le gibier pour s'assurer qu'une fois abattu, il pourrait renaître de sa source mère; en contrepartie, tant que, par la célébration de ces rituels, les hommes rendraient grâce aux mystères de la nature, ils jouiraient d'une nourriture abondante.

Les légendes de ce type sont innombrables chez les chasseurs de bisons des plaines, et elles diffèrent sensiblement des récits mythiques des sociétés agricoles tropicales. La plupart des rituels dont elles relatent l'origine ne sont pas ceux d'une époque très reculée et d'ancêtres mythologiques; ils semblent au contraire être issus de rencontres historiques entre des êtres humains et des représentations de la Mère des Animaux ou du Seigneur des Animaux, ainsi que le montre la légende sioux du calumet sacré relatée par Black Elk. Ainsi, même dans une légende telle que le récit saulteux relatant l'origine du maïs, où l'on constate que des peuplades de chasseurs se sont approprié à la fois une légende typique des sociétés de planteurs des régions tropicales et le maïs lui-même, l'être divin que l'on a dépecé et enterré n'est pas représenté sous les traits d'une divinité appartenant à une époque mythologique reculée, mais bien sous l'aspect de la vision que reçoit un jeune initié au cours de son jeûne pubertaire. Voilà donc qui explique le titre d'un des chants du long poème de Longfellow: «Le jeûne d'Hiawatha.»

Les Sioux et les Pieds-Noirs étaient ennemis, et de souches raciales très différentes. Les Pieds-Noirs, membres de la grande famille algonquienne des forêts du nord, connaissaient l'usage des raquettes et du tobbogan, tandis que les Sioux étaient originaires du sud. Mais en ce qui concerne leurs récits des bisons des plaines (relativement récents pour eux comme pour leurs voisins), ils procédaient pour ces deux tribus d'un fonds mythologique commun. Or, d'où pouvait donc provenir ce répertoire partagé, qui plus est, partagé (moyennant certaines variantes) par toutes les tribus ennemies des plaines (Paiutes, Kiowas, Paunies, Comanches, et ainsi de suite) quelles que soient leurs familles d'origine, et qui ignoraient toutes l'existence du bison avant d'émigrer sur ces territoires?

Il est maintenant très facile de démontrer que dans toute la tradition symbolique des territoires d'Amérique du Nord parcourus par de grands troupeaux de bisons, un ensemble imposant de modèles culturels proprement paléolithiques a survécu jusqu'à la fin du dix-neuvième siècle et même jusqu'au début du vingtième siècle. Des analyses au carbone 14 ont permis de fixer à environ ~35 000 ou plus l'âge d'un certain type de pointe de flèche nord-américaine dite de la culture Clovis[43]. Plusieurs spécimens de ces pointes ont été associés aux mammouths. Des fouilles effectuées à vingt-quatre kilomètres au nord-est de Barstow dans le désert Mohave, en Californie, ont permis la découverte de près de deux cents lames et éclats de calcédoine à une profondeur dont la datation a été établie au carbone 14 à ~40 000[44]. Le premier spécimen d'une autre très ancienne pointe de flèche, la pointe de Folsom, a été découvert parmi les ossements d'une espèce de bison disparue: elle date d'au plus ~8000. Cette période équivaut à peu de chose près à celle des grandes grottes paléolithiques du sud de la France et du nord de l'Espagne – Altamira, Lascaux, etc. – qui couvre quelque vingt mille ans, de ca. ~30 000 à ca. ~10 000.

Pénétrer dans ces cavernes françaises ou espagnoles est une expérience merveilleuse, exaltante pour quiconque possède une certaine familiarité avec les légendes indiennes d'Amérique du Nord. On est transporté sur-le-champ dans le même univers visionnaire, où toute une iconographie d'animaux messagers nous donne accès à la dimension mystérieuse de la place de l'homme dans l'univers. Ces vastes cavernes n'étaient pas des lieux d'habitation, mais bien des sanctuaires où l'on accomplissait certains rituels: rituels de chasse, rituels de chasseurs, initiation aux substrats mythologiques de leurs rigoureuses existences. Ces cavernes sont dangereuses et tout à fait obscures. Les peintures pariétales ne se trouvent jamais à proximité de l'entrée mais commencent là où la lumière du jour ne pénètre pas pour se prolonger jusqu'au plus profond des grottes. Les animaux peints, qui habitent à jamais cette obscurité, ce sont les troupeaux germinaux et immortels de la nuit cosmique d'où procèdent les troupeaux terrestres qui disparaissent et se renouvellent sans cesse, et où ils retournent. Quand des silhouettes humaines se mêlent à eux, il s'agit le plus souvent de silhouettes mâles vêtues d'habits de chamans et portant des masques animaliers semblables à ceux qu'arborent encore de nos jours les chamans amérindiens.

On peut également voir sur ces parois rocheuses des empreintes de mains, celles des chasseurs de ce temps. À certaines d'entre elles il manque des phalanges. Nos Indiens des plaines s'amputaient aussi les doigts en guise d'offrande au soleil ou à Wakan Tanka, en priant pour que leur soient accordés le courage et le succès.

On a découvert dans plusieurs de ces cavernes des galeries spéciales et profondes, vraisemblablement le théâtre de rituels particulièrement puissants. Par exemple, la grotte des Trois-Frères, dans les Pyrénées, présente un long et étroit couloir tubulaire, une sorte de boyau de soixante centimètres de diamètre à peine, où il est nécessaire de ramper et de se tortiller à plat ventre sur une distance d'environ quarante-cinq mètres avant de déboucher dans une vaste galerie dont toutes les parois présentent des silhouettes gravées d'animaux parmi lesquelles, directement en face de l'ouverture de l'étroit passage, l'on peut apercevoir le célèbre Sorcier dansant des Trois-Frères (figure 5): sa tête est surmontée d'un andouiller de cerf, une barbe flotte sur sa poitrine, son corps et ses pattes antérieures sont ceux d'un lion, il a une queue de cheval et des jambes postérieures d'homme.

À Lascaux, dans une crypte ou galerie basse, l'on voit un personnage étendu qui a toute l'apparence d'un chaman en transe. Il porte un masque et un costume d'oiseau (figure 6). Son bâton de chaman, surmonté d'un oiseau, est posé à ses côtés. Devant lui se tient un grand bison mortellement blessé par une lance. Un mystérieux rhinocéros passe devant eux sans les voir.

Figure 5

Figure 6

Dans une autre grotte pyrénéenne appelée Tuc d'Audoubert et voisine des Trois-Frères, il y a une petite galerie à laquelle on accède uniquement par une minuscule ouverture à peine suffisante pour un homme. On y voit en bas-relief – chose unique en art paléolithique – un bison mâle qui poursuit un bison femelle, tandis que le sol autour d'eux est parsemé d'empreintes imitant celles du bison, apparemment les empreintes d'un garçon qui danse en s'appuyant sur ses talons[45]. Cette galerie recelait aussi plusieurs symboles phalliques grossièrement façonnés dans la glaise.

Si l'on songe à ces grottes, et en particulier au dernier sanctuaire que nous venons de décrire, je crois possible de supposer que nous avons suivi notre déesse bison jusqu'à son saint des saints originel et que nous savons maintenant quel fut le lointain point de départ de l'itinéraire de cette très belle femme aperçue par deux Indiens sioux des plaines d'Amérique du Nord. Car il n'y a pas à douter du lieu d'origine des peuplades de chasseurs de ce continent. Le vaste territoire de chasse du paléolithique, qui s'étendait tout uniment des Pyrénées au lac Baïkal en Sibérie, se prolongea jusqu'au Mississipi. Les premières peuplades originaires du nord de l'Asie qui déferlèrent à cette époque et longtemps après en Amérique apportèrent avec elles les rituels et les techniques de chasse propres à ces régions.

Je veux dire par là que ces rituels et ces techniques ne furent pas inventés en Europe, en Asie et en Amérique, mais qu'ils émigrèrent d'un endroit à l'autre. La *zone mythogénétique,* le principal lieu d'origine des mythes, fut très certainement l'Ancien Monde et non pas le Nouveau. L'Amérique du Nord ne fut pas un berceau mais une *zone de diffusion* où les mythes et les rituels furent apportés.

Toutefois, lors d'un tel transfert, les mythes ne demeurent pas inertes. Deux processus de transformation de la créativité secondaire entrent inévitablement en jeu lorsqu'il y a déplacement d'une mythologie d'un lieu dans un autre. Le premier, dans les termes d'Ananda K. Coomaraswamy[46], est l'*appropriation du territoire.* Par exemple, en ce qui concerne le mythe agricole ubiquiste mentionné précédemment, l'être mythologique que l'on a sacrifié, enterré et qui continue de vivre ensuite dans les végétaux, les Brésiliens l'associent au manioc, les Japonais au riz, les Mexicains au maïs. Il s'agit partout du même mythe, de la représentation du même mystère, mais le paysage de chaque province est devenu son théâtre, la faune et la flore locales, ses acteurs. L'appropriation du territoire est donc une prise de possession spirituelle d'une terre nouvelle et de tous les éléments qui la composent par assimilation à un mythe que l'immigrant porte déjà en lui et qui agit comme l'axe de soutènement d'une culture en évolution. Nous ne devons pas croire que dans chaque province où s'est manifesté ce continuum tropical, le même mythe s'est développé isolément.

Le second processus de transformation a été rigoureusement analysé ces derniers temps dans de nombreux ouvrages ethnologiques; il s'agit de l'*acculturation*. Les valeurs d'un système culturel étranger sont introduites dans la tradition autochtone selon un processus syncrétique d'assimilation. La rapidité avec laquelle ce processus produit des résultats est étonnante. Dans le cas récent du culte mélanésien des cargos, par exemple, qui s'est répandu dans toute cette région dès après la Deuxième Guerre mondiale (quand les populations autochtones, qui avaient bénéficié pendant un certain temps de l'abondance surnaturelle des cargos militaires américains, crurent pouvoir faire revivre cette richesse extraordinaire en célébrant des rituels d'attente millénaires), les nouveaux rituels se répandirent comme une traînée de poudre bien au-delà des zones coloniales, jusque dans les forêts profondes, là où des populations entières n'avaient jamais posé les yeux sur un homme blanc[47]. Les idées nouvelles se répandent vite. Il en fut de même autrefois, en Amérique, quand les mythologies mexicaines pénétrèrent au Mississipi. Les thèmes de cette mythologie plus évoluée furent assimilés syncrétiquement par les chasseurs nordiques et utilisés à leurs fins.

Tant les Sioux que les Paunies, par exemple, fondirent à l'image du Grand Bison de l'époque paléolithique (figure 5) le mythe astronomique mexicain des quatre âges de l'univers (les mêmes qui étaient connus d'Hésiode: l'âge d'or, l'âge d'argent, l'âge de bronze et l'âge de fer; les mêmes qui, en Inde, composent le cycle des quatre *yugas* au cours duquel la vache de la vertu perd une patte au terme de chaque *yuga*: elle se tient d'abord sur quatre pattes, puis sur trois, puis sur deux, et enfin, en cet âge misérable où nous nous trouvons, sur une seule). Tant les Paunies que les Sioux déclarent que leur bison cosmique, le Père et le Grand-Père de l'univers, se tient sur le seuil cosmique que doit franchir le gibier pour pénétrer dans notre univers temporel, seuil qu'il franchit plus tard en sens inverse dans le but de renaître après avoir été abattu. De même, tout au long du cycle des quatre âges de l'univers, le Grand Bison perd un poil au terme de chaque année qui passe, et au terme de chaque Âge de l'univers, il perd une patte[48].

La ressemblance entre ce mythe et le mythe indien est remarquable, d'autant plus lorsqu'on le compare non seulement à la vache qui perd ses pattes mais aussi à une légende du Brahmavaivarta Purana que relate Heinrich Zimmer au début de son ouvrage intitulé *Myths and Symbols in Indian Art and Civilization*[49]. Là, Shiva, le Seigneur de l'univers, représenté par le bœuf blanc Nandi, se manifeste sous l'apparence d'un vieux yogi nommé Hairy (c'est-à-dire le Poilu), dont la poitrine s'orne d'une circonférence de poils; au terme de chaque cycle cosmique, un de ces poils tombe. Au terme d'une année de Brahma de chacun de ces cycles cosmiques, tous ses poils sont tombés et l'univers se dissout dans l'océan de la nuit, l'Océan de lait, où il se renouvelle.

Qui peut dire par quel miracle de l'histoire ou de la psychologie ces deux images homologues ont vu le jour, l'une en Inde et l'autre en Amérique du Nord? Il est bien sûr possible qu'elles aient emprunté l'une des deux voies de diffusion dont nous avons parlé. Mais il est également possible que ces deux images se soient développées séparément par un procédé quelconque de *convergence,* qu'il s'agisse des «effets», pour recourir encore une fois à une expression de Frazer, «de causes similaires agissant de la même façon sur des cerveaux humains à la constitution similaire, en des lieux différents et sous des cieux différents»: car en Inde, aussi, on assiste à la fusion de la faune et de la flore quand les Aryens et leurs troupeaux pénètrent dans les zones agricoles dravidiennes. Des processus analogues ont peut-être été enclenchés comme les réactions alchimiques qui se produisent dans deux cornues distinctes.

Nous devons donc admettre que notre poursuite de la déesse Bison a débouché sur un problème non seulement historique, mais également psychologique. Nous avons peut-être abattu les murailles spatio-temporelles, et nous devrions nous demander selon quelles lois psychologiques et historiques ces mythes primitifs et ceux qui leur correspondent dans les sociétés plus évoluées ont pu prendre forme.

[4]

Le fondement psychologique

Il n'existe pas, cependant, de psychologie indépendante de l'homme *en tant qu'*«Être humain» qui soit tirée d'un champ historique spécifique. Car, ainsi que je le signalais dans le chapitre II, «Biologie et mythologie», le nouveau-né vient au monde (d'un point de vue biologique) un an avant terme et doit compléter dans un contexte social un développement que d'autres espèces perfectionnent dans le ventre maternel; il doit, en fait, apprendre dans un contexte social à développer des aptitudes proprement humaines: la station debout, la pensée rationnelle, la parole. L'homme, en tant qu'«Être humain», se développe à la fois biologiquement et socialement, et ce développement se poursuit non seulement tout au long de son adolescence, mais aussi tout au long de sa vie.

En outre, là où l'instinct animal est relativement rigide, figé et stéréotypé selon les espèces, celui de l'homme est perméable aux influences et aux impressions. Les «mécanismes de détente innés» du système nerveux humain qui déclenchent l'instinct de l'homme réagissent à des stimuli variables selon les cultures, selon les époques et selon les individus, en fonction d'impressions indélébiles reçues tout au long d'une enfance conditionnée par la société[50]. Et si j'ai bien compris les propos des spécialistes dans ce domaine particulier de la recherche psychologique, il n'a pas encore été possible d'identifier une seule image-déclic, un seul signe agissant comme stimulus, dont on puisse dire avec certitude qu'il fait nativement partie du psychisme humain.

Comment pouvons-nous donc nous reposer sur une quelconque théorie des archétypes psychologiques fondée sur nos réflexes conditionnés, ou sur une étude des mythes et des symboles de nos propres traditions, ou même sur une étude comparative de ce vaste réseau de traditions des peuplades horticoles et agricoles qui, comme je viens de le signaler, sont reliées aux nôtres tant historiquement que préhistoriquement?

Nous devons admettre que les mythologies ont depuis peu été débarrassées de leur gangue protectrice grâce aux découvertes et aux travaux de la science moderne. Les quatre âges, les quatre points cardinaux, les quatre éléments! Quelle signification cela peut-il avoir de nos jours, à la lumière de nos nouvelles connaissances? Aujourd'hui, nous connaissons cent trois éléments, et ce n'est pas fini. L'âme ancienne et le nouvel univers – l'ancien microcosme et le nouveau macrocosme – ne correspondent plus; ils sont disproportionnés selon un rapport de 4 à 103. Comment s'étonner, alors, que nous soyons si nerveux! La petite tour de Babel qui autrefois ressemblait, aux yeux de certains, à une menace dirigée vers Dieu, nous en avons érigé de bien plus hautes dans toutes les grandes villes du monde, et les fusées percent le ciel des anges. On ne peut plus tutoyer Dieu: le mystère est trop vaste, tant dehors que dedans. C'est là le *tremendum,* l'épouvante que notre cerveau moderne, cette fine fleur de la création, nous a révélée, et nous ne pouvons pas nous en défaire par la seule force de la volonté ni l'enfermer dans les murailles d'un réseau d'émotions archaïques. Elle ne nous sera pas épargnée et aucun système d'images archaïques ne saurait nous en protéger. Nous n'avons pu, à ce jour, identifier un seul symbole (nous ne le répéterons jamais assez) qui soit absolument inné chez l'être humain.

Ainsi, il semblerait après tout que nous soyons contraints de faire face au problème de l'imagerie du mythe surtout d'un point de vue historique. Dans une lettre que Charles Darwin adressait à un certain W. Graham qui s'était enquis de ses convictions religieuses, on trouve un passage remarquable où il suggère que même l'idée de Dieu n'est peut-être qu'une impression gravée dans le cerveau de l'homme par des siècles d'enseignement.

Pour justifier d'abord, puis critiquer sa foi chancelante, Darwin écrivit:

> Une autre des causes de la certitude de l'existence de Dieu procède de notre extrême difficulté, voire de l'impossibilité que nous avons de concevoir que cet univers immense et merveilleux,

y compris l'homme qui l'habite, apte à regarder autant vers son passé que vers son avenir, soit le fait du hasard ou de la nécessité. Lorsque je réfléchis à cela, je me sens contraint de chercher une Cause première dotée d'un cerveau jusqu'à un certain point analogue au cerveau humain; et je mérite le nom de théiste...

Puis, le doute surgit – peut-on se fier au cerveau humain – qui, j'en suis persuadé, s'est développé à partir d'un cerveau aussi primitif que celui de la plus primitive créature – quand il tire de telles conclusions? Se peut-il que celles-ci soient le résultat d'un rapport de cause à effet qui nous semble essentiel, mais qui ne dépend probablement que de notre héritage d'expérience? Nous ne devons pas davantage perdre de vue que l'idée de Dieu, inculquée sans répit aux enfants, a probablement produit sur leur cerveau insuffisamment développé une impression forte et sans doute héréditaire, au point qu'il leur devient aussi difficile de se départir de leur foi en Dieu qu'il est difficile à un singe de s'affranchir de sa peur et de sa haine instinctives des serpents[51].

Cela semble s'accorder parfaitement au cas qui nous occupe, du moins en ce qui a trait à tout sauf à la foi: la foi ne serait alors, bien entendu, qu'une image réflexe de l'impression à laquelle elle s'applique.

Or, efforçons-nous de justifier selon une approche psychologique les images communes à toutes les mythologies (la brique) en effectuant un survol de certaines impressions inévitables auxquelles l'enfant et l'adolescent humains sont vraisemblablement toujours soumis, peu importe l'endroit où ils vivent. Ces impressions devraient pouvoir justifier une part importante des stimuli visuels qui déclenchent et organisent nos forces humaines, tout comme l'instinct des animaux est mis en action par les différents signaux propres à chaque espèce, c'est-à-dire les signaux déclencheurs d'énergie qui affectent et stimulent l'organisme de l'intérieur.

Les premières impressions sont, bien entendu, celles que reçoit le bébé au cours de ses premières années de vie. Elles ont longuement été étudiées dans les ouvrages de psychanalyse et peuvent être résumées comme suit: (1) les impressions qu'entraînent le traumatisme de la naissance et ses effets psychologiques; (2) les impressions suscitées par les figures maternelle et paternelle dans leurs comportements bienveillants et malveillants; (3) les impressions associées aux excréments de l'enfant et à la discipline qui lui est imposée relativement à cette partie de son développement; (4) les impressions reliées à la curiosité sexuelle de l'enfant et à ses découvertes dans ce domaine (qu'il s'agisse d'un garçon ou d'une fille); enfin, (5) les impressions associées à la découverte du rôle qu'il joue et du rang qu'il occupe dans sa fratrie. Il n'y a pas de doute que, peu importe le pays du monde où naît l'enfant, tant que le réseau nucléaire de toute vie humaine consiste en un père, une mère et un enfant, la conscience en éveil acquiert une connaissance de son univers par l'intermédiaire de cet intense réseau biologique d'amour et d'agressivité, de désir et de peur, de dépendance, d'autorité et de besoin de liberté; en outre, il ne saurait y avoir d'apprentissage de la vie dans un contexte où l'individu n'est pas contraint de composer, d'une façon ou d'une autre, et en très bas âge, avec la place qu'il occupe au sein de ses intimes.

Mais dans toutes les sociétés primitives, que celles-ci s'adonnent à l'horticulture ou à l'agriculture, ces impressions et ces conceptions inévitables de l'enfance sont nourries par de nouvelles associations d'idées, réorganisées et profondément gravées de nouveau dans le cerveau dans des circonstances lourdement chargées d'émotion, à l'occasion des rituels de la puberté, des rituels initiatiques auxquels tous les jeunes hommes (et souvent les jeunes filles) sont soumis. Le long tunnel de la grotte paléolithique des Trois-Frères et l'éclatante représentation du sorcier dans la galerie à laquelle il donne accès ont sans doute joué un rôle dans de tels rites. L'un des thèmes fondamentaux de ces cérémonies est celui de la mort de l'enfance et de la renaissance à l'âge adulte; cette grotte semble avoir servi à marquer ce passage. En outre, ces rituels donnent aussi lieu à une mutilation quelconque du corps de l'enfant – circoncision, subincision, tatouage, scarification, défloration rituelle, clitoridectomie, et ainsi de suite; l'enfant ne peut donc réintégrer l'enfance. Cette réorganisation forcée des références à l'image du père, de la mère, de l'idée de naissance, etc., transforme radicalement l'ensemble des réflexes psychiques. Les réflexes infantiles sont effacés, l'énergie est maintenant orientée vers l'avenir, loin de l'enfance. Loin de l'attitude de dépendance que la longue enfance caractéristique des créatures de notre espèce tend à renforcer, elle se tourne vers la vie adulte et les tâches d'homme et de femme, vers une attitude responsable et l'intégration de l'individu dans la société qui l'entoure.

L'on pourrait par conséquent dire qu'un individu névrosé est un individu chez qui cette initiation est demeurée sans effet, de sorte que ces stimuli culturellement organisés qui entraînent les autres vers leurs responsabilités d'adultes poursuivent, chez cet individu, leur association avec le passé, avec le réseau d'impressions de l'enfance. La figure maternelle ne représente alors que la mère biologique dans son rapport exclusif avec l'individu en question et non pas l'aspect fécond, rigoureux et secourable de l'univers (c'est-à-dire la Mère et la Grand-Mère), et le père n'est pas Wakan Tanka, mais ce «parent réservé» dont parle James Joyce, «qui paye notre écot à notre place[52].» Par conséquent, en tentant d'interpréter les mythes par l'étude de l'imagerie propre aux névrosés, nous courons le risque de ne pas tenir compte de cet aspect précis de la mythologie qui se distingue des autres, nommément sa faculté de transporter les individus *loin* de leur enfance, loin de la dépendance et vers le sens des responsabilités.

Qui plus est, les intérêts particuliers de l'adulte diffèrent radicalement d'une société à une autre, et puisqu'une des fonctions primordiales du mythe et du rituel dans toutes les sociétés traditionnelles consiste non seulement dans l'entraînement des jeunes à la vie adulte, mais aussi dans le maintien des adultes dans le rôle qui leur est dévolu, la mythologie et le rituel, dans la mesure où ils rencontrent cet objectif local, moral et éthique, ne sauraient être considérés comme les applications d'un quelconque inconscient collectif, mais uniquement comme celles de l'histoire et de la sociologie du lieu.

Le professeur A.R. Radcliffe-Brown, de l'université de Cambridge, a abordé cet aspect de notre discussion dans ses travaux sur les pygmées des îles Andaman, où il écrit ce qui suit:

> (1) Une société dépend pour sa survie de la présence, dans l'esprit de ceux qui la composent, d'une certaine structure de sentiments qui régissent la conduite de l'individu conformément aux besoins de ladite société. (2) Chaque particularité du système social lui-même, chaque événement ou chaque objet qui affecte de quelque manière que ce soit le bien-être ou la cohésion du groupe social s'intègre à cette structure de sentiments. (3) Dans tout groupe social humain, les sentiments en question ne sont pas innés, mais bien inculqués à l'individu par les actions exercées sur lui par cette société. (4) Les mœurs rituelles d'un groupe social sont des moyens par lesquels ces sentiments trouvent à s'exprimer collectivement au moment approprié. (5) L'expression rituelle (c'est-à-dire collective) d'un sentiment spécifique contribue à la fois à en préserver le degré d'intensité requis dans l'esprit de l'individu et à le transmettre à la génération suivante. Sans cette expression, les sentiments en question ne sauraient exister[53].

Selon ce point de vue, une structure mythologique n'est donc pas une production naturelle et spontanée du psychisme individuel, mais bien un réagencement des impressions de l'enfance, socialement régi et conçu de telle sorte que les stimuli qui provoquent la réaction de l'individu favorisent le bien-être de la collectivité locale, et uniquement de cette collectivité. Ce qui est efficace dans toute mythologie et ce qui la différencie des autres, c'est donc l'organisation locale de son architecture, non pas les briques (les impressions de l'enfance et les affects qui leur sont associés) qui la composent: cette architecture, cette organisation diffère sensiblement en fonction du lieu, de l'époque et du niveau de développement culturel.

Nous devons cependant noter ici une autre caractéristique fondamentale et une autre fonction de la mythologie; ce faisant, nous délaissons une fois de plus le particulier pour le générique, car il ne suffit pas à l'homme de délaisser avec l'aide du mythe son attitude de dépendance infantile au profit d'une attitude adulte et responsable en fonction de la structure de sentiments de sa tribu, mais aussi d'être préparé, une fois adulte, à affronter le mystère de la mort, à absorber le *mysterium tremendum* de l'existence. Car l'homme, contrairement aux autres espèces animales, est non seulement conscient du fait qu'il tue lorsqu'il tue, mais il est également conscient de sa propre mortalité. Sa seule vieillesse est, en outre, – comme son enfance, du reste, – toute une vie en soi, elle dure aussi longtemps que la vie entière de la plupart des espèces animales. Qui plus est, même durant son enfance et, certes, tout au long de sa vie adulte, le mystère de la mort, les terrifiantes, les redoutables transformations qui suivent immédiatement le décès, ont sur l'esprit un impact dont on ne doit pas minimiser l'importance. La réconciliation de la conscience avec cette monstruosité qu'est la vie – qui se nourrit de mort, se termine dans la mort et débute par cette curieuse et onirique occurrence qu'est la naissance – est un rôle joué par toutes les mythologies des sociétés primitives et des sociétés évoluées, dont le poids et la conséquence ne sont pas moindres que ceux de l'imprégnation d'une forme sociale. En effet, la structure sociale locale s'appuie sur le mystère de l'existence qui, tout comme l'océan mythologique souterrain, est à jamais présent. Ainsi, même lorsqu'elles jouent leur rôle social, les mythologies ne s'intéressent pas uniquement aux sentiments qui *ne sont pas* natifs chez l'être humain, c'est-à-dire aux sentiments «inculqués à l'individu par les actions exercées sur lui par la société», mais aussi à ce que James Joyce décrit dans *Portrait de l'artiste en jeune homme*[54] comme étant «ce qu'il y a de grave et de constant dans les souffrances humaines».

— Vous avez remarqué, dit le vieux chaman sioux Black Elk au poète John G. Neihardt, que la vérité qui pénètre dans notre univers a deux visages. L'un est marqué par la souffrance et l'autre rit. Mais qu'il rie ou qu'il pleure, c'est le même visage[55].

Les Grecs ont été semblablement inspirés dans leur création des masques contradictoires de la tragédie et de la comédie.

— Dans la cérémonie du «heyoka» (du masque comique), poursuit Black Elk, tout a lieu à rebours; le rituel est conçu de façon que les participants éprouvent dès le début de la joie et du bonheur afin que le pouvoir leur soit plus facilement conféré. [...] Quand on est déjà malheureux, il se peut que le visage qui rit nous aide à mieux voir; quand on se sent trop bien, qu'on se sent trop en sécurité, le visage qui pleure est sans doute préférable. Voilà, à mon sens, le but du rituel «heyoka» [56].

La mythologie et les rituels qui en expliquent le symbolisme ouvrent l'esprit non seulement à l'ordre social local mais aussi au mystère de l'être, de la nature, qui loge tant au-dedans qu'au-dehors, et qui parvient enfin à l'équilibre. En outre, les sentiments de cette nature intérieure sont innés: par exemple, les sentiments d'amour, de haine, de peur, de dédain, d'émerveillement, de terreur et de joie. Ils ne sont pas «*inculqués* à l'individu par les actions qu'exerce sur lui la société», comme le dit l'anthropologue, mais *évoqués* et *orientés* par ce moyen à des fins sociologiques. La nature est primordiale: elle est déjà présente à la naissance. Vient ensuite la société qui représente l'agent façonneur de la nature et le rôle même de ce qu'elle a façonné; la nature, quant à elle, est aussi profonde et impénétrable que l'être lui-même. Thomas Mann formulait ainsi cette vérité:

> L'homme n'est pas uniquement un être social, mais également un être métaphysique. En d'autres termes, il n'est pas seulement un individu social, il possède aussi une personnalité. Par conséquent, nous avons tort de confondre ce qui en nous dépasse l'individu avec la société, de le traduire complètement en termes sociologiques. Ce faisant, on délaisse l'aspect métaphysique d'une personne, c'est-à-dire ce qui dépasse réellement l'individu; car c'est dans la personnalité individuelle, et non pas dans la masse, que l'on peut rencontrer le véritable principe supérieur[57].

[5]

Le facteur personnel

Nous sommes donc en mesure de constater que, même dans les traditions les plus axées sur le groupe humain, la préservation de la tradition mythologique ne se voit pas confiée aux individus dotés d'un esprit purement pratique, éveillé aux nécessités quotidiennes, mais aux individus que l'on juge dotés de facultés exceptionnelles et dont la conscience visionnaire transcende les exigences du monde de la surface.

— Il n'est pas facile, dit le vieux chaman sioux Black Elk à son ami, le poète John G. Neihardt, de s'attacher à une grande vision dans ce monde de ténèbres et d'ombres mouvantes. Les hommes s'égarent parmi les ombres[58].

En effet, même au sein des sociétés très primitives des pygmées des îles Andaman – dont le Dr Radcliffe-Brown a étudié la culture de l'âge de pierre dans un ouvrage d'où j'ai tiré le passage que nous avons cité plus haut sur les sentiments sociaux –, les autorités en matière de traditions légendaires n'étaient pas les chefs temporels, mais bien les «rêveurs» (*oko-jumu*), c'est-à-dire les chamans. Qui plus est, cette tradition légendaire était le fondement même sur lequel s'érigeait l'ordre social: les rituels tant individuels que collectifs, tous les buts et tous les moyens de l'existence[59]. Ces chamans, dont les paroles leur étaient venues en rêve, avaient acquis leur sagesse protectrice à travers des expériences personnelles, *à l'extérieur* du village, en communiquant personnellement d'une façon ou d'une autre avec les esprits. Ces différentes formes de communication ont été classifiées par Radcliffe-

Brown: (a) par la mort et la résurrection; (b) par la rencontre des esprits au cœur de la jungle; (c) par l'intermédiaire des rêves[60]. Black Elk, le gardien oglala du calumet sacré, avait lui-même eu une vision dès l'âge de neuf ans, vision à laquelle il devait les pouvoirs spirituels qui l'avaient rendu apte à remplir ses fonctions de chaman.

Quand il n'était encore qu'un enfant, il tomba malade. Étendu sous le tipi familial et veillé par son père et sa mère, il aperçut, par l'ouverture située au sommet du cône, deux hommes qui descendaient des nuages, tête première, ainsi que des flèches, chacun portant une lance dont la pointe dégageait des zébrures de lumière. Il avait déjà aperçu ces personnages quatre ans plus tôt, à l'âge de cinq ans. Ils lui avaient alors chanté ce chant sacré:

> Écoute, une voix divine t'appelle;
> Partout dans les cieux une voix sacrée se fait entendre. [...]

Les silhouettes avaient ensuite glissé vers l'horizon où elles s'étaient métamorphosées en oies. Mais cette fois, elles se posèrent sur le sol, un peu à l'écart du garçon, et lui dirent:

— Hâte-toi! Tes Grands-Pères t'appellent!

Il sentit qu'il se levait de sa couche pour les suivre; ce fut une vision merveilleuse.

Neihardt a magnifiquement relaté cette vision dans son livre *Black Elk Speaks*. Elle se déploie page après page, étape après étape, pendant vingt-cinq pages. La garde lui en avait été confiée par le vieux chaman au printemps de 1931 afin qu'il la transmette au nouveau monde, ce nouveau monde qui avait annihilé le sien de son vivant. Dans ce livre, la vision de Black Elk chante encore la mélodie d'un jour lointain qui fut le nôtre et celui de nos pères, le long, l'audacieux jour de la grande chasse paléolithique.

L'enfant malade se leva en esprit, suivit les deux chasseurs et fut transporté sur un petit nuage vers un pays très calme tout entier fait de nuées. Les deux hommes lui dirent d'une même voix:

— Regarde la créature aux quatre jambes.

Il se retourna et vit un cheval bai.

Le cheval lui parla en ces termes:

— Regarde-moi! Tu verras mon histoire.

Le cheval se tourna ensuite en direction de l'ouest.

— Regarde-les! Tu connaîtras leur histoire!

Et le garçon aperçut au loin douze chevaux noirs qui se tenaient côte à côte; leur encolure était ornée de sabots de bisons, des éclairs jaillissaient de leur crinière et le tonnerre de leurs naseaux. Le cheval bai pivota vers le nord.

— Regarde!

Il y avait là douze chevaux blancs dont la crinière dansait tel un vent de tempête, tandis qu'autour d'eux volaient des oies. Il se tourna vers l'est: douze alezans aux yeux pareils à l'étoile du matin, à la crinière d'aurore. Puis au sud: douze chevaux isabelle dont la tête s'ornait de cornes, et dont la crinière était aussi vivante que les arbres et les herbes.

— Tes Grands-Pères, dit le cheval bai, tiennent conseil. Ils t'accueilleront. Tu dois être courageux.

Les quarante-huit chevaux étaient rangés derrière le cheval bai qui hennit de nouveau en direction des quatre points cardinaux. Alors, aux quatre coins, le ciel devint lourd d'orage, des chevaux de toutes les couleurs plongèrent en faisant trembler le monde de leurs hennissements.

— Vois-tu, dit le cheval bai, tous tes chevaux qui dansent?

Il y avait des chevaux partout, le ciel était rempli de chevaux dansants qui se métamorphosèrent en toutes sortes d'animaux avant de disparaître dans les quatre directions.

Les chasseurs à la lance se rendirent avec leur charge jusqu'à un nuage qui se transforma en tipi. Sa porte ouverte était un arc-en-ciel qui laissait voir les six Grands-Pères assis côte à côte: ils ressemblaient à des collines, à des étoiles – ils étaient si vieux. C'étaient eux la Force de l'Ouest, du Nord, de l'Est, du Sud, du Ciel et de la Terre; chacun d'eux, dans un concert de symboles merveilleux, offrit des présents à l'enfant: un arc (le pouvoir de détruire) et un bol d'eau (le pouvoir de donner la vie); une herbe (le pouvoir de faire croître); un calumet (le pouvoir de la paix); un bâton d'un beau rouge vif, un bâton vivant auquel il poussa des branches qui accueillirent des oiseaux chantants.

— Regarde, dit le Grand-Père du sud, je t'offrirai le cœur vivant d'une nation et tu sauveras la vie d'un grand nombre de tes frères.

L'Esprit du Ciel ouvrit les bras, il devint un aigle et plana tout autour tandis que l'Esprit de la Terre – qui avait une apparence familière – commença tout doucement à se transformer, à reculer dans le temps jusqu'à sa jeunesse, et le garçon s'aperçut qu'il était lui, avec son bagage d'années à venir.

— Mon garçon, dit-il quand il fut redevenu vieux, sois courageux, car mon pouvoir t'appartiendra; et tu en auras besoin, car ton peuple connaîtra de grands malheurs. Viens.

Il se leva et sortit en chancelant par la porte arc-en-ciel, suivi du jeune garçon.

Une fois de plus, il monta le cheval bai, et les quarante-huit chevaux le suivirent, flanc à flanc, sur un seul rang, avec leurs cavaliers, et ils s'engagèrent sur la Route noire, vers l'est[61]. Des aventures magiques se produisirent alors: l'arc et la coupe d'eau triomphèrent de la sécheresse; le passage de la troupe à cheval guérit le peuple de la peste; on planta le bâton fleuri au milieu du cerceau de la nation, le calumet sacré s'approcha en volant et une voix forte retentit:

— Regardez le cerceau de la nation, c'est un cerceau sacré, car il est infini. Ainsi, tous les pouvoirs seront un seul pouvoir parmi le peuple qui ne meurt jamais. Maintenant, ils lèveront le camp et prendront la Route rouge, et ton Grand-Père les accompagnera.

Ce fut un très beau défilé: les chevaux noirs et leurs cavaliers au premier rang avec la coupe; puis les blancs avec l'herbe; puis les alezans, leurs cavaliers, le calumet; et les cavaliers des chevaux isabelle avec le bâton fleuri; après eux vinrent tous les enfants, les jeunes hommes et les jeunes filles; puis, les quatre chefs de la tribu avec leur escorte de jeunes; les quatre sages et leur escorte d'hommes faits; puis les vieillards et les vieillardes, chancelant sur leur canne, le regard penché vers le sol; et tous ces gens, le garçon armé de son arc et monté sur son cheval bai les suivait, et lui-même était suivi par une multitude, les esprits des ancêtres, qui s'étendaient tel un brouillard aussi loin que portait le regard.

— Regarde, dit la Voix, ce bon peuple qui s'avance en bon ordre vers une bonne terre.

Mais quatre pentes les attendaient: les générations futures, que Black Elk connaîtrait. La première était très verte; la deuxième, toujours verte mais un peu plus escarpée; les arbres y perdaient leurs feuilles et la Voix disait, menaçante:

— Rappelle-toi ce que tes six Grands-Pères t'ont donné, car dorénavant ton peuple s'avancera péniblement: la Route noire s'ouvre devant lui.

Sur la troisième pente, les gens se dispersaient: «car chacun semblait posséder sa propre petite vision des choses, ses propres règles, auxquelles il obéissait», et partout sur la terre on se livrait la guerre. Au sommet de cette pente abrupte, le cerceau de la nation était brisé; la pente suivante serait terrible et le peuple, déjà, mourait de faim. [...]

C'est ici que commence la vision de Black Elk qu'il en vint à interpréter comme le symbole du fardeau spirituel que les Puissances posèrent sur ses épaules afin qu'il vienne en aide à son peuple.

— Mais maintenant que je vois tout cela du haut de ma colline solitaire, dit le vieux chaman à son ami, je sais que cette vision merveilleuse fut donnée à un homme trop faible pour s'en servir; cette vision d'un arbre sacré maintenant moribond, mais qui aurait dû grandir dans le cœur d'un peuple, avec ses branches fleuries et ses chants d'oiseaux; cette vision du rêve de tout un peuple mort dans le sang et la neige.

«Mais si la vision était vraie et grandiose, tel que je le crois, elle l'est toujours. Car ces choses sont des choses de l'esprit, et c'est dans l'obscurité de leur regard que les hommes s'égarent[62].»

Il vit à ce moment un homme debout au nord du campement décimé par la famine, et le corps de cet homme était peint en rouge, et l'homme s'avança au milieu du peuple en tenant une lance dans sa main; là il se coucha et se roula par terre, et quand il se redressa, il était devenu un vigoureux bison. Une herbe sacrée surgit de terre à l'endroit où il se tenait, au centre du cerceau de la nation, là même où avait poussé l'arbre qui devait fleurir. L'herbe poussa et donna quatre fleurs: une fleur bleue (l'Ouest), une fleur blanche (le Nord), une fleur écarlate (l'Est) et une fleur jaune (le Sud).

— Je sais maintenant ce que cela signifiait, dit le vieux Black Elk à son ami le poète; les bisons nous étaient offerts par un esprit bienveillant, ils faisaient notre force, mais il nous faudrait les perdre et trouver une force nouvelle auprès du même esprit bienveillant[63].

D'autres merveilles se produisirent encore en grand nombre, dont la plus extraordinaire fut l'arrivée du garçon à cheval sur sa monture baie au sommet de la plus haute montagne du monde, Harney Peak, dans les Black Hills.

— Mais, dit Black Elk, le centre du monde est partout[64].

Et là:

— Je voyais d'une manière sacrée les formes de tout ce qui vit dans l'esprit, et la forme de toutes les formes telles qu'elles sont quand elles ne font qu'un. Et je vis que le cerceau sacré de mon peuple faisait partie d'un ensemble de cerceaux réunis pour former un grand cercle, aussi vaste que la lumière du jour et de la nuit, et qu'en son centre poussait un grand arbre fleuri abritant sous ses branches tous les enfants d'une seule mère et d'un seul père.

Bien vite, les deux chasseurs apparus à l'enfant revinrent, et devinrent quatre troupeaux d'oies qui survolèrent les quatre points cardinaux. Le tipi de nuées reparut; au-dedans, tous les animaux et tous les hommes se livraient à des réjouissances. Les six Grands-Pères l'accueillirent.

— Il a triomphé! tonnèrent les hommes.

Et chacun lui remit le même présent qu'auparavant. Le tipi va-
cilla et disparut. Le visage ordinaire de la terre se montra. Le soleil
surgit en chantant: «Je parais, mon visage est visible. J'arrive d'une
manière sacrée. [...]»

Quand la musique se tut, l'enfant se sentit seul et dérouté au beau
milieu de la prairie; alors il aperçut son village, son tipi, sa mère et son
père au chevet d'un enfant malade qui n'était autre que lui. Au moment
où il pénétrait sous la tente, quelqu'un dit: «L'enfant revient à lui. [...]»
Puis il se redressa sur son séant[65].

Les éléments (les briques) de ce rêve merveilleux – l'arbre au
centre du monde, la croisée des deux routes, le cerceau de la nation, la
montagne, les guides, les gardiens de l'univers, leurs présents, leurs
pouvoirs magiques, etc. – appartiennent à des mythologies de tout
ordre. Les paysages et les animaux, au contraire, les couleurs et les
attributs des quatre points cardinaux, l'attitude vis-à-vis de la nature et
du surnaturel, l'importance du bison et du cheval, le calumet de paix,
l'aigle, etc., tout cela fait partie de l'univers mythique des vastes
plaines d'Amérique du Nord. L'intuition qui a donné lieu à une telle
vision chez un enfant de neuf ans lui est résolument personnelle; personnelle, en ce sens que nul autre que lui ne l'avait jamais eue auparavant; mais elle est aussi collective, non seulement en raison de son
symbolisme archétypal, mais aussi parce que la prophétie qu'elle contient concerne tout un peuple. Cette vision est une mise en garde
contre un désastre imminent, sentie grâce à une intuition subliminale,
en même temps qu'elle propose le moyen d'y faire face.

À l'âge de dix-sept ans, Black Elk traduisit une partie de ce rêve
en un rituel que son peuple se hâta d'accomplir.

— L'homme qui a une vision, dit-il, ne peut utiliser le pouvoir
qui lui est ainsi conféré tant qu'il n'a pas donné cette vision à voir à
son peuple[66].

Ainsi naissent les mythes et les rituels. Le rituel permet à l'individu de faire partie du mythe, d'y prendre part, de s'y donner. Le
mythe est un rêve collectif issu de la vision collective d'un visionnaire,
d'un individu doté de facultés exceptionnelles.

Cette situation prévaut même dans le cas de traditions
mythologiques aussi fortement anti-individualistes que peuvent l'être
le Coran ou l'Ancien Testament, dans lesquels la source d'inspiration
mise en avant n'est jamais une expérience collective mais les voix et
les visions perçues par une seule personne: Abraham obéissant à la
voix tonnante du Seigneur (Genèse 12); Jacob rêvant de l'échelle du

paradis (Genèse 28); Moïse et le buisson ardent, Moïse sur le mont Sinaï (Exode 3 et 19 sq.); Mahomet dans sa grotte de méditation (Coran, sourate 96). L'interprétation chrétienne habituelle de la «Bonne Nouvelle» telle qu'annoncée par Jésus veut, au contraire, que celui qui l'apporte, l'Agneau de Dieu, soit une incarnation du pouvoir divin qui se manifeste aux hommes à la fin d'un âge et au seuil d'un nouveau jour: un peu à la manière de la belle et sainte femme venue apparemment de nulle part, d'une manière étrange et magnifique, pour offrir aux hommes le calumet sacré, précisément au moment où les Sioux oglala abandonnaient un ancien mode de vie (la chasse en forêt) pour un mode de vie nouveau (la vie dans les plaines).

Black Elk aperçut dans sa vision de l'an 1873 le prochain changement que subirait son peuple qui, d'un peuple de chasseurs, deviendrait un peuple d'agriculteurs (le passage du bison à l'herbe sacrée). Mais la belle promesse de ses dieux fut détruite à la racine pour motif de force majeure, en l'an de grâce 1890, à Wounded Knee.

— Rien de ce que j'ai jamais vu de mes yeux, dit-il à son ami quand il fut parvenu à l'âge de soixante-huit ans, ne m'est apparu plus clairement que cette vision; rien de ce que j'ai entendu n'est parvenu de la sorte à mes oreilles. Je n'avais pas à me souvenir de ces choses; elles ont été leur propre mémoire. Mais, la vieillesse aidant, le sens des images que j'ai vues et des mots que j'ai entendus m'est devenu plus clair; et maintenant, je sais que ma vision contenait plus de mystères que je ne serai jamais en mesure d'en décrire[67].

Notes

1. Joseph Epes Brown, *op. cit.,* pp. 3-4 et 80.
2. *Ibid.,* p. 4, n. 2.
3. Ovide, *Les Métamorphoses,* III, pp. 143-252.
4. Brown, *op. cit.,* p. 5, n. 4.
5. *Ibid.,* pp. x-xii.
6. Voir George E. Hyde, *Red Cloud's Folk: A History of the Oglala Sioux,* Norman, Okla., University of Oklahoma Press, 1937, p. 3.
7. Brown, *op. cit.,* p. 108.
8. *Liber XXIV philosophorum,* Proposition II; Clemens Bäumker, «Das pseudo-hermetische "Buch der vierundzwanzig Meister" (Liber XXIV philosophorum)», dans *Abhandlungen aus dem Gebiete der Philosophie und ihrer Geschichte.* Festgave zum 70. Geburstag Georg Freihern von Herdersche Verlagshandlung, 1913), p. 31. Cité dans Joseph Campbell, *The Masks of God,*

vol. III, *Occidental Mythology,* p. 522, et vol. IV, *Creative Mythology,* pp. 31, 36 et 135.

9. James G. Frazer, *Le Rameau d'or,* Paris, Laffont, 1981-1984, 4 vol.

10. Brown, *op. cit.,* pp. 3-7.

11. *Ibid.,* p. 23.

12. *Ibid.,* p. 25.

13. Francis La Flesche, *War Ceremony and Peace Ceremony of the Osage Indians,* Bulletin n° 101, Bureau of American Ethnology, Washington, D.C., 1939, pp. 61-63; cité par Brown, *op. cit.,* p. 21.

14. *Maitri Upanishad* 7-7, dans Hume, *op. cit.,* p. 454.

15. *Chândogya Upanishad* 3-13-7, dans Hume, *op. cit.,* p. 209.

16. *Ibid.,* 3.18.1-2, dans Hume, *op. cit.,* pp. 213-214.

17. Brown, *op. cit.,* p. 6, n. 9.

18. C.G. Jung, *The Integration of the Personality,* New York et Toronto, Farrar & Reinhart, 1939, p. 189.

19. Brown, *op. cit.,* pp. 5-6, n. 6 et 7.

20. Rudolf Otto, *Le Sacré,* Paris, Payot, 1949.

21. Brown, *op. cit.,* p. 7, n. 10.

22. *Ibid.,* pp. 7-9.

23. Hyde, *op. cit.,* p. 3.

24. Gorodon R. Willey et Philip Phillips, *Method and Theory in American Archeology,* Chicago, University of Chicago Press, 1958, pp. 158-166.

25. Comparer avec la p. 53.

26. Carl O. Sauer, «Cultivated Plants in South and Central America», dans *Handbook of South American Indians,* sous la direction de Julian H. Stewart, Bulletin 143, Bureau of American Ethnology, Washington, D.C., 1944-1957, vol. VI (1950), pp. 487-543.

27. Le tabac fut d'abord introduit en Europe pour ses vertus curatives *(herba panacea, sana sancta Indorum)* par un Espagnol, Francisco Fernandes, que l'empereur Philippe II avait envoyé au Mexique dans le but de faire enquête sur les produits de l'Empire. Mais c'est un Français, Jean Nicot, que le tabac a rendu célèbre (son nom a donné le mot «nicotine» parce qu'il envoya des graines de cette plante à sa souveraine, Catherine de Médicis, alors qu'il était ambassadeur de France au Portugal. Entre-temps, un Anglais du nom de Ralph Lane, premier gouverneur de Virginie, avait offert un calumet indien à son ami et invité de marque, Sir Walter Raleigh. C'est donc d'Angleterre que la mode de fumer le «divin tabac» (comme l'appelait Edmund Spenser) se propagea d'abord au continent, puis, au dix-

septième siècle, au monde entier. Les plus anciennes pipes ont été découvertes sur d'anciens mounds indiens de l'Ohio, de l'Indiana, de l'Illinois et de l'Iowa. (Voir l'article «Tabac» de D.A. Gracey dans l'*Encyclopædia Britannica,* 14ᵉ édition, vol. 22, p. 26063.)

28. Mes sources pour ce résumé sont Richard S. MacNeish, «The Food-Gathering and Incipient Agricultural Stage of Prehistoric Middle America», dans *Handbook of Middle American Indians,* sous la direction de Robert Wauchope, Austin, University of Texas Press, 1964-1976, vol. I, pp. 413-426; Paul C. Mangelsdorf, Richard S. MacNeish et Gordon R. Wiley, «Origins of Agriculture in Middle America», *ibid.,* vol. I, pp. 427-445; Philip Phillips, «The Role of Transpacific Contacts in the Development of New World Pre-Columbian Civilizations», *ibid.,* vol. IV, pp. 296-315; et Daniel Del Solar, «Interrelations of Mesoamerica and the Peru-Ecuador Area», *Kroeber Anthropological Society Papers,* n° 34, printemps 1966.

29. Joseph Campbell, *The Masks of God,* vol. I, *Primitive Mythology,* New York, The Viking Press, 1959, pp. 205-215.

30. Voir p. 56.

31. Carte du Pacifique Nord, n° 1401, Hydrographic Office, Navy Department, Washington, D.C., telle que reproduite dans Betty J. Meggars, Clifford Evans et Emilio Estrada, *op. cit.,* Figure 103, en regard de la p. 168.

32. *Ibid.,* p. 160.

33. *Ibid.,* planche 160-91; voir surtout la planche 184, figures C et D.

34. Leo Frobenius, *Geographische Kulturkunde,* Leipzig, Friedrich Brandstetter, 1904, p. 450; cité dans Campbell, *The Masks of God,* vol. I, *Primitive Mythology,* p. 205.

35. Adolf E. Jensen, *Das Weltbild einer Frühen Kultur,* Stuttgart, August Schröder, 2ᵉ édition, 1949; *Mythes et cultes chez les peuples primitifs,* Paris, Payot, 1954.

36. On trouvera des exemples de cela dans *The Masks of God,* vol. I, *Primitive Mythology,* pp. 151-225.

37. Henry Schoolcraft, *Algic Researches,* New York, Harper and Brothers, 1839; repris dans Mentor L. Williams, *Schoolcraft's Indian Legends,* East Lansing, Mich., Michigan State University Press, 1956, pp. 58-61; «Mon-daw-min, or The Origin of Indian Corn, An Odjibwa Tale.»

38. Voir p. 111.

39. Willey et Phillips, *op. cit.,* pp. 163-170.

40. Gordon F. Eckholm, «A Possible Focus of Asiatic Influence in the Late Classic Cultures of Mesopotamia», *Memoirs of the Society of American Archæology*, vol. XVIII, nᵒ 3, 2ᵉ partie (janvier 1953), pp. 72-89; aussi *ibid.*, «The New Orientation toward Problems in Asiatic-American Relationships», dans *New Interpretations of Aboriginal American Culture History, volume souvenir du 75ᵉ anniversaire de l'Anthropological Society of Washington,* Washington, D.C., 1955, pp. 59-109. Aussi, Robert Heine-Geldern, «The Origin of Ancient Civilizations and Toynbee's Theories», *Diogenes,* nᵒ 13, printemps 1956, pp. 93-96; *ibid.*, «Theoretical Considerations Concerning the Problem of Pre-Columbian Contacts between the Old World and the New», *Selected Papers of the Fifth International Congress of Anthropological Sciences,* septembre 1956, Philadelphie, University of Pennsylvania Press, 1960, pp. 177-181; et *ibid.*, «The Problem of Transpacific Influences in Mesoamerica», dans Wauchope (dir.), *op. cit.,* vol. IV, pp. 277-295. Une réplique maladroite de Philip Phillips à tout ceci succède au dernier des articles de Heine-Geldern cités précédemment, dans Wauchope (dir.), *op. cit.,* vol. IV, pp. 296-315.

41. Voir plus loin, pp. 175-179.

42. *The Masks of God,* vol. I, *Primitive Mythology,* pp. 283-286.

43. *Time,* 6 août 1956, p. 42. Résultats des tests effectués sur des fragments de charbon prélevés sur un site de Louisville, près de Dallas au Texas.

44. *The New York Times,* 1ᵉʳ juin 1968.

45. Abbé H. Breuil, *Quatre cents siècles d'art pariétal,* Montignac, Dordogne, Centre d'Études et de Documentation Préhistoriques, 1952, p. 234.

46. Voir *The Masks of God,* vol. I, *Primitive Mythology,* p. 199, où je cite Ananda K. Coomaraswamy, *The Rg-Veda as Land-nàma-boc,* Londres, Luzac and Company, 1935.

47. Voir Mircea Eliade, «Dimensions religieuses du renouvellement cosmique», *Eranos-Jahrbuch 1959,* Zurich, Rhein-Verlag, 1960, pp. 241-275, où la note 5 de la page 245 propose une bibliographie exhaustive.

48. Brown, *op. cit.,* p. 6, n. 8 et p. 9, n. 15; aussi, George A. Dorsey, *The Pawnee: Mythology,* 1ʳᵉ partie, Washington, D.C., The Carnegie Institution of Washington, 1906, p. 134.

49. Heinrich Zimmer, *Myths and Symbols in Indian Art and Civilization,* sous la direction de Joseph Campbell, The Bollingen Series VI, New York, Pantheon Books, 1946, pp. 3-11.

50. Ces aspects sont examinés d'une manière plus approfondie dans *The Masks of God,* vol. I, *Primitive Mythology,* pp. 30-131.

51. *Darwin, 1809-1882: l'autobiographie d'un naturaliste à l'époque victorienne,* sous la direction de Nora Barlow, Paris, Bélin, 1985.

52. James Joyce, *Finnegans Wake,* Paris, Gallimard, 1982.

53. A.R. Radcliffe-Brown, *op. cit.,* pp. 233-234; cité dans *The Masks of God,* vol. I, *Primitive Mythology,* pp. 33-34, et vol. IV, *Creative Mythology,* p. 48.

54. *Ibid.*

55. John G. Neihardt, *Black Elk Speaks,* Lincoln, Nb., University of Nebraska Press, 1961, pp. 192-193.

56. *Ibid.*

57. Thomas Mann, *Considérations d'un apolitique,* Paris, Grasset, 1957.

58. Neihardt, *op. cit.,* p. 254.

59. Radcliffe-Brown, *op. cit.,* p. 186.

60. *Ibid.,* pp. 176-177.

61. La Route noire: d'ouest en est; la Route rouge: du nord au sud; voir p. 108.

62. Neihardt, *op. cit.,* p. 186.

63. *Ibid.,* p. 39.

64. *Ibid.,* p. 43, n. 8.

65. *Ibid.,* pp. 20-47.

66. *Ibid.,* p. 208.

67. *Ibid.,* p. 49.

Le symbole dépouillé de son sens

Première partie

[1]

L'impact de la science moderne

Bertrand Russell, si je me souviens bien, déclara un jour à un auditoire new-yorkais que tous les Américains sont persuadés que le monde fut créé en 1492 et sauvé en 1776. Le conditionnement culturel des Américains justifie sans doute l'histoire et la théorie du symbolisme mythologique dont il sera question dans le présent chapitre. Toutefois, puisqu'un des thèmes principaux du sujet qui m'occupe concerne le caractère provincial de *tout* ce que nous sommes portés à tenir pour universel, cette thèse s'illustre d'elle-même dans la présentation qui suit.

Je ne saurais oublier que, pendant des siècles, la plupart des grands et des petits penseurs d'Europe croyaient que le monde avait été créé vers ~4004 et sauvé au premier siècle de notre ère; que Caïn, l'aîné du premier couple, fut le premier agriculteur, le premier meurtrier et le premier constructeur de villes; que le Créateur de l'univers, ayant un faible pour une certaine tribu nomade du Proche-Orient, avait fait s'ouvrir pour elle les eaux de la Mer Rouge et lui avait transmis personnellement Ses projets d'avenir pour tout le genre humain; enfin, qu'en raison de l'inaptitude des gens de Son peuple à Le reconnaître quand Il s'incarna parmi eux et qu'Il naquit d'une de leurs filles, le Créateur de l'univers reporta son attention sur les rives septentrionales de la Méditerranée: en Italie, en Espagne et en France, en Suisse, en Allemagne, en Angleterre, en Hollande et en Scandinavie, de même que, pendant un certain temps, dans l'empire austro-hongrois.

Je suis donc disposé à admettre que, lorsque les trois courageux petits navires de Christophe Colomb (le *Santa Maria* pesait à peine une tonne, le *Pinta* était une caravelle de cinquante tonnes et le *Nina* d'à peine quarante) – quand ces petits navires fendirent la vague d'Uroboros, l'Océan qui entoure la terre, l'âge mythologique de la pensée européenne reçut un coup fatal et débuta l'âge moderne de la pensée globale, de l'expérimentation audacieuse et de l'empirisme.

À peine deux siècles auparavant, saint Thomas d'Aquin s'était efforcé de démontrer, par une argumentation rationnelle, que le paradis terrestre d'où avaient été chassés Adam et Ève se trouvait réellement quelque part sur terre, et qu'il suffisait de le découvrir. «Le paradis terrestre est séparé du monde habitable par des montagnes, des mers ou des déserts infranchissables. C'est pourquoi les cartographes n'en ont jamais fait mention[1].» Cinq siècles plus tôt, Bède le Vénérable avait laissé entendre avec finesse que le paradis ne pouvait être un lieu temporel, qu'il était au contraire tout à fait spirituel[2]. Augustin avait déjà rejeté cette notion et affirmait que le paradis était tout ensemble spirituel *et* temporel[3], point de vue qu'entérina Thomas d'Aquin. «Ce que nous disent les Écritures à propos du paradis est consigné en tant que fait historique; partout où les Écritures adoptent cette méthode, la vérité historique de la narration doit être le fondement de toute explication spirituelle que nous pourrions proposer[4].»

On se souviendra que Dante plaçait le paradis au sommet de la montagne du purgatoire, située à son époque au centre d'un océan imaginaire qui recouvrait tout l'hémisphère sud. Colomb partageait cette image mythologique. La terre, écrivit Colomb, «ressemble à une poire, dont une partie est ronde et l'autre, à l'endroit de la tige, est allongée»; ou «à une balle très ronde qui porterait d'un côté une protubérance, tel un tétin de femme[5]». Cette protubérance, croyait-il, était située au sud et, lors de son troisième voyage, quand ses navires se révélèrent plus rapides dans leur course cap au nord que cap au sud, il crut qu'ils dévalaient une pente. Il était d'autant plus convaincu de son erreur que, quelques semaines plus tôt, à l'extrême sud de son périple, quand ses navires étaient passés entre Trinidad et le continent sud-américain, le volume d'eau douce qui se jetait dans l'océan en provenance de l'Orénoque, le «rugissement de tonnerre» que provoquait la rencontre du fleuve et de l'océan, la hauteur des vagues qui entraînèrent presque le naufrage de ses navires, tout cela l'avait persuadé qu'un aussi grand volume d'eau ne pouvait prendre sa source ailleurs que dans l'une des quatre rivières du paradis et qu'il était enfin parvenu au côté tige de la poire[6]. En mettant cap au nord, il laissait le paradis derrière lui.

Colomb mourut sans se douter qu'il avait ainsi enclenché l'annihilation de tous les symboles d'un paradis non seulement terrestre, mais également céleste. Vasco de Gama contourna l'Afrique du Sud en 1497 et Magellan l'Amérique du Sud en 1520. On avait franchi les déserts et les mers sans découvrir le paradis. En 1543, Copernic publia sa théorie héliocentrique, et quelque soixante ans plus tard, Galilée commença à fouiller le ciel avec son télescope. Nous savons que ses recherches ont entraîné la condamnation immédiate de cette nouvelle cosmogonie par l'Inquisition.

Comme ainsi soit que toi, Galileo Galilei, fils de feu Vincenzo Galilei, Florentin, âgé de soixante-dix ans, aies été, en 1615, dénoncé à ce Saint-Office, pour ce que tu tenais pour véritable la fausse doctrine enseignée par aucuns, que le Soleil est le centre du monde et immobile et que la Terre ne l'était pas et se remuait d'un mouvement journalier; pour avoir des disciples auxquels tu enseignais la même doctrine; et que tu l'écrivois aux mathématiciens d'Allemagne, tes correspondants; avois fait imprimer un livre des Taches du Soleil, et publié autres escrits contenant la même doctrine qui est aussi celle de Copernic; attendu que, aux objections tirées de la Sainte Écriture qui parfois t'ont été faites, tu as répondu en glosant sur l'Écriture suivant ta propre interprétation; que, sur ce, on a présenté la copie d'un document sous forme de Lettre, que l'on disait avoir été écrite par toi à un de tes anciens disciples, et que dans celle-ci, suivant la position de Copernic, se trouvent diverses propositions qui vont à l'encontre du sens véritable et de l'autorité de la Sainte Écriture.

Pour ces raisons, ce Saint Tribunal, voulant remédier au désordre et au dommage causé, qui est allé s'augmentant au préjudice de la Sainte Foi; par ordre de Sa Sainteté et des Très Éminents et Révérends MMgrs les cardinaux de cette Suprême et Universelle Inquisition, les qualificateurs théologiques ont défini comme suit les deux propositions de la stabilité du Soleil et du mouvement de la Terre:
La proposition que le Soleil soit le centre du monde et immobile d'un mouvement local est absurde et fausse en philosophie, et formellement hérétique, pour être expressément contraire à la Sainte Écriture;
La proposition que la Terre n'est pas le centre du monde ni immobile, mais qu'elle se meut, et aussi d'un mouvement diurne, est également une proposition absurde et fausse en philosophie, et considérée en théologie *ad minus erronea in fide.*
[...]

En conséquence, [...]
Après l'invocation du Saint Nom de Notre Seigneur Jésus-Christ
et de sa Très Glorieuse Mère toujours Vierge Marie,
Par sentence définitive, [...]
Nous disons, prononçons, sentencions et déclarons que toi
Galilée, pour les raisons déduites au procès et que tu as confessées
ci-dessus, tu t'es rendu envers ce Saint-Office véhémentement
suspect d'hérésie, ayant tenu cette fausse doctrine et contraire à
l'Écriture Sainte et Divine, que le Soleil soit le centre du monde
et qu'il ne se meut pas de l'Orient à l'Occident, et que la Terre se
meuve et ne soit pas le centre du Monde, et que l'on puisse
soutenir et défendre comme étant probable une opinion après
qu'elle a été déclarée par définition contrariant la Sainte Écriture;
et conséquemment tu as encouru toutes les censures et peines
imposées et promulguées par les Sacrés Canons et les autres cons-
titutions générales et particulières, contre de tels délinquants.
De celles-ci Nous sommes contents de te délier, à condition que
dès maintenant, avec un cœur sincère et une foi non feinte, tu
abjures, maudisses et détestes devant nous les susdites erreurs et
hérésies, et toute autre erreur et hérésie contraire à l'Église
Apostolique et Catholique [...][7].

Trois courts siècles plus tard, même le soleil (qui, dans les mots du
traducteur anglais de Copernic, Thomas Digges, «tel un souverain, au centre de tout, règne sur ses sujets et ordonne jusqu'à leur sommeil») a été
détrôné. Les grands télescopes d'Amérique ont démontré que la Voie
Lactée, où notre soleil n'est qu'une étoile parmi tant d'autres, consiste en
un amas circulaire de quelque cent milliards d'étoiles. Notre soleil, une
étoile mineure, se tient à sa périphérie; le bord de la Voie Lactée se trouve
à quelque vingt-six mille années-lumière du cœur de notre galaxie
(c'est-à-dire à une distance que la lumière, voyageant à environ neuf mille
cinq cents milliards de kilomètres par an, mettrait vingt-six mille ans à parcourir). On a découvert en outre qu'à la vitesse à laquelle notre galaxie
tourne autour de son axe, notre soleil mettrait deux cents millards d'années
à en faire complètement le tour. Notre galaxie n'est du reste pas la seule en
existence. Les cartes photographiques du ciel effectuées à l'observatoire du
mont Wilson en Californie montrent que les galaxies tendent à se regrouper
en supergalaxies de plus d'un millier de galaxies chacune. On a identifié de
nombreuses supergalaxies. Cette découverte a incité certains scientifiques
à penser que notre galaxie est située à la périphérie d'une de ces supergalaxies, tout comme notre soleil qui avait un jour été «tel un souverain, au
milieu de tout», se trouve en réalité en bordure de la Voie Lactée.

Je ne m'étendrai pas davantage sur ce sujet, mais je formulerai une demande en guise d'introduction aux nombreuses interrogations qu'il soulève: comment, d'un point de vue rationnel, un cerveau confronté à cette nouvelle vision de l'univers doit-il comprendre, interpréter, évaluer ou trouver une quelconque utilité à la cosmologie mythologique des Saintes Écritures ou de n'importe laquelle des nombreuses traditions archaïques qui persistent dans leurs affirmations superstitieuses? Luther tonna contre Copernic, en qui il vit «un âne qui désire pervertir tout l'art de l'astronomie et nier ce que dit le livre de Josué, tout simplement pour attirer l'attention sur lui»; tandis que Sa Sainteté le Pape et les plus éminents cardinaux de l'Inquisition, ainsi que nous venons de le voir, décrétèrent que la forme et la nature de l'univers sont faux et contraires aux Saintes Écritures. Pouvons-nous affirmer maintenant, en nous fondant sur les propos de ces docteurs, que si ce que l'on tenait alors pour faux est vrai, ce que l'on tenait pour vrai est forcément faux, absurde et erroné d'un point de vue philosophique simplement parce que contraire aux faits?

Que doit-on penser aujourd'hui de l'Assomption de la Vierge Marie, cette croyance religieuse érigée en dogme il y a deux décennies à peine et reconfirmée dans l'Encyclique de sa Sainteté le pape Paul VI le 30 juin 1968[8]? Devons-nous penser que ce corps physique s'est soulevé de terre, qu'il a traversé les frontières de notre système solaire, puis celles de la Voie Lactée, celles de notre supergalaxie et même celles de ce qui gît au-delà de celle-ci? Si oui, dites-moi, je vous prie, à quelle vitesse ce corps – qui n'en a certes pas terminé de son périple, – se déplace-t-il? Puisqu'ils se sont élancés dans les airs il y a moins de deux mille ans, même en voyageant à la vitesse de la lumière (ce qui est impossible à un corps physique), le corps du Christ (qui a entrepris son ascension quelque quinze ans plus tôt que celui de la Vierge) et celui de sa Très Sainte Mère ne doivent pas avoir parcouru plus de deux mille années-lumière et n'ont pas encore atteint les confins de la Voie Lactée. Cette image est ridicule. Nous devons donc nous demander s'il est possible d'attribuer de nos jours une quelconque signification, spirituelle ou autre, à cette image. Conçue à une époque où il était possible de penser que Josué avait littéralement arrêté le soleil dans sa course et que le trône de Dieu était situé aux environs de l'orbite de Saturne, une telle image exige aujourd'hui des prodiges d'interprétation infiniment plus sophistiqués que ceux que l'on attendait des croyants au Moyen Âge. En outre, que ce problème ne concerne pas uniquement le christianisme mais toutes les grandes religions est l'évidence même; car on ne saurait nier que, même s'il est possible aujourd'hui de réinterpréter certaines de ces métaphores lorsqu'on souhaite assurer leur survivance (comme on verse du vin nouveau dans de très vieilles bouteilles), à l'époque où elles virent le jour ces images étaient comprises tant d'un point de vue littéral que d'un point de vue symbolique, ou, pour parler comme saint Augustin, corporellement et spirituellement. Qui plus est, elles assuraient aux fidèles un ascendant spirituel certain sur tous les autres peuples de la terre. Nous pouvons donc en toute justice nous demander si d'aussi pernicieuses bêtises ont encore droit de cité dans notre monde actuel.

Posons-nous donc la question suivante: quelle est la valeur ou la signification d'une notion mythologique qu'à la lumière de la science moderne nous devons juger erronée, fausse d'un point de vue philosophique, absurde ou carrément démente? La première réponse qui surgit à l'esprit n'est sans doute aucune de celles que nous ont proposées le plus souvent les grands penseurs du siècle dernier. Cette signification relève de la psychologie et de la sociologie plutôt que d'un concept positiviste dont la fausseté a été démontrée, et nous devons l'envisager du point de vue des effets que produit son symbolisme sur la personnalité de l'individu et la structure de la société plutôt que du point de vue de son évidente incongruité en tant que représentation du cosmos. En d'autres termes, cette signification ne procède pas de la science mais de l'art. Et de même que l'art peut être considéré d'un point de vue psychologique comme étant la représentation symbolique et symptomatique des tendances et de la conformation de la psyché, ainsi doit-on aborder les archétypes du mythe, du conte de fées, de la philosophie, de la cosmologie et de la métaphysique archaïques.

C'est là l'opinion que le professeur Rudolf Carnap a exposée dans le chapitre intitulé «The Rejection of Metaphysics» de son ouvrage *Philosophy and Logical Syntax,* publié en 1935, qui regroupait ses conférences de l'université de Londres. Il y déclare qu'une «proposition métaphysique n'est ni vraie ni fausse, mais suggestive», comme la musique, la poésie lyrique ou le rire. Selon lui, pourtant, elle *se veut* représentative. Elle *prétend* posséder une valeur théorique, de telle sorte qu'elle leurre non seulement le lecteur ou l'auditeur, mais aussi le métaphysicien.

«Le métaphysicien, écrit le Dr Carnap, a la conviction de démontrer quelque chose dans son traité métaphysique et cette certitude le conduit à contester les propositions d'un collègue. Le poète, quant à lui, ne soutient nullement que les vers d'un autre poète sont faux; il se contente habituellement de remettre leur qualité en question[9].»

C.G. Jung a souvent opéré une distinction entre le «signe» et le «symbole». Le signe se réfère à un quelconque concept ou objet connu. Le symbole représente la meilleure allusion possible à un objet relativement peu connu. Le symbole n'aspire pas à reproduire cet objet, et son sens ne saurait s'exprimer plus adéquatement ou lucidement d'une autre manière. En effet, un symbole traduit allégoriquement et dont on rejette la part d'inconnu qu'il contient n'est plus d'aucune utilité[10].

L'on peut donc affirmer que, vus sous cet angle, les symboles de la science et de la logique symbolique sont des signes et les métaphores artistiques, des symboles.

La philosophie indienne propose deux termes en guise de contrepartie au signe et au symbole tels que définis ci-dessus. Le premier, *pratyaksa* (de *prati*, qui veut dire «près, contre», et *aksa*, «l'œil», soit «contre l'œil ou apparent»), fait référence au champ sensible, obvie, évident, immédiat, perceptible par les sens. C'est celui de la conscience éveillée. Ici, sujet et objet sont distincts l'un de l'autre et les phénomènes observés de la «matière brute», tandis que le lien logique entre les choses et les concepts peut en général s'exprimer en termes euclidiens ou aristotéliciens: A n'est pas non-A; deux objets ne sauraient occuper le même espace en même temps. Naturellement, la physique moderne a quelque peu estompé les contours de ces lois évidentes, de telle sorte que les formules scientifiques et logiques de notre époque possèdent certaines des qualités de l'art. Cependant, les *referienda* de ces formules actuelles sont invisibles à l'œil nu et ne consistent pas en «matière brute», mais bien en ce que les Indiens appellent la «matière subtile». D'où l'on peut déduire qu'elles procèdent du second des deux termes auxquels nous nous référons.

Ce second terme – la contrepartie, en quelque sorte, du «symbole» jungien – est *paroksa* (de *aksa*, «œil», cette fois précédé de *paras*, qui veut dire «au-delà, loin, plus haut que», d'où le sens de «au-delà de la portée du regard». Car les référents du vocabulaire *paroksa* ne sont pas immédiatement perceptibles à la conscience éveillée. Ils sont plutôt de l'ordre des notions platoniques, c'est-à-dire purement intelligibles, spirituels ou ésotériques. Ils sont dits *adhidaivata*, «divins» ou «angéliques». Mais puisqu'ils se manifestent dans les visions des saints et des sages, ils appartiennent au domaine du «rêve».

La fantasmagorie du rêve et de la vision est de la «matière subtile». Fluide et mercuriale, elle ne reçoit pas la lumière du dehors comme de vulgaires objets, mais engendre sa propre luminosité intérieure. En outre, sa logique n'est pas celle d'Aristote. Nous savons tous que, dans le rêve, en dépit des apparences, sujet et objet ne sont pas distincts l'un de l'autre, mais identiques; en outre, deux objets ou plus non seulement peuvent-ils, mais doivent-ils occuper en même temps le même espace. Autrement dit, ces images sont polysynthétiques et polysémiques; j'ajouterai qu'elles sont aussi inépuisables lorsqu'on les analyse du point de vue de la conscience en éveil. L'expression de Lévy-Bruhl, *participation mystique,* fréquemment employée par Jung, résume très bien la loi qui régit cette sphère. En Orient, on y situe le royaume des dieux et des démons, les cieux, les purgatoires et les enfers, qui sont de la matière subtile. Ils sont l'équivalent macrocosmique des images microcosmiques du rêve. Mais puisque, sur ce plan, on ne saurait distinguer clairement comme à l'état de veille entre A et non-A, microcosme et macrocosme ne sont pas aussi différents qu'ils le semblent et, par conséquent, tous les dieux, toutes les puissances du ciel et de la terre logent en nous.

Contrairement à ce qui se passe en Occident, l'art religieux oriental ne renvoie presque jamais à la phénoménologie de la conscience éveillée, mais bien à la phénoménologie du rêve. D'où il ressort que les progrès de la science moderne bouleversent moins l'hindouisme et le bouddhisme que le christianisme et le judaïsme, dont tous les symboles sont donnés et perçus comme des signes. Néanmoins, même en Orient, on croit qu'existe une réelle et nécessaire correspondance entre la phénoménologie de la conscience onirique et celle de la conscience éveillée. Le microcosme et le macrocosme que l'on peut percevoir en rêve comme étant identiques, à l'état de veille deviennent *anurûpam,* c'est-à-dire «à l'image l'un de l'autre[11]». En fait, je suis persuadé qu'il est possible d'affirmer que partout où vit et agit un réseau de symboles mythologiques, il englobe en un seul système cohésif tous les phénomènes tant matériels ou «obvies» *(pratyaksa),* de l'état de veille, que ceux de la sphère spirituelle – donc métaphysique, occulte et purement intelligible *(paroksa)* – du rêve. Il s'ensuit une confusion du signe et du symbole, du réel et de l'imaginaire propres à toutes les sociétés archaïques, partout et de tout temps. L'on peut donc dire que l'une des conséquences philosophiques majeures de ce tournant que représente à mes yeux l'année 1492 a été le bris de ce flou mythologique, le tracé d'une ligne de rupture entre l'univers du rêve et celui de la conscience éveillée, en même temps que, dans un renversement total, l'esprit a délaissé le premier de ces champs de réflexion en faveur du second. C'est ce que nous appelons la révolution scientifique – qui n'est pas encore parvenue à son terme. Cela équivaut, en réalité, à la création d'un monde nouveau ou, pour recourir à une métaphore mythologique, à la séparation du ciel et de la terre.

Nous devons reconnaître aujourd'hui que les cosmologies mythologiques ne correspondent pas au monde matériel et grossier, mais bien à celui du rêve et de la vision; par conséquent, on ne doit pas chercher un sens inhérent ou implicite aux postulats de la théologie et de la métaphysique sous la lentille d'un microscope ou dans la lunette d'un télescope. On ne saurait vérifier ce sens en faisant appel à une quelconque science physique, car il relève des sciences de l'esprit, domaine où, nous le savons, d'énormes progrès ont été accomplis vers la reconstitution de notre compréhension de son lexique.

En effet, pour certains, ce savoir ancien, dont l'interprétation cosmologique d'autrefois a cédé le pas à l'interprétation psychologique que nous lui préférons aujourd'hui, semble avoir redonné aux religions anciennes la place qu'elles occupaient auparavant tant au centre qu'en bordure du champ de l'esprit humain, non seulement en tant que phase de l'évolution de la conscience, mais aussi en tant que legs spirituel permanent symbolisant la structure même de la psyché. L'Assomption de la Vierge et l'Ascension de son divin Fils (qui fut et sera toujours le Dieu fait Homme) peuvent aujourd'hui bénéficier d'une interprétation qui nous aurait tous menés au pilori il y a trois cents ans à peine; et le vaisseau de la «Cité céleste» est emporté loin de sa rade par la lame de fond de cette heureuse hérésie (*O felix culpa!*).

Maintenant, posons-nous calmement, objectivement et honnêtement la question suivante: est-ce vrai que ces dogmes cosmologiques aujourd'hui tombés dans le discrédit et qui nous reviennent sous forme de symboles psychologiques; est-ce vrai que toutes ces propositions archaïques jugées inaptes à représenter le macrocosme; est-ce vrai, dis-je, qu'elles peuvent maintenant trouver grâce à nos yeux en tant que représentation universelle du microcosme? Ces formes – ces *mandalas,* ces icônes et ces yantras sacrés, ces dieux qui se penchent sur le monde, qui nous transmettent leurs édits, qui s'incarnent puis remontent aux cieux, sont-ils réellement les gardiens symboliques d'une quelconque loi naturelle ou surnaturelle qui régirait le sens et le destin de la vie humaine, qui asservirait l'homme, le soumettrait et néanmoins le guiderait vers sa juste destinée? Peut-on y voir des universaux microcosmiques et, par conséquent, peut-être enfin, d'une étrange manière, des universaux macrocosmiques? Ou doivent-ils être perçus comme de simples attributs d'un quelconque aspect ou d'une quelconque phase d'évolution de la société humaine, non pas issus de l'inconscient collectif, mais sociologiquement définis? Dans ce dernier cas, comme la carapace fendue de l'écrevisse ou le cocon déchiré du papillon dont ceux-ci se dépouillent et qu'ils abandonnent, eux aussi se sont brisés (très certainement en 1492) et devraient être mis au rancart.

[2]

Les aspects mythiques des civilisations archaïques

L es nombreuses fouilles effectuées au Proche-Orient qui ont permis de jeter un éclairage significatif sur les berceaux et les voies de diffusion majeurs des plus anciennes cultures néolithiques composent certaines des plus intéressantes et des plus importantes percées archéologiques des dernières décennies. Afin d'exposer brièvement les résultats des travaux qui se rapportent le plus au thème que j'aborde ici, je dirai tout d'abord que la culture du blé et l'élevage du bétail, fondements de l'économie de toutes les grandes civilisations du monde, semblent avoir pris naissance au Proche-Orient vers ~9000, s'être répandus ensuite vers l'est et vers l'ouest en couvrant un vaste territoire et en poussant devant eux les civilisations antérieures infiniment plus précaires dont la survie dépendait de la chasse et de la cueillette, et être parvenus enfin au littoral du Pacifique en Asie et à la côte atlantique de l'Europe et de l'Afrique vers ~3500. Entre-temps, le lieu d'origine de cette diffusion continuait de se développer, de sorte que les effets mythologiques et technologiques de ces progrès constants empruntèrent à leur tour le même chemin et couvrirent une fois de plus le même territoire.

Autrement dit, la transformation d'une société qui dépend pour sa survie de la cueillette et de la chasse en une société agricole vouée à l'élevage du bétail et à l'agriculture s'est produite de façon spécifique et unique en une zone définie du globe et à une époque précise. Le développement, à partir de ce berceau, de tous les arts et de tous les mythes fondamentaux des civilisations agricoles archaïques peut être résumé comme suit:

[a] Le protonéolithique: à partir de ca. ~9000

La première période, appelée *protonéolithique,* est illustrée par un ensemble d'objets façonnés découverts au milieu des années vingt par le Dr Dorothy Garrod dans les grottes du mont Carmel, en Palestine[12]. Des objets similaires ont depuis été exhumés aussi loin au sud qu'Helouan en Égypte, aussi loin au nord que Beyrouth et Yabrod à l'est, aussi loin que les collines kurdes de l'Iraq. Il s'agit de la culture natoufienne que les estimations très divergentes des spécialistes situent aux environs de ~9000 ou vers ~4500[13]. Ces objets permettent de supposer l'existence d'une agglomération de tribus de chasseurs n'ayant pas encore opté pour une vie sédentaire, mais qui amélioraient leur ordinaire en consommant une herbe de la nature des graminées. En effet, des faucilles en pierre ont été découvertes parmi les résidus de végétaux, ce qui permet de conclure à une forme de récolte. De nombreux ossements de porc, de chèvre, de mouton, de bœuf et d'une espèce d'équidé montrent en outre que, même s'ils n'en faisaient pas l'élevage, les Natoufiens abattaient déjà les animaux qui composeraient plus tard le cheptel des sociétés plus évoluées. Souvenons-nous de cette date, car le mode de vie natoufien représente une importante transition. L'humanité s'était développée sur la planète depuis près de deux millions d'années, pourtant nous trouvons là, il y a douze mille ans à peine, les tout premiers indices du seuil que franchiront ultérieurement les hommes pour accéder à l'agriculture.

[b] Le néolithique inférieur ou basique: ca. ~7500-~4500

Le deuxième stade qui a marqué le développement de la culture fermière au Proche-Orient est celui que, dans *The Masks of God,* j'ai appelé «néolithique basique» et que j'ai situé aux environs de ~5500 à ~4500. À la lumière des découvertes archéologiques des dix dernières années, cette période a connu une importante expansion; elle couvre maintenant les années ~7500 à ~4500 environ, et elle comporte jusqu'à trois sous-stades distincts.

Sous-stade 1: Le néolithique acéramique – à partir de ca ~7500.
C'est le Dr Kathleen Kenyon qui, la première, a mis au jour le premier
de ces sous-stades, le stade pré-poterie ou néolithique acéramique, dans
les strates inférieures du tertre de Jéricho, en Palestine, et en a fait état.
Depuis, le Dr James Mellaart a découvert, dans les plaines de l'Anatolie,
en Turquie, une impressionnante série de sites tout aussi anciens.
D'après le Dr Kenyon, les premières colonies qui s'établirent à la source
de Jéricho étaient des Natoufiens qui y érigèrent un sanctuaire dont la
destruction subséquente par le feu a laissé un dépôt de charbon de bois
que les analyses au carbone 14 ont permis de situer vers ~7800 ± 210
ans. Les abris précaires de ces chasseurs protonéolithiques ont bientôt
fait place à des maisons de briques plano-convexes (à base plane et à
dessus arrondi), dont la forme ronde ou curviligne rappelait les huttes
primitives. Avec le temps, cet établissement – désigné par le nom de
Jéricho pré-poterie néolithique A – fut protégé par une muraille de pierre
de quelque trois mètres cinquante de hauteur sur quinze centimètres de
profondeur ainsi que par une tour de guet également en pierre se dres-
sant à une hauteur d'au moins neuf mètres, ce qui permet de conclure à
la présence à l'horizon de populations ennemies.

«Tout porte à croire, écrit le Dr Kenyon, que ce développement a
suivi deux trajectoires différentes. Un premier groupe, les Natoufiens
inférieurs, s'est installé à Jéricho, et nous pouvons certainement en
déduire que d'autres groupes ont fondé des colonies dans les vallées.
[...] Mais les groupes cousins de ces colonies, qui habitaient principalement sur les collines dans des zones moins favorables à l'agriculture, ont persisté dans leur existence mésolithique en vivant de chasse
et de cueillette. Les outils et les instruments découverts dans leurs cavernes et sur le site de leurs abris sont dits appartenir à la culture
natoufienne moyenne et supérieure[14].» Cela explique l'écart considérable dans les dates attribuées par les scientifiques précédents à la
période natoufienne.

Aux alentours de ~7000, l'ancienne colonie de Jéricho, désertée
par ses habitants, devint le lieu d'habitation d'un peuple d'une culture
différente qui y érigea des constructions d'un autre type; ce deuxième
établissement porte le nom de *Jéricho pré-poterie néolithique B*. Il
n'est pas impossible qu'il se soit agi d'une population ennemie de la
première. Ses constructions étaient d'un style beaucoup plus évolué.

«Les nouveaux venus, poursuit le Dr Kenyon, apportaient avec
eux une architecture très perfectionnée[15].» Les maisons, non plus cir-
culaires mais rectangulaires, étaient construites avec des briques d'un
autre type, possédaient plusieurs pièces, des sols durs en plâtre de

chaux bruni ainsi que des parois très lisses, rougeâtres ou couleur crème. Des sols similaires et des demeures rectangulaires ont depuis été découverts sur les sites anatoliens de Hacilar et Çatal Hüyük, mais ils appartiennent à des constructions plus anciennes que celles de Jéricho. Non seulement l'architecture, mais aussi les indices d'une activité religieuse nous renseignent, comme le mentionne l'archéologue James Mellaart, «sur l'existence d'un lien évident» entre les strates pré-poterie d'Hacilar (qu'il situe entre ~7000 et ~6000) et la phase pré-poterie B de Jéricho (qu'il situe vers ~6500 et ~5500)[16].

Le plus important trait religieux commun au site de Jéricho et aux sites anatoliens est un indéniable culte du crâne. Dans les strates pré-poterie d'Hacilar, «des crânes humains, écrit le Dr Mellaart, soutenus par des pierres sur le sol de plusieurs maisons et aux coins des âtres indiquent que les habitants pratiquaient un culte des ancêtres dont la tête, conservée, devait protéger leur demeure[17]». Sur le site de Jéricho pré-poterie B, non seulement les crânes obéissaient à la même disposition, mais encore on en a découvert un certain nombre qui avaient été recouverts de plâtre façonné pour leur conférer une ressemblance humaine, avec des coquillages à la place des yeux[18].

Voilà donc résumé le premier stade du néolithique inférieur.

Sous-stade 2: Le néolithique céramique – à partir de ca ~6000.
Le deuxième sous-stade a fait son apparition brusquement à Çatal Hüyük à une époque étonnamment reculée. On la désigne sous l'appellation de *néolithique à poteries ou néolithique céramique.*

«Sur le site de Çatal Hüyük, écrit le Dr Mellaart, la présence des premières poteries nous permet d'étudier le moment où s'est effectué le passage du néolithique de vannerie et d'ustensiles en bois au néolithique des premières poteries[19].» Les couches les plus profondes de ce vaste et luxueux site urbain n'ont pas encore fait l'objet de fouilles systématiques, mais un sondage jusqu'au niveau XIII (qui correspond à environ ~6500) a révélé la présence de poteries à cette profondeur. On a également mis au jour d'étonnants exemples d'imagerie culturelle, sous forme de peintures murales, de statuettes de la déesse-mère, de bucranes, etc., appartenant à une quarantaine de sanctuaires richement ornés; ces découvertes ont fait reculer de quelque deux mille ans l'origine des grands mythes de la déesse-mère et des cultes de l'antiquité.

La figure 7[20], une statuette découverte au niveau II (ca ~5800) dans un coffre à blé, représente la déesse qui, soutenue par deux léopards, accouche d'un enfant, tandis que la déesse de la figure 8[21],

Figure 7

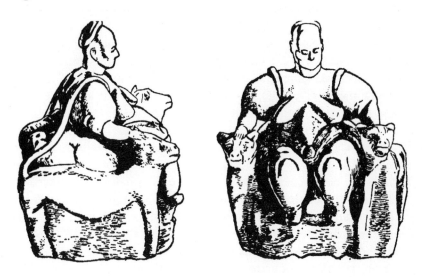

Figure 8

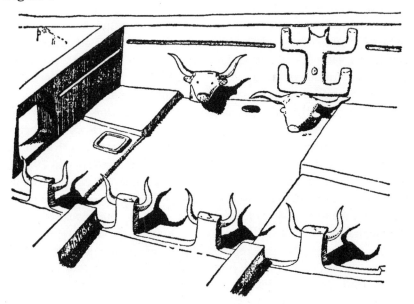

en provenance d'un sanctuaire du niveau VI (ca ~5950), accouche d'un taureau. On se souviendra qu'Osiris, Tammuz, Dionysos et nombre d'autres divinités qui symbolisent la vie après la mort furent plus tard assimilés au taureau lunaire, qui était à la fois l'enfant et l'époux de la déesse cosmique. Par exemple, on appelait le pharaon, assimilé dans la mort à Osiris, «le taureau de sa mère[22]». Ramené par la mort auprès de la grande mère universelle, il devenait en quelque sorte le germe de sa propre renaissance, telle la lune qui meurt chaque mois dans le soleil et renaît après trois jours. «Le mâle, dit Mellaart à propos de ses fouilles de Çatal Hüyük, se présente toujours sous les traits du mari ou du fils[23].» Et, en effet, le niveau VI a révélé une double statuette fort intéressante de la déesse dos à dos avec elle-même: d'un côté, un homme adulte l'étreint, de l'autre elle porte un enfant dans ses bras[24].

La figure 9[25] montre une vue des parois ouest, nord et est du Deuxième Oratoire aux vautours du niveau VII (ca ~6200); à la lumière de ce que nous avons appris concernant le culte du crâne du stade pré-poterie, les quatre crânes humains disposés dans un ordre rigoureux sont ici du plus haut intérêt: l'un est placé sous le grand bucrane de la paroi ouest, deux autres au nord-est, sur une plate-forme que surmonte un sein stylisé, et le quatrième est posé sous un arrangement composé de trois têtes de béliers, d'un bucrane et d'un alignement de six mamelles stylisées. Toute la paroi nord est occupée par une murale de vautours attaquant des corps humains sans tête, tandis que le point le plus au sud de la longue paroi est s'orne, dans la description du Dr Mellaart, «d'une grande tête de bélier surmontée de cornes véritables, sur laquelle on a peint d'audacieux méandres [...] sous une grande corne en céramique d'où jaillit un seul sein. De ce sein béant surgit la mâchoire inférieure d'un immense sanglier[26].» Ce n'est du reste pas le seul oratoire du site où des mâchoires inférieures de sangliers saillent de seins de femmes[27]. Des crânes de renards et de belettes ont également été utilisés de cette façon. Il y a un autre oratoire, au niveau VI, où les têtes de deux griffons sont encastrées dans des seins: leurs becs jaillissent des mamelons fendus et peints en rouge[28]. Cela semble suggérer la mère qui dévore ses enfants, la matrice où retournent les défunts dans le but de renaître. Selon le Dr Mellaart, «ce symbolisme contradictoire de la vie et de la mort est une constante de Çatal Hüyük[29].»

Sous-stade 3: Le chalcolithique inférieur – à partir de ca ~5500.
Le troisième et dernier sous-stade du néolithique basique ou inférieur a été mis au jour dans les plaines d'Anatolie; en ce qui concerne cette

Figure 9

zone, on le désigne sous l'appellation de *chalcolithique inférieur,* car on y a découvert quelques objets de métal. Çatal Hüyük offre des signes évidents des débuts de la métallurgie, plus particulièrement la fonte et le façonnement du cuivre et du plomb en perles sphériques ou cylindriques et autres colifichets, dès le niveau IX (ca ~6300)[30], ce qui est la date la plus reculée pour la connaissance du métal n'importe où dans le monde. Toutefois, ce n'est que près de mille ans plus tard, vers ~5500, que les outils en métal apparaissent en nombre suffisant (quoique relativement faible) pour que l'on puisse parler d'une réelle phase «de pierre et de bronze» (chalcolithique) du néolithique inférieur. Le Dr Mellaart a pu tracer le passage progressif du néolithique céramique au néolithique inférieur d'une façon particulièrement détaillée à Hacilar où, dit-il, «apparaissent les premiers instruments de bronze à une période où la poterie peinte est très abondante. La magnifique poterie de cette période s'est développée au néolithique supérieur; certaines pièces sont encore monochromes, mais la plupart ont été décorées de motifs éclatants de couleur rouge ou crème. Au début de cette période, les motifs géométriques, la plupart du temps dérivés du textile ou de la vannerie, prévalent; plus tard [ca ~5200-~5000], ils adoptent des courbes audacieuses: c'est le style dit fantastique[31].»

Une remarque étonnante s'impose ici, concernant le style des figurines féminines du néolithique. L'on constate, en effet, que celles du stade pré-poterie sont très naturelles et ressemblantes. Comme le déclare Mellaart, «pour la première fois dans la préhistoire du Proche-Orient, nous savons à quoi ressemblait la femme du néolithique supérieur[32]». Les statuettes du chalcolithique inférieur (ca ~5500-~4500) sont, au contraire, «des symboles de fécondité banalisés.» À mesure que le temps passe, ces figurines sont de plus en plus stylisées et dépourvues de vie.

[c] Le néolithique supérieur: ca ~4500-~3500 (chalcolithique moyen et supérieur)

Nous voici donc parvenus à une autre grande période dans l'histoire de la civilisation, période que, dans mon livre intitulé *The Masks of God,* j'ai appelée *néolithique supérieur: ~4500-~3500.* C'est l'époque des belles poteries à motifs géométriques peints de Halaf, de Samârrâ et d'El-Obeïd, période que l'on désigne aussi par *chalcolithique moyen et supérieur.*

Écoutons le Dr Kenyon:

La difficulté que nous éprouvons à situer avec exactitude le passage du néolithique au chalcolithique se reflète dans la confusion terminologique actuelle: l'on donne parfois l'un, parfois l'autre nom à des groupes voisins. En fait, cette transition s'est faite très progressivement. L'aube d'une ère nouvelle n'est pas marquée par l'apparition soudaine d'instruments en cuivre sur un site donné, mais bien par un isolement qui prend fin graduellement en entraînant une diffusion considérable des idées et des cultures. En effet, en Palestine, les éléments dont nous disposons nous permettent de penser que le métal a occupé une place relativement peu importante parmi les autres matériaux jusqu'à une date assez avancée, c'est-à-dire jusqu'à la fin du troisième millénaire. En dépit de cela, la croissance progressive de cultures largement répandues ainsi que la fusion de groupes isolés en une société unique témoignent de la transformation des points de vue.

Au nord du Croissant fertile, cette période est soulignée par l'apparition d'une culture très étendue, la culture halafienne (pour Tell Halaf, au nord de l'Iraq, où elle fut découverte). D'un site à l'autre, de la Mésopotamie à la côte méditerranéenne, les fouilles démontrent qu'après les villages néolithiques aux modes de vie multiples, une économie remarquablement uniforme fait son apparition, caractérisée par un type de poterie à motif géométrique rouge sur fond clair. En général, ces poteries datent de la fin du cinquième millénaire[33].

La charpenterie, la construction de maisons, le tissage, la céramique et même le travail des métaux font maintenant partie de l'éventail des aptitudes humaines. Une mythologie imposante – qui trouvera ensuite écho jusqu'à aujourd'hui dans toutes les grandes traditions – s'articule dans une riche constellation d'arts iconographiques où certains thèmes s'écartent déjà de la représentation immédiate pour entrer peu à peu dans l'abstraction. Le mode de vie villageois, fondé sur une économie paysanne, est fermement établi dans tout le Proche-Orient. On cultive principalement le blé et l'orge, et on élève des porcs, des chèvres, des moutons et des bœufs (le chien fait déjà partie de la famille depuis l'an ~15 000 environ; il accompagnait et secondait les chasseurs du paléolithique supérieur). Apparemment, la société est déjà hiérarchisée et compte des artisans spécialisés dans les articles de luxe, un quelconque ordre religieux, sans doute aussi une certaine forme de gouvernement. Ainsi que le notait le Dr Kenyon, sur le site de Jéricho pré-poterie A «la présence d'un important système de défense» [la muraille et la tour en pierre] «montre qu'existait déjà une structure communale efficace[34]».

Puis, soudainement – très soudainement même –, vers ~4500, parmi les motifs peints et stylisés des poteries urbaines du néolithique supérieur (chalcolithique moyen et supérieur), un concept artistique absolument inédit fait son apparition: les très beaux arrangements concentriques, extraordinairement équilibrés, de motifs abstraits qui décorent des récipients de toutes sortes.

L'art paléolithique, donc plus ancien, des grottes du sud de la France et du nord de l'Espagne que l'on situe maintenant entre ca ~30 000 et ~9000[35], ne nous fournit *aucun* exemple de motifs obéissant à un agencement *géométrique*. Le professeur André Leroi-Gourhan a démontré récemment que l'emplacement des figures gravées et peintes sur les parois des grottes n'était pas dû au hasard, mais qu'il obéissait à une mythologie à laquelle la forme même de la galerie n'était pas étrangère. «La caverne, dit-il, est réellement un univers organisé[36].» Et il compare l'aménagement de cet univers à celui d'une cathédrale. Quelles représentations trouve-t-on habituellement près de l'entrée? Lesquelles sont au milieu de la nef? Dans l'abside? Dans la chapelle de la Vierge? De quel matériau est fait le maître-autel? Où est-il situé? etc. L'aménagement des cavernes est mythologique et tri-dimensionnel, c'est-à-dire qu'il obéit aux lois de l'architecture, et les personnages y sont la plupart du temps rendus de façon magnifiquement vivante. Nulle part dans ces galeries ne trouve-t-on de signes et d'abstractions conçus d'un point de vue purement esthétique et répartis symétriquement sur une petite surface en *deux* dimensions, géométriquement organisée: bref, il n'y a là ni mandalas, ni rien de tel (figures 2 et 10). En fait, on semble accorder si peu d'importance esthétique aux surfaces peintes ou incisées des parois que les animaux s'y chevauchent souvent dans un grand désordre[37]. Nous n'observons pas davantage d'organisation esthétique du champ dans les œuvres qui nous sont parvenues de la fin du paléolithique. Bon nombre de leurs pétroglyphes ont perdu une grande partie de leur beauté impressionniste et de leur précision; dans certains cas, ils ne sont plus que gribouillis et abstractions géométriques. On a découvert, dans ce qui semble être des oratoires, des galets plats peints de symboles géométriques: la croix, le cercle entourant un point, une ligne flanquée de deux points, des rayures, des méandres, et une forme rappelant la lettre E[38]. Mais même à ce stade avancé de la culture de chasseurs, nous n'avons rien trouvé qui ressemble de quelque façon à un agencement géométrique, rien qui suggère un espace circonscrit à l'intérieur duquel un certain nombre d'éléments disparates ont été unis et fusionnés en un seul tout esthétique, dans un mouvement rythmique et beau. Et voilà que tout à coup, à l'âge des grandes cités néolithiques, émergent de plusieurs endroits en même temps d'élégants exemples de mandalas peints avec goût et délicatesse sur les poteries des cultures dites de Halaf et de Samârrâ[39].

Pour revenir aux propos du début de ce chapitre, nous devons nous demander s'il se peut que ces formes géométriques, aujourd'hui devenues les lieux communs de nos recherches psychologiques sur les symboles archétypaux, représentent véritablement les structures basiques du psychisme humain ou si elles ne font pas plutôt partie d'un certain type ou d'un certain stade de développement social d'une très faible proportion de la race.

Cette question est de toute première importance, car c'est d'elle que découle notre interprétation des références *paroksa,* soit «spirituelles», «divines», «ésotériques» ou «mystiques» de notre lexique psychologique. Pourtant, autant que j'en puisse juger, ce problème n'a pas été élucidé. J'aimerais, par conséquent, formuler ci-dessous une hypothèse préliminaire: cette idée m'est venue il y a plusieurs années, alors que je m'appliquais à comparer les mythes et les formes d'art de certaines populations actuelles de chasseurs avec ceux de l'ancien Proche-Orient.

Contraste entre néolithique et paléolithique

Permettez-moi d'attirer avant tout votre attention sur le fait que, chez les peuples de chasseurs, le jeune adulte, ou même le garçon de dix ou douze ans, maîtrise déjà les aptitudes technologiques dont a hérité sa culture. Feu le Dr Géza Ròheim le faisait remarquer dans ses études sur les peuplades de chasseurs d'Australie. Dans l'une de ses dernières publications, il dit:

> Je n'oublierai jamais les enfants pijentara qui, à l'âge de huit ou dix ans, erraient dans le désert en subvenant pratiquement à tous leurs besoins. Un enfant au regard vif, armé d'un javelot, pouvait tuer tout le petit gibier nécessaire pour subsister jusqu'au soir. L'homme adulte peut accomplir à peine plus. La caractéristique la plus frappante des économies primitives est l'absence de réelle répartition des tâches. Une amorce de répartition rudimentaire a sans doute lieu en fonction de l'âge ou du sexe, et il se pourrait qu'on commence à entrevoir des indices de spécialisation dans les domaines de la religion et de la magie. Mais il n'y a pas de véritable spécialisation. Cela signifie que chaque individu maîtrise, techniquement parlant, l'ensemble de son héritage culturel ou, là où une certaine expérience est requise, presque tout son héritage culturel. En d'autres termes, tout individu est réellement autonome et adulte.
>
> Nous n'acquérons malheureusement pas aussi facilement notre maturité. Si l'on se fie aux témoignages des anthropologues, l'homme primitif était beaucoup plus libre, dépourvu d'entraves et autonome que l'homme du Moyen Âge et celui des temps modernes[40].

Figure 10

Ces propos du Dr Ròheim ont semblé me fournir un indice pour expliquer l'apparition soudaine de mandalas et d'autres agencements géométriques sur champ restreint au moment où la société délaissait la chasse au profit de l'agriculture. Car, tandis que les campements de chasseurs étaient formés d'un groupe d'individus pratiquement égaux entre eux et dont chacun assumait l'entier de son héritage, dans les sociétés plus grandes, plus hiérarchisées, qui se sont développées quand l'agriculture et l'élevage ont pu favoriser une structure sociale mieux articulée, parvenir à l'âge adulte signifiait d'abord acquérir une certaine aptitude, puis développer la capacité de supporter ou d'endurer les tensions psychologiques et sociologiques qui résultaient de cette aptitude – tensions entre soi-même (en tant que fraction d'un grand tout) et d'autres individus formés différemment, possédant des pouvoirs et des idéaux différents, et composant les autres organes essentiels de ce corps social.

Le fait de n'être qu'une fraction d'un tout entraîne des contraintes psychiques qu'aucun des chasseurs primitifs n'avait eu à affronter. Par conséquent, les symboles qui contribuaient à structurer et à favoriser le développement de leur équilibre psychologique étaient radicalement différents de ceux qui ont pris forme chez les populations sédentaires des villages du néolithique inférieur et supérieur, et dont ont hérité, en les préservant jusqu'à nos jours, toutes les grandes civilisations du monde. On ne peut pas dire que la grande majorité des peuplades dites primitives du monde d'aujourd'hui soient réellement incultes; elles formeraient plutôt des sociétés rétrogrades – néolithique, de l'âge de bronze ou de l'âge du fer. Par exemple, on ne saurait étudier les Negritos pygmées des îles Andaman, qui sont pourtant le peuple le plus primitif du monde actuel, du strict point de vue de leur primitivisme. Car leurs débris de cuisine – qui s'accumulent depuis des milliers d'années –, leurs mythes

et leurs traditions folkloriques témoignent d'importantes influences culturelles en provenance du continent sud-asiatique qui auraient débuté il
y a trois ou quatre mille ans et grâce auxquelles ils ont pu découvrir non
seulement la poterie et le porc, mais aussi une nouvelle façon de faire
cuire les aliments et l'art de fumer la pipe. Ces gens façonnent en outre
un arc extrêmement harmonieux qui n'a rien de primitif, car ce type
d'arme n'apparaît qu'au mésolithique, c'est-à-dire à une époque précédant de peu la naissance de l'agriculture[41].

Nous ne devrions pas avoir à souligner combien il peut être dangereux de tirer des conclusions quant à la typologie et à l'archétypologie
de la psyché humaine en se fondant sur un seul ensemble de preuves, si
abondantes soient-elles, provenant d'un seul domaine de recherches, si
important soit-il: celui de l'étendue et de l'influence des villes, des
bourgs, des villages sédentaires et agricoles d'une période relativement
brève de l'histoire de l'humanité, le néolithique et le post-néolithique. Si
nous songeons que les premières traces de l'homme sur terre datent de
deux millions d'années et que la période où il s'est adonné à l'agriculture ne couvre que dix mille ans (soit un segment de moins d'un demi de
un pour cent de l'intervalle que nous connaissons), si nous songeons
aussi que ce corps physique dont fait partie la psyché s'est développé
non pas dans une société agricole, mais bien dans une société de chasseurs, ne devrions-nous pas nous demander si cette histoire, ce mythe du
village terrien, de la ville fortifiée et de sa tour qui soulèvent la déesse
terre afin qu'elle s'unisse au Père dans sa voûte céleste et féconde ne
serait pas simplement une formule très particulière, étrangère au psychisme de l'espèce, un effet des tensions, des peurs et des attentes engendrées par une société dont l'économie se fonde sur l'agriculture? Ne
devrions-nous pas nous demander si aujourd'hui, maintenant que l'ancien type d'économie a fait place à une économie industrielle et que
l'image d'un cosmos à l'échelle de notre univers agricole ne tient plus,
les symboles issus de notre première crise peuvent encore être utiles à
certains d'entre nous dans l'importante période de transition que nous
traversons; et si oui, à qui, et pourquoi?

C'est au cours du sous-stade 2 du néolithique basique, soit le
néolithique pré-poterie (Çatal Hüyük, ca ~6500), que les plus anciennes
figurines de la déesse-mère font leur apparition, inaugurant ainsi un
ordre mythologique et rituel spécifiquement consacré aux vertus
«femelles», nourricières et fécondes de la terre labourée. Mais il existe
aussi un ensemble beaucoup plus ancien de statuettes nues, telle celle de
la Vénus paléolithique de Willendorf, provenant de la même époque qui
vit naître les peintures pariétales des grandes grottes de France et

d'Espagne. L'historique de cette série de statuettes présente un aspect extrêmement déroutant: bien qu'elles aient fait l'objet d'un culte depuis les Pyrénées jusqu'au lac Baïkal, en Sibérie, ces statuettes ont connu une floraison relativement courte. Au moment où la peinture se développait et qu'une extraordinaire ménagerie envahissait les parois des grandes cavernes, la sculpture des figurines cessait. En outre, partout où apparaissent des silhouettes humaines parmi les dessins d'animaux, ces silhouettes sont celles de chamans mâles, car pratiquement toute représentation féminine a pris fin. Nous devons donc comprendre que deux cultures très différentes ont accordé une place prépondérante aux figurines féminines dans leur symbolisme magique et religieux, mais qu'elles semblent avoir été séparées par un gouffre de quelque dix mille ans.

Les mandalas du néolithique supérieur présentent, en leur centre, certains symboles demeurés jusqu'à nos jours caractéristiques de ce genre d'organisation picturale. La poterie de Samârrâ, par exemple, propose le premier lien entre svastika et mandala. En fait, nous ne connaissons qu'une seule occurrence antérieure du svastika: il apparaît sur les ailes éployées d'un oiseau taillé dans une défense de mammouth (figure 11), découvert sur un site du paléolithique supérieur à proximité

Figure 11

de Kiev[42]. Dans les poteries de Samârrâ, les svastikas se présentent souvent sous leur forme sénestre, leurs branches coudées orientées à gauche; ce détail peut ou non avoir une certaine importance. La croix de Malte apparaît aussi au centre de ces premiers mandalas, parfois dans une forme stylisée qui suggère une silhouette animale, comme si des bêtes surgissaient d'entre ses bras tourbillonnants (voir p. 115, figure 1). L'on voit parfois la silhouette stylisée d'une femme dont les pieds et la tête se rejoignent au centre du mandala pour former une étoile. Ces mandalas comportent le plus souvent quatre sections, mais il arrive qu'ils en comptent cinq, six ou même huit. Parfois encore, quatre gazelles déambulent autour d'un arbre. Certains autres représentent des oiseaux aquatiques attrapant des poissons[43].

L'endroit où cette magnifique série de récipients ornés fut découverte, Samârrâ, est situé sur les rives du Tigre, en Iraq, à trois cent vingt kilomètres au nord de Bagdad. La zone de diffusion de cette poterie s'étend au nord jusqu'à Ninive, au sud jusqu'à l'embouchure du golfe Persique, à l'est, à travers l'Iran jusqu'aux frontières de l'Afghanistan. La poterie de Halaf, quant à elle, est disséminée dans un territoire au nord-ouest du précédent, dont le centre se trouve en Syrie du nord, au sud du Taurus (ou Taureau), ces montagnes anatoliennes voisines de Çatal Hüyük et de Hacilar, où l'Euphrate et ses affluents prennent leur source pour descendre ensuite jusqu'à la plaine. L'aspect le plus remarquable de ce site est la fréquence d'une magnifique tête de taureau (un bucrane, tel celui de Çatal Hüyük) aux grandes cornes recourbées, vue de face. Elle est parfois représentée figurativement, parfois selon une variété de dessins stylisés et fort beaux. Un autre thème récurrent est la hache à double tranchant qui deviendra plus tard, dans l'art crétois, l'emblème et l'arme de la déesse. Encore une fois, nous apercevons, comme à Samârrâ, la croix de Malte, mais – et sans doute est-ce important – aucun svastika ni aucune silhouette de gazelle. En outre, associées aux statuettes féminines (nombreuses ici), nous avons découvert des tourterelles en terre cuite, ainsi que des porcs, des vaches, des bœufs musqués et des chèvres[44]. Un charmant fragment de poterie représente la déesse debout entre deux chèvres couchées: le mâle à gauche et, à droite, la femelle qui allaite son chevreau[45]. Tous ces symboles sont associés, dans la culture halafienne, à la sépulture en forme de ruche.

Ce système culturel est non seulement celui que l'on retrouve en Crète[46] mille ans plus tard, mais aussi celui que les navires transportèrent au-delà des Colonnes d'Hercule, au nord jusqu'aux îles Britanniques et au sud, juqu'en Côte d'Or, au Nigeria et au Congo.

C'est également le complexe fondamental de la culture mycénienne dont les Grecs – et donc, nous – ont tiré l'essentiel de leur symbolisme. Quand le culte des morts et de la déesse lune ressuscitée voyagea de Syrie jusqu'au delta du Nil trois ou quatre mille ans avant Jésus-Christ, ces symboles l'accompagnèrent. Il nous est donc possible d'affirmer avec certitude que la symbologie halafienne du taureau et de la déesse, de la tourterelle et de la hache à deux tranchants représente la continuation de traditions qu'annonçaient déjà, deux mille ans plus tôt, les oratoires de Çatal Hüyük. À mi-chemin de son apogée se sont développés les grandes cultes d'Ishtar et de Tammuz, d'Isis et d'Osiris, de Vénus et d'Adonis, de Marie et de Jésus. De son point de départ dans les montagnes du Taurus – montagnes du dieu taureau que l'on assimile sans doute déjà à la lune encornée qui meurt et renaît –, ce culte s'est répandu en même temps que l'élevage du bétail jusqu'aux confins du monde. Nous célébrons le mystère de cette mort et de cette résurrection mythologiques encore aujourd'hui, afin de ne pas perdre de vue notre propre éternité. Ce théâtre archaïque, ce mystère trouverait donc une signification dans l'immanence de l'éternité dans le temps. Mais qu'est-ce que l'éternité? Qu'est-ce que le temps? Et pourquoi le taureau ou la lune en sont-ils les symboles?

[d] La cité-État hiératique: ca ~3500-~2500

La quatrième étape du développement de la civilisation agricole du Proche-Orient dont sont issues toutes les grandes cultures du monde a eu lieu aux environs de l'an ~3500. Quelque cinq mille ans plus tôt, vers l'an ~4000 (date à laquelle la Genèse place la création de l'univers), un certain nombre de villages néolithiques avaient acquis la dimension et le rôle de bourgades marchandes; de plus, la culture chalcolithique s'était étendue vers le sud jusqu'aux rivages marécageux de la Mésopotamie. C'est durant cette période que la grande et mystérieuse race sumérienne a fait son apparition et qu'elle a établi aux embouchures torrides du Tigre et de l'Euphrate des colonies qui, vers l'an ~3500, étaient devenues de majestueuses cités: Ur, Kish, Lagash, Eridu, Sippar, Shuruppak, Nippur et Erech. La vase et les roseaux étaient alors la seule ressource naturelle; le bois et la pierre devaient être importés du nord. Mais la vase était fertile, et sa fertilité ravivée chaque année. La boue servait à façonner des briques séchées au soleil, avec lesquelles on érigeait des temples – les premiers dans l'histoire de l'humanité – dont la forme préfigurait celle des ziggourats: un petit tertre artificiel sur lequel on érigeait un oratoire pour la célébration de l'union féconde de la déesse-terre et du dieu céleste. Si l'on se fie à nos connaissances des siècles qui ont suivi, la souveraine ou la princesse de chaque cité était, en ces premiers temps, assimilée à la déesse, et le roi son époux au dieu.

Au cours du quatrième millénaire avant J.-C., la dimension et l'importance des temples de ces cités riveraines en pleine croissance s'accrurent; ils en devinrent le centre à la fois économique et religieux. Plus tard, à une date que l'on peut fixer avec beaucoup d'exactitude en l'an ~3200 (qui correspond à la strate archéologique Uruk B), l'on vit apparaître dans ce petit jardin marécageux de Sumer – comme si les fleurs de ses villes minuscules éclosaient toutes ensemble – le syndrome culturel qui a depuis constitué le fondement des plus grandes civilisations du monde. Cette quatrième et dernière étape, qui marque l'apogée de la civilisation dont je retrace ici le développement, est celle de *la cité-État hiératique*.

Résumons: nous avons parlé de la période protonéolithique des Natoufiens, vers l'an ~9000, quand apparaissent les premiers signes d'une culture agricole naissante; nous avons parlé de la période néolithique basique des villages chalcolithiques pré-poterie et à poteries (ca ~7500-~4500), quand la déesse-mère d'une paysannerie déjà solidement implantée se manifeste pour la première fois; ensuite, nous avons abordé le néolithique supérieur (chalcolithique moyen et supérieur) des poteries peintes de Halaf et Samârrâ, vers ~4500, quand le concept de champ esthétique géométriquement agencé fait sa première apparition et que, dans les bourgades marchandes du néolithique supérieur, l'on élève les premiers temples en forme de tour; nous sommes enfin arrivés au moment historique de l'an ~3200 environ, quand, soudain, à l'endroit précis où le Tigre et l'Euphrate se jettent dans le golfe Persique, éclôt la merveilleuse fleur de la cité-État hiératique[47].

Maintenant, toute la ville (pas uniquement son temple) est conçue comme une imitation terrestre de la hiérarchie céleste, un cosmos social intermédiaire, autrement dit un mésocosme, situé entre le macrocosme universel et le microcosme individuel dont il rend visible l'architecture fondamentale. Le roi en est le centre (il est assimilé au soleil ou à la lune selon la religion du lieu); en deçà de ses murs, la ville s'organise à la manière d'un mandala, c'est-à-dire autour d'un lieu saint où se dressent le palais et la ziggourat[48]. Un almanach mathématiquement structuré régissait les saisons de la vie urbaine selon la position du soleil et de la lune. Parmi les arts rituels extrêmement évolués, il y avait celui de rendre audible aux humains la musique des sphères célestes visibles; c'est aussi durant cette période que l'écriture fait son apparition et que l'histoire de l'humanité s'enrichit de documents écrits. On invente la roue. Deux systèmes de numération encore couramment employés partout dans le monde viennent tout juste d'être mis au point: le système décimal et le système sexagésimal. Le premier de ces sytèmes était utilisé par les comptables et administrateurs du temple. Le second servait aux mesures rituelles de l'espace et du temps; la circonférence du cercle totalise encore de nos jours trois cent soixante degrés: c'est le mandala de l'espace. Trois cent soixante jours plus cinq représentent le mandala du temps, le cycle d'une année. Dans le mandala du temps, les cinq jours intercalaires – qui représentent l'ouverture empruntée par l'énergie spirituelle pour voyager de l'éternité à la sphère du temps mesurable, et qui sont par conséquent jours de fête et de festivals – correspondent au centre mystique du mandala de l'espace, le sanctuaire du temple, le lieu où se rejoignent les puissances terrestres et les puissances célestes. Les quatre côtés de la tour du temple – dont chacun correspond à l'un des quatre points cardinaux – se rencontrent en ce cinquième point, là où l'énergie de l'éternité pénètre dans le temps: encore une fois, le nombre cinq s'ajoute à trois cent soixante pour former le symbole du mystère de l'immanence de l'éternité dans le temps mesurable.

Bien entendu, ce temple et la petite cité hiératique qui l'entoure, dans laquelle chacun assume le rôle qui lui est dévolu selon un dessein des dieux, sont une imitation du paradis comme on en trouve aussi non seulement dans le symbolisme hindo-bouddhiste du mont Sumeru, sur l'Olympe des Grecs, dans les temples du soleil des Aztèques, mais aussi dans le Paradis terrestre de Dante, dont Colomb se mit en quête, et dans l'Éden biblique qui donna lieu à la notion médiévale de paradis, Éden qui – si l'on en croit les commentateurs de la Bible – aurait été créé au moment de la fondation des premières cités sumériennes, soit en l'an ~4004.

Bref, on semble bien avoir démontré hors de tout doute que le modèle de la cité-État hiératique, conçu tel un mésocosme ou une imitation sociale de la hiérarchie céleste, a pris forme dans les petites villes de Sumer vers l'an ~3200, puis qu'il s'est répandu vers l'ouest et vers l'est selon des trajectoires jalonnées au néolithique supérieur. Ce fabuleux assemblage d'idées et de principes – y compris l'écriture, les mathématiques et l'astronomie de position – parvint jusqu'au Nil où il contribua à modeler la civilisation de la première dynastie égyptienne, vers l'an ~2800. Vers ~2600, il se répandit aussi jusqu'en Crête

d'une part, et d'autre part dans la vallée de l'Indus. En ~1500, il pénétra dans la Chine des Shang et, enfin, sans doute dès l'an ~1000, il émi-
gra au Pérou et en Amérique centrale (de Chine, par le Pacifique[49]?).
Nous devons donc voir là un fait largement démontré et documenté, soit
que les plus grandes civilisations du monde sont, en réalité, des variantes
et des prolongements d'une merveilleuse et unique monade d'inspiration
mythologique, et que, bien que l'histoire et la préhistoire de l'humanité
couvrent environ un million sept cent cinquante mille années, cette monade a germé et vu le jour au beau milieu des marécages et des roseaux
de la Mésopotamie il y a cinq mille ans à peine.

Pour traduire en mots le sens ou la signification de cette monade,
le sens ou la nature de cette prise de conscience qui semble avoir
provoqué l'éclosion de la notion voulant que l'homme soit une des cellules de l'organisme de l'univers, nous pourrions dire que la condition
psychologique requise pour relier entre eux de façon cohérente les éléments disparates d'un corps social tout en évoquant la participation en
eux d'un principe, d'une énergie suprême diffuse et inspiratrice, cette
exigence psychologique et sociologique devait être remplie depuis le
quatrième millénaire avant Jésus-Christ, quand les hommes prirent
conscience de la ronde méthodique des cinq planètes visibles, du soleil
et de la lune à travers les constellations du zodiaque. Ce principe du
mouvement céleste est devenu alors pour toutes les civilisations et tous
les philosophes du monde un modèle de sagesse. Dans les mots de
Platon: «Les mouvements qui sont apparentés à ce qu'il y a de divin en
nous, ce sont les pensées et les révolutions de l'univers. Voilà bien les
mouvements en accord avec lesquels chacun, par l'étude approfondie
des harmonies et des révolutions de l'univers, doit, en redressant les
révolutions qui dans notre tête ont été dérangées lors de notre naissance, rendre celui qui contemple ces révolutions semblable à ce qui
est contemplé en revenant à son état naturel antérieur, et, après avoir
réalisé cette assimilation, atteindre le but de la vie la meilleure pro-
posée aux hommes par les dieux pour le présent et pour l'avenir[50].»
Les Égyptiens l'appellent Ma'at, les Indiens Dharma, les chinois Tao.
Et si nous tentions de résumer en une phrase le sens, la signification de
tous les mythes et de tous les rituels qui sont issus de cette notion d'un
univers ordonné et méthodique, nous pourrions dire qu'ils en sont les
agents structurants, qu'ils ont pour tâche d'accorder l'ordre humain
avec l'ordre céleste. «Que Votre volonté soit faite sur la terre comme
au ciel.» Mythes et rituels exercent une influence stellaire sur le mésocosme, c'est-à-dire sur un cosmos intermédiaire permettant au microcosme qu'est l'individu d'entrer en relation avec le macrocosme qu'est

l'univers. Ce mésocosme est le corps social tout entier, il est poème vivant, hymne ou icône, il est fait de boue et de roseaux, de chair et de sang, il est un rêve transformé en fabuleuse cité-État hiératique. La vie sur terre doit refléter le plus parfaitement possible dans ces corps humains le merveilleux mouvement des sphères. Ce cortège d'étoiles a façonné le mésocosme, le cosmos sociologique, le cosmos intermédiaire de la Cité; la structure de ce mésocosme a façonné l'âme. L'art et la tradition modèlent l'âme: l'art vit – dans le rituel.

[3]

Le nouveau symbole émergent

ais cette âme, ce microcosme identique à un supposé ordre macrocosmique, n'est certes pas congénitale, elle serait plutôt un engramme, une impression, une marque gravée. Nous avons vu que l'homme, à sa naissance, n'est pas encore un être achevé, et son développement purement biologique, physique, ne suffit pas à le rendre tel[51]. L'enfant met à croître et à se développer un nombre d'années équivalent à toute une vie chez la plupart des mammifères. Au cours de cette période, il est façonné par la société qui l'entoure. Pour reprendre ici les propos d'Adolf Portmann: «L'homme est une créature inachevée que parachèvent les us et coutumes de l'histoire[52].» Ainsi, chacun de nous n'est-il qu'une partie, un fragment, un infléchissement en quelque sorte de ce qu'il aurait pu devenir. Nous sommes mieux en mesure de comprendre, à la lumière de cette vérité, le commandement du maître zen à son disciple qui voulait s'affranchir des idées qui avaient modelé son âme: «Montre-moi le visage que tu avais avant de naître[53]», ou encore la question du gourou hindou: «Où es-tu quand tu es entre deux pensées[54]?»

C.G. Jung a remarqué dans une de ses nombreuses discussions sur les mandalas modernes que, tandis que dans le modèle traditionnel et maintenant archaïque des mandalas la figure centrale était un dieu, «aujourd'hui, le prisonnier, ou le protégé du mandala ne semble pas être un dieu, dans la mesure où les symboles utilisés – étoiles, croix, globes, etc. – ne représentent pas un dieu mais bien une part très importante de la personnalité humaine. L'on peut se risquer à dire aussi que l'homme ou l'âme de l'homme en est prisonnier du protégé du mandala. [...] De toute évidence, dans le mandala moderne, l'homme – c'est-à-dire l'homme achevé – s'est substitué au dieu.» «Cette substitution, poursuit-il, est une occurrence naturelle et spontanée, toujours essentiellement inconsciente[55].» Il dit encore: «Un mandala moderne représente l'aveu involontaire d'un état mental particulier. Il n'y a pas de divinité dans le mandala, ni soumission à un dieu quelconque, ni réconciliation avec lui. L'espace qui était autrefois celui de la divinité est maintenant tout à fait occupé par l'homme dans son intégralité[56].»

Comment ne pas songer aux mots de Paracelse: «Soumis à Dieu dans ses desseins, maître de Dieu dans les miens[57]»?

Car le grand mot, le grand thème de la Renaissance, *humanitas,* semble, du moins de nos jours, avoir mis fin aux mystères célestes qui enchantèrent les hommes pendant six mille ans et nous proposer un nouvel alpha et un nouvel oméga: une nouvelle image, un engramme inédit pour le cœur de notre mandala. Mais avant de nous soumettre servilement à cette image – comme nous nous soumettions autrefois à celle de Dieu –, arrêtons-nous un moment pour réfléchir (en ce lieu précieux contenu entre deux engrammes!) et nous demander s'il est possible de nous glisser dans ce néant compris «entre deux pensées» d'où proviennent les symboles, et ainsi nous affranchir jusqu'à un certain point des contraintes de notre époque. Car nous ne saurions oublier la distinction opérée par Jung entre signe et symbole: le signe renvoie à quelque chose de connu; le symbole fait allusion à quelque chose d'inconnu. Nous devons donc nous risquer à pénétrer dans cet inconnu, au-delà des représentations de Dieu et de l'homme, afin de découvrir la cause ultime de ces noms, de ces formes qui nous guident, nous protègent, nous édifient et pourtant nous emprisonnent.

Creusons sous les pavés de la ville fortifiée du néolithique et fouillons les mystères de la cave paléolithique où l'homme – si l'on en croit le Dr Ròheim – était libre, sans entraves, autonome et adulte.

Deuxième partie

[4]

Le chaman et le prêtre

Une légende originaire de cette partie des États-Unis qu'on appelle encore «le pays indien» – où vivent encore des tribus de chasseurs n'ayant subi que récemment l'influence des sociétés agricoles du néolithique qui se sont développées au Mexique et en Amérique centrale – peut nous aider à relever ce défi.

En Amérique du Nord, les coutumes religieuses varient beaucoup selon que les tribus vivent de la chasse ou de l'agriculture. Pour avoir des visions, les chasseurs accordent une très grande importance religieuse au jeûne pubertaire. À douze ou treize ans, le garçon est conduit par son père dans un endroit isolé. Là, il allume un petit feu pour tenir les bêtes sauvages à distance, puis il jeûne et prie pendant quatre jours ou plus, jusqu'à ce qu'il aperçoive en rêve un visiteur; celui-ci emprunte une forme humaine ou animale pour lui parler et lui conférer des pouvoirs. Cette vision détermine sa carrière future; car le familier qui lui rend visite lui fait présent du pouvoir du chamane, c'est-à-dire du pouvoir de guérir, de celui d'attirer et d'abattre les animaux, ou de celui du guerrier. Si les bienfaits ainsi reçus ne satisfont pas les ambitions du jeune homme, il peut jeûner encore, aussi souvent qu'il le désire. Un vieil Indien cri du nom de One Blue Beard a fait le récit d'un tel jeûne.

— Quand j'étais un petit garçon, dit-il, j'étais pauvre. Je voyais revenir le cortège des guerriers et des chefs, et je les enviais. J'ai résolu de jeûner pour devenir comme eux. [...] J'ai tué huit ennemis[58].

Si la malchance s'abat sur un homme, il sait que ses pouvoirs surnaturels sont insuffisants. Tandis que les grands chamans et les chefs guerriers ont acquis de très grands pouvoirs au cours de leurs jeûnes initiatiques. Ils ont peut-être choisi de se couper une phalange et de l'offrir en sacrifice. Ces offrandes étaient coutumières chez les Indiens des Plaines, qui conservaient parfois un nombre tout juste suffisant de doigts pour pouvoir encocher une flèche et tendre la corde de leur arc.

Chez les tribus d'agriculteurs, au contraire – les Hopis, les Zunis et autre habitants des pueblos –, la vie s'articule autour de cérémonies complexes et somptueuses dédiées aux divinités masquées. Les moments de ces rituels élaborés auxquels participe toute la collectivité et que dirigent des communautés de prêtres formés avec soin obéissent à un calendrier religieux rigoureux. Comme le dit le Dr Ruth Benedict: «Aucune autre activité n'occupe un rang plus élevé dans leurs préoccupations. La plupart des hommes adultes, chez les Pueblos de l'ouest, lui consacrent sans doute l'essentiel de leur vie. Elle exige la parfaite mémorisation d'un nombre incalculable de formules, épreuve insurmontable pour nos cerveaux mal préparés, et la célébration d'un ensemble complexe de rituels dictés par le calendrier, qui entremêlent les cultes et les responsabilités gouvernementales selon un protocole interminable[59].» Une telle société laisse peu de place à l'individualité. Un lien solide relie non seulement les individus entre eux, mais aussi la vie du village au cycle des saisons; car ces fermiers n'ignorent pas qu'ils dépendent des dieux de la nature. Une pluie inopportunément trop abondante ou trop rare peut détruire le labeur d'une année entière et provoquer une famine. Le hasard de la chasse est bien différent.

Pour souligner ce contraste, comparons le prêtre et le chaman. Le prêtre est un individu socialement initié, installé dans une communauté religieuse au cours d'une cérémonie. Il occupe un rang défini et assume des fonctions que d'autres ont assumées avant lui. Le chaman, quant à lui, a reçu en propre un certain pouvoir à la suite d'une crise psychologique personnelle. Les êtres surnaturels qui lui sont apparus n'ont jamais auparavant été aperçus par quiconque. Ils sont ses familiers et ses protecteurs. Par ailleurs, les dieux masqués des Indiens pueblos, les dieux du maïs et les dieux des nuages, que servent des communautés de prêtres rigoureusement structurées et régies, protègent le village en entier. On les invoque et on les incarne dans les danses rituelles depuis des temps immémoriaux.

La légende que je voudrais relater est l'histoire de la création telle que la conçoivent les Apaches jicarilla du Nouveau-Mexique. Ces Apaches étaient à l'origine un peuple de chasseurs qui pénétrèrent dans les territoires agricoles des Pueblos au quatorzième siècle et qui assimilèrent leurs traditions rituelles néolithiques[60]. Cette légende est longue, mais je la résumerai afin de parvenir plus vite à son dénouement.

«Au commencement, nous est-il dit[61], il n'y avait rien là où maintenant il y a le monde: la terre n'existait pas; il n'y avait que les Ténèbres, l'Eau et le Cyclone. Les hommes n'existaient pas. Seuls existaient les Hactcin. C'était un lieu solitaire.»

Les Hactcin – équivalents apaches des dieux masqués des villages pueblos – sont la personnification des pouvoirs permettant à la nature de se manifester. Ils ont d'abord créé la Terre Mère puis le Ciel Père, puis les animaux et les oiseaux, et enfin l'homme et la femme. Au début, tout n'était que ténèbres, mais bientôt les Hactcin ont créé le soleil et la lune qui se déplacèrent du nord au sud.

La légende continue: «Toutes sortes de chamans vivaient au sein du peuple – des hommes et des femmes qui prétendaient avoir reçu toutes sortes de pouvoirs. Ces chamans virent le soleil se déplacer du nord au sud et ils se mirent à parler. L'un d'eux dit: "J'ai créé le soleil." Un autre répondit: "Non, c'est moi qui l'ai créé." Ils se querellèrent, et les Hactcin leur intimèrent l'ordre de cesser. Mais ils poursuivirent leurs vantardises et leurs disputes. L'un d'eux dit "Je crois que j'immobiliserai le soleil au-dessus de nos têtes pour qu'il n'y ait plus jamais de nuit. Et puis, non. Qu'il s'en aille. Nous avons besoin de repos et de sommeil." Un autre dit: "Je crois bien que je vais nous débarrasser de la lune. La nuit, nous n'avons pas besoin de lumière." Mais le lendemain, le soleil se leva quand même, et les oiseaux et les animaux s'en réjouirent. Le jour suivant, la même chose se reproduisit. Cependant, au midi du quatrième jour, tandis que les chamans, malgré les ordres des Hactcin, continuaient à se chamailler, il y eut une éclipse. Le soleil s'enfuit par un trou dans le ciel et la lune le suivit. Voilà pourquoi il y a des éclipses.

«L'un des Hactcin dit: "Très bien. Vous prétendez posséder des pouvoirs? Ramenez le soleil."

«Ils se mirent tous en rang: les chamans au premier rang; les animaux et les oiseaux au second rang. Les chamans firent étalage de toutes leurs connaissances. Certains d'entre eux s'assirent pour chanter, puis disparurent sous terre en ne laissant que leurs yeux de visibles; puis ils reparurent. Mais cet exploit ne ramena pas le soleil; il témoignait seulement de leurs pouvoirs. D'autres avalèrent des flèches qui ressortirent de leur corps au niveau de l'estomac. D'autres avalèrent des plumes; d'autres des épinettes entières qu'ils recrachèrent ensuite. Mais aucun ne sut ramener le soleil et la lune.

«Le Hactcin dit: "Tout cela n'est pas mal du tout, mais je ne pense pas que vous puissiez ramener le soleil et la lune. Le délai est écoulé." Il se tourna alors vers les animaux et les oiseaux: "Voilà. C'est votre tour maintenant."

«Ils échangèrent à voix basse des propos courtois, comme s'ils étaient beaux-frères; mais le Hactcin dit: "Vous devez faire plus que converser. Levez-vous et faites quelque chose pour ramener le soleil."

«La sauterelle fut la première à tenter quelque chose. Elle tendit la patte dans les quatre directions et quand elle la ramena vers elle, elle tenait un morceau de pain. Le cerf tendit la patte dans les quatre directions et en rapporta le fruit du yucca. Puis ce fut au tour de l'ours qui rapporta des merises; ensuite la marmotte rapporta des baies, le tamia des fraises, le dindon du maïs, et ainsi de suite. Mais les Hactcin avaient beau apprécier ces présents, le soleil et la lune demeuraient invisibles.

«À ce point, les Hactcin eux-mêmes firent quelque chose. Ils appelèrent des Tonnerres de quatre couleurs différentes des quatre points cardinaux, et ces Tonnerres apportèrent avec eux des nuages de quatre couleurs d'où la pluie tomba. Puis, en dépêchant l'arc-en-ciel pour qu'il ramène le beau temps au moment de semer les graines que le peuple avait produites, les Hactcin réalisèrent une peinture de sable où l'on voyait une rangée de quatre petits mounds dans lesquels ils les déposèrent. Les oiseaux et les animaux chantèrent, les graines germèrent, les quatres mounds s'unirent pour former une seule montagne qui continua de se hisser vers le ciel.

«Les Hactcin choisirent alors douze chamans dont les exploits magiques les avaient particulièrement impressionnés; ils couvrirent le corps de six d'entre eux de peinture bleue afin de représenter l'été; les six autres furent peints en blanc pour représenter l'hiver, et ils reçurent le nom de Tsanati. Voilà d'où proviennent les danseurs tsanati des Apaches jicarilla. Ensuite, les Hactcin firent six clowns qu'il peignirent en blanc traversé de quatre bandes horizontales noires: une sur le visage, une autre sur la poitrine, une autre sur les cuisses et la dernière sur les jambes. Le peuple se joignit alors aux Tsanati et aux clowns pour danser, afin que la montagne continue de grandir[62].»

Avez-vous vu ce qui est arrivé aux chamans? Leurs pratiques magiques individualistes et néolithiques sont tombées dans le discrédit et on leur a confié un rôle collectif dans le mandala social d'une communauté de fermiers, où la partie contribue au bien-être du tout. Cet épisode illustre comment un clergé ordonné par la société l'emporte maintenant sur la menace extrêmement dangereuse et imprévisible que représente un individu doté de pouvoirs surnaturels. Le conteur de cette légende apache lui-même a expliqué la nécessité d'intégrer les chamans aux pratiques religieuses collectives.

«Ces gens, dit-il, avaient leurs propres rituels, obtenus de plusieurs sources: des animaux, du feu, du dindon, des grenouilles, et ainsi de suite. On ne pouvait les exclure. Ils détenaient des pouvoirs et ils devaient venir en aide au peuple[63].»

Je ne connais aucun mythe qui soit capable d'évoquer plus clairement que celui-là la crise à laquelle durent faire face les sociétés de l'Ancien Monde quand la culture néolithique commença à s'imposer en conquérant peu à peu les régions les plus habitables du globe. La culture du Nouveau-Mexique et de l'Arizona au moment de la découverte de l'Amérique devait ressembler à celles qui prévalurent au Proche et au Moyen-Orient ainsi que dans l'Europe du quatrième au deuxième millénaire avant Jésus-Christ, quand les règles strictes propres aux colonies bien ordonnées devinrent le lot de peuplades jusque-là habituées à la liberté et aux vicissitudes d'une existence de chasseurs. Il y a un important parallèle à établir entre ces dangereux chamans sauvages et belliqueux, si polis les uns envers les autres qu'ils semblaient être beaux-frères, et les familles des titans et des dieux, des démons et des anges, des asuras et des devas des nombreuses civilisations asiatiques et européennes fondées sur l'agriculture. Dans les Purânas hindous, on peut lire une légende mythique très connue, dans laquelle les dieux et les démons se viennent en aide sous la surveillance des deux divinités suprêmes, Vishnou et Shiva, pour baratter la Voie Lactée afin d'en extraire le beurre. Munis de la Montagne du Monde en guise d'agitateur et du Serpent du Monde en guise de corde à enrouler, ils firent se vriller le serpent autour de la montagne. Puis, les dieux s'emparant de la tête du serpent et les démons de sa queue, tandis que Vishnou soulevait la Montagne du Monde, ils barattèrent pendant mille ans jusqu'à ce qu'ils obtiennent le Beurre de l'Immortalité[64]. Comment ne pas songer à cette légende quand on est témoin des efforts que déploient les chamans belliqueux et le peuple tranquille sous la surveillance des Hactcin apaches pour faire en sorte que la Montagne du Monde croisse en hauteur et les transporte jusqu'à la lumière?

On nous dit que les Tsanati et les clowns s'unirent aux hommes dans leur danse, que la montagne grandit jusqu'à ce que son sommet atteigne le trou qu'avaient emprunté le soleil et la lune pour disparaître. Il ne restait plus alors qu'à construire quatre échelles de lumière de quatre couleurs différentes pour que le peuple puisse parvenir à la surface de notre terre d'aujourd'hui. Les six clowns grimpèrent les premiers munis de fouets magiques pour chasser la maladie; les Hactcin les suivirent, puis les Tsanati, derrière eux les hommes et, enfin, les animaux.

— Et quand ils parvinrent à la surface de la terre, dit le conteur, ils étaient semblables à l'enfant qui vient de naître. Le lieu d'émergence est le sein de la terre[65].

[5]

L'oiseau migrateur

La plus importante raison d'être de toutes les mythologies, des rituels, des préceptes éthiques et des systèmes sociaux des civilisations fondées sur l'agriculture a toujours été de réprimer les comportements individualistes. On y parvient en général en persuadant les individus de s'identifier non pas à leurs intérêts personnels, à leurs intuitions ou à leur expérience de vie, mais à des comportements et à des sentiments archétypaux élaborés et encouragés dans le domaine public, ou en les y contraignant. Par exemple, en Inde, le dharma idéal consiste en une soumission inconditionnelle aux modèles de caste – conçus par la société et orchestrés pour l'individu selon différents niveaux d'incarnations, pendant plusieurs vies, d'une caste à l'autre. On trouve l'expression la plus austère de cet idéal dans le mot *sati,* forme féminine de la racine verbale *sat,* «être». Une femme sati *est* quelque chose: elle est l'épouse archétypale. Elle a réprimé en elle le moindre élan d'autonomie et d'individualisme au point de s'immoler sur le bûcher funéraire de son mari. Dans l'Orient archaïque, tout acte proprement accompli est un sati, c'est-à-dire une immolation, une purge du moi.

L'Occident a lui aussi vu dans le moi la demeure du diable. Les Titans vaincus par les dieux de l'Olympe étaient des incarnations du principe du mal, comme l'étaient les démons de l'Inde; et nous savons comment ils furent enchaînés et emprisonnés au cœur des montagnes. Un sort similaire fut réservé aux géants et aux nains de la tradition germanique, au loup Fenris, au serpent Midgard et au chien Garm. Mais un jour, nous prévient-on, ils se libéreront de leurs entraves: ce jour sera celui du Destin des dieux, le jour du Ragnarök. Et il n'y aura que terreur sur la terre comme au ciel[66].

Ce jour est déjà arrivé, il est arrivé en 1492, quand s'est brisé le mandala façonné six mille ans plus tôt à l'époque des poteries de Halaf et de Samârrâ. Eschyle, dans *Prométhée enchaîné,* met en scène l'esprit du titan libéré:

> À parler franc, je hais tous les dieux, qui, obligés par moi, m'en payent par un traitement inique.

> Ne va pas te mettre en tête qu'effrayé de l'arrêt de Zeus, je me ferai un cœur de femme et que, levant vers lui, comme font les femmes, mes mains renversées, je supplierai celui que j'abhorre de m'affranchir de ces liens[67].

Ce n'est pas un hasard si Prométhée est devenu le héros de l'humanisme, ou si, maintenant que le caractère mythique du mandala est complètement dissout, ce symbole de l'entièreté de l'homme surgit des abysses de l'inconscient où il a été retenu prisonnier pendant six mille ans. Le mandala continuera-t-il à enfermer ce Prométhée libéré?

Des centaines de légendes recueillies auprès des Amérindiens dépeignent, sous différents avatars, le porteur de feu, le géant fourbe des chasseurs du paléolithique. Chez les Indiens des Plaines, il était le chacal, le Coyote; chez les tribus sylvicoles, il était le Grand Lièvre (les Afro-Américains attribuent certaines de ses aventures à un personnage de légende africain, le lièvre, dont nous faisons la connaissance dans les récits de Joel Chandler Harris, *Uncle Remus and Brer Rabbit);* chez les Indiens de la côte du Nord-Ouest, il était le Corbeau. Son plus proche équivalent européen serait le fauteur de trouble Loki: le jour du Ragnarök, il ouvrira le cortège des invités de l'Enfer. Coyote, le Corbeau, Maître Lièvre (ou le Vieil Homme, comme on l'appelle quand il se manifeste sous une forme humaine) est un sot libertin en même temps qu'un menteur rusé et cruel; mais il est également le créateur du genre humain et le façonneur du monde. On ne saurait appeler dieu un tel personnage ou même voir en lui un être surnaturel. Il serait plutôt un super-chaman. On trouve son équivalent dans les mythes et les légendes du monde, partout où le chamanisme a laissé des traces: en Océanie, en Afrique, en Sibérie et en Europe.

Les opinions des spécialistes divergent quant à la date des premières migrations de l'homme du paléolithique en Amérique du Nord.

À l'époque glaciaire, un pont de terre aussi vaste que la France actuelle reliait la Sibérie à l'Alaska. Des troupeaux de chevaux, de bestiaux, d'éléphants et de chameaux y paissaient, que des chasseurs suivaient parfois. Nous avons déjà dit[68] que les premières tribus sont sans doute arrivées en Amérique du Nord dès ~30 000 ou ~40 000. Mais les ancêtres de la majorité des nations indiennes actuelles (sinon de toutes) ont émigré beaucoup plus tard, même au premier millénaire de notre ère – et ces ancêtres ne provenaient pas d'une culture purement paléolithique. Ils semblent être issus, pour la plupart, d'une culture paléomésolithique supérieure s'étant développée en Sibérie, aux environs du lac Baïkal, là même où aujourd'hui sont installés les Yakoutes, les Toungouzes, les Vogoules et les Ostiaks[69]. En fait, on estime que, d'un point de vue morphologique, les Vogoules et les Ostiaks de l'Ienisseï seraient de type américanoïde[70].

J'ai parlé brièvement des grottes du paléolithique. L'époque où furent exécutées les peintures pariétales de ces majestueux sanctuaires souterrains fut également celle où les célèbres statuettes féminines paléolithiques firent leur apparition, c'est-à-dire quelque vingt mille ans avant leurs équivalents néolithiques, presque à la fin de l'ère glaciaire, pendant ou tout juste avant l'arrivée en Amérique du Nord des premières tribus de chasseurs. Aucune statuette paléolithique n'a été découverte en Espagne ni nulle part au sud des Pyrénées. Elles appartiennent toutes aux territoires de chasse qui, au nord des Pyrénées, s'étendent vers l'est jusqu'aux frontières de la Chine. Aux alentours du lac Baïkal, sur le site de Mal'ta à environ quatre-vingt-cinq kilomètres au nord-ouest d'Irkoutsk, dans une importante colonie de chasseurs paléolithiques, une vingtaine au moins de ces statuettes ont été exhumées en même temps que plusieurs figurines d'oies aux ailes éployées sculptées dans des défenses de mammouth (ou, selon une autre source, dans de l'os)[71].

Il semblerait donc que vers la fin de la Grande Chasse du paléolithique, un continuum reliait les Pyrénées au lac Baïkal, d'où émanèrent, au cours des millénaires qui ont suivi la fin du paléolithique, la plupart des traditions culturelles des chasseurs d'Amérique du Nord ainsi que certaines de leurs caractéristiques raciales. C'est-à-dire qu'une continuité importante a traversé le temps et l'espace, du paléolithique supérieur européen jusqu'à la fin des Grandes Chasses sur les Plaines nord-américaines. Dans toutes les régions où elle s'est développée, cette tradition a été influencée tant par le milieu ambiant que par les cultures néolithiques et post-néolithiques avoisinantes. Mais on peut y déceler un ensemble de thèmes tenaces qui appartiennent clairement à une culture de chasseurs et non pas à des sociétés sédentaires dont la survie dépend de l'agriculture, et dont l'une des caractéristiques est l'assimilation de la transe chamanique au vol de l'oiseau. L'épervier et l'aigle, l'oie et le canard sauvages semblent communs à toutes ces légendes; mais d'autres oiseaux font aussi parfois leur apparition: le hibou et le vautour, le corbeau, la pie ou le pic mineur (en raison de la tache rouge vif qu'il porte au front, ce dernier est souvent le héros des légendes du feu dérobé).

Dans un exposé exhaustif de cette question[72], le professeur Mircea Eliade démontre que la plus grande faculté du chaman consiste à pouvoir entrer en transe aussi souvent qu'il le désire. Les rythmes du tambour chamanique, comme ceux des hymnes védiques indo-aryens, sont les ailes qui favorisent l'envol spirituel. Ils élèvent l'esprit du chaman et conjurent ses démons familiers. Quand il est en transe, il accomplit ses miracles. Quand il est en transe, il se transforme en oiseau pour voler jusqu'au ciel, ou encore, sous l'aspect d'un renne, d'un taureau ou d'un ours, il pénètre dans l'univers souterrain. Chez les Bouriates, l'animal ou l'oiseau protecteur du chaman s'appelle *khulbigan,* ce qui signifie «métamorphose» – du verbe *khulbiku,* «se transformer, assumer une forme différente[73]». Les premiers missionnaires russes et les voyageurs qui se rendaient en Sibérie au début du dix-huitième siècle ont remarqué que les chamans s'adressent à leurs démons familiers d'une étrange voix criarde[74]. Ils ont aussi découvert de nombreuses représentations d'oies aux ailes déployées, parfois coulées dans le bronze[75]. Souvenons-nous que sur le site de Mal'ta, cette colonie de chasseurs du paléolithique où pas moins de vingt statuettes féminines ont été découvertes, on a exhumé en même temps des oies et des canards en vol, sculptés, comme les statuettes, dans des défenses de mammouths. On a ainsi trouvé des oiseaux volants sur le site d'un grand nombre d'établissements du paléolithique. Ainsi que je l'ai déjà dit, on aperçoit aussi sur le dessous des ailes d'un de ces oiseaux le premier exemple connu de svastika[76]. Comme ceux des poteries beaucoup plus tardives (néolithique supérieur) de Samârrâ, ce svastika est sénestre, c'est-à-dire que ses branches se replient du côté gauche – forme qui, selon le Dr Jung, symbolise un retour en arrière: sans doute, pourquoi pas, le retour en arrière du vol chamanique. Nous ne devons pas non plus perdre de vue que, dans les grottes de Lascaux, on peut voir un chamane en transe, étendu par terre, le visage recouvert d'un masque d'oiseau, tandis que gît à côté de lui son sceptre chamanique surmonté d'un oiseau perché[77]. Les chamans sibériens portent encore aujourd'hui des déguisements d'oiseaux. Un grand nombre d'entre eux, croit-on, sont nés de l'union de leur mère avec un oiseau.

L'âme est souvent symbolisée par un oiseau, et les oiseaux sont, dans de nombreuses cultures, des messagers de l'invisible. Les anges sont des oiseaux modifiés. Mais l'oiseau chaman possède des caractéristiques et un pouvoir particuliers qui lui permettent de voler en état de transe au-delà de la vie et d'en revenir.

«Là-haut», dit un chaman toungouze lors d'un entretien qui eut lieu chez lui, sur les rives de la Toungouska inférieure, au printemps de 1925, «là-haut, il y a un certain arbre. Sur cet arbre, les âmes des chamans reçoivent une instruction qui les rendra capables d'acquérir leurs pouvoirs. Dans ses branches il y a des nids où prennent place les âmes des chamans. Cet arbre, c'est l'arbre "Tuuru". Plus le nid de l'âme du chaman est placé haut, plus grand sera le chaman qui y aura été élevé, plus grandes seront ses connaissances, plus vaste son champ de vision[78].» Le chaman est donc davantage qu'un hôte familier, il est l'héritier préféré de ces puissants royaumes invisibles à notre conscience éveillée qu'il nous arrive d'entrevoir en rêve, mais où il est un maître incontesté.

Nous avons remarqué que les oiseaux de Mal'ta et des autres colonies paléolithiques sont des canards, des oies, des jars, bref, des oiseaux migrateurs. Je me suis efforcé de donner un aperçu des rapports existant entre le symbole de l'oiseau et le vol spirituel du chaman, ainsi que de ceux qui relient le héros malfaisant, le titan porteur de feu et le démon ennemi des dieux au chamanisme paléolithique. J'ajouterai maintenant que les maîtres yogis hindous qui, en transe, parviennent à transcender la pensée rationnelle, sont appelés *hamsas* et *paramahamsas,* soit, «oiseaux migrateurs» et «suprêmes oiseaux migrateurs». Dans le symbolisme traditionnel hindou, l'oie sauvage, l'oiseau migrateur, représente le *brahman-âtman,* c'est-à-dire l'ultime, la transcendante et immanente essence de l'être, à laquelle le yogi s'assimile à l'état conscient, passant ainsi de la sphère de l'état de veille où A n'est pas non-A, au-delà même du rêve où toute chose brille de sa propre lumière, jusqu'à un état d'indépendance et d'absolue unité «entre deux pensées», là où l'on parvient à transcender la polarité sujet-objet et que toute frontière entre vie et mort est abolie.

Mais avant de prendre cet envol, arrêtons-nous un moment pour résumer la nature et la fonction du symbole.

[6]

Les mythologies de l'engagement et du détachement

On peut maintenant distinguer deux fonctions opposées du symbolisme religieux. La première fonction est celle du référent et de l'engagement; la seconde est celle du détachement, de l'envol, de la métamorphose. La première fonction trouve à s'illustrer dans le mandala social de la cité-État hiératique, dont tous les citoyens participent à une expérience commune, chacun étant une partie d'un même tout. Son équivalent médiéval serait le mandala de l'Église militante, souffrante et triomphante. La signification, l'essence ultime de ce symbolisme est indubitable. Comme toute œuvre d'art, il est une fin en soi, il procure à l'esprit qui l'observe une sensation de bonheur et donne un sens à la vie. Comme le disait le Dr Jung, contrairement au signe le symbole «est le meilleur moyen à notre disposition pour décrire ou désigner une chose inconnue dont on sait qu'elle existe et qu'elle est nécessaire[79].» Quand le symbole favorise l'engagement, il fascine et s'attache les facultés cognitives qui, par conséquent, sont à la fois instruites par l'inconnu et protégées de lui. Mais quand le symbole favorise le détachement, l'envol et la métamorphose, il agit comme la catapulte que l'on est forcé de laisser derrière soi. On trouve dans la Mundaka Upanishad une merveilleuse illustration de cette fonction du symbole:

[...] car OM [AUM] est l'arc,
l'esprit la flèche,
et le brahman la cible:
grâce à l'Attention-concentrée,
l'esprit percera comme une flèche
la cible du brahman[80]!

Le rythme du tambour chamanique est la syllabe AUM; la transe du chaman, le vol de la flèche empennée. Son esprit libéré de la protection du symbole doit atteindre directement le *mysterium tremendum* de l'inconnu.

Mais il y a deux degrés d'inconnu. Le premier (1) est relativement inconnu, et le second (2) est absolument inconnaissable. Le premier correspond en psychologie à l'inconscient; sociologiquement, à la dynamique de l'histoire; dans la cosmologie, aux puissances universelles. C'est à cet inconnu que fait allusion le terme *paroksa* dont nous avons parlé précédemment[81], qui signifie «au-dessus, au-delà de la portée du regard». Les référents *paroksa* ne sont pas immédiatement perceptibles à l'état de veille. Ils sont *adhidaivata,* c'est-à-dire «angéliques» ou «divins». Les saints et les sages les perçoivent au cours de leurs visions. Ils appartiennent donc à l'univers «onirique». Mais dans notre monde moderne, nous abordons ces sujets d'une tout autre manière que les visionnaires du passé. Thomas d'Aquin avait raison de dire que les Écritures transmettent des vérités tant matérielles que spirituelles. À l'époque où elles furent formulées, on les estimait véridiques d'un point de vue matériel, tandis que leur vérité spirituelle était inhérente à l'univers matériel qu'elles décrivaient. Aujourd'hui, cet univers matériel a disparu, remplacé par un autre; corrélativement, cet univers spirituel a disparu, un autre l'a remplacé ou est en train de le remplacer. Mais aucun réseau de symboles ayant pour fonction de favoriser l'engagement ne saurait survivre quand il se scinde des univers conscient et inconscient de la société qui l'a vu naître, quand ses références au champ de la conscience ont été réfutées et que l'on n'est plus sensible à ses admonestations. Tout comme les signes qui se rapportent au connu, les symboles se rapportant à ce qui est relativement inconnu dépendent des connaissances de l'époque.

Mais il y a une autre catégorie d'inconnu, celui qui gît au-delà des plus hautes références *paroksa* du lexique mystique, ésotérique, «spirituel» ou «angélique». «Le Tao que l'on peut nommer n'est pas le vrai Tao», écrit Lao-Tseu au début de son *Tao Te Ching*[82]. «Car seulement alors, écrit Thomas d'Aquin, seulement alors connaissons-nous Dieu, quand nous croyons qu'il est au-dessus de la plus haute idée que l'homme puisse se faire de Dieu[83].» Et nous connaissons la Kena Upanishad:

> Cela se manifeste de soi-même,
> et la vraie nature de ce brahman
> est au-delà du langage
> sous toutes ses formes,
> tant humaines que divines[84]!

C'est à cette catégorie d'inconnu que s'adressent les plus grandes mythologies et les plus grandes religions. Mais c'est un inconnu absolument ineffable; le plein de l'inconnaissable; d'inexhaustibles ténèbres. Face à cet inconnu, on a encouragé deux attitudes: la première, de terreur et d'asservissement, autrement dit de piété. L'individu ne cherche pas à comprendre, car il ferait ainsi preuve d'arrogance (en grec: *hybris*). Il s'en tient strictement au symbole. C'est le cas de l'Église souffrante, militante et triomphante. La seconde attitude est celle du mystique dont l'âme devient flèche. Dans ce cas, le symbole favorise le détachement. Le terme sanskrit est *moksa,* c'est-à-dire «délivrance». Tandis que le symbole devant favoriser l'engagement doit demeurer convaincant tant d'un point de vue matériel que d'un point de vue spirituel, celui qui incite au détachement n'est pas tenu de représenter l'un ou l'autre. Sa seule et unique fonction consiste à projeter l'âme vers son but.

— Avant de commencer à exercer mes facultés de chaman, dit le vieux sorcier toungouze dont j'ai déjà parlé, j'ai été malade pendant toute une année. Je suis devenu chaman à l'âge de quinze ans. La maladie qui m'a obligé à devenir chaman s'est manifestée par un gonflement de tout mon corps et de fréquentes pertes de conscience[85]. Quand je chantais, le mal s'estompait.

Il décrivit ensuite les visions qui lui sont apparues pendant sa maladie.

— Mes ancêtres me sont apparus et ont fait de la magie. Ils m'ont fait lever comme si j'étais un morceau de bois, et ils ont tiré des flèches dans ma direction jusqu'à ce que je m'évanouisse. Ils ont tailladé mon corps, ils en ont détaché les os – qu'ils ont comptés – puis ils ont dévoré ma chair crue. Quand ils ont dénombré mes os, ils se sont aperçus qu'il y en avait un de trop. S'il en avait manqué, je n'aurais jamais pu devenir chaman. Pendant qu'ils accomplissaient ce rituel, je n'ai rien bu et rien mangé de tout l'été. À la fin, les chamans ont bu le sang d'un renne et ils m'en ont aussi donné à boire. Car après de tels événements, le chaman a perdu beaucoup de sang et il est pâle.

«Tous les chamans toungouzes vivent la même expérience, poursuivit le vieillard. Ils ne peuvent se livrer à leurs activités de chamans tant que leurs ancêtres chamans n'ont pas démembré et désossé leur corps[86].»

L'arc du chaman toungouze ne possédait certes pas le même pouvoir que celui de la Mundaka Upanishad, car la flèche de son âme ne parvint qu'au pays de ses ancêtres, dans l'inconscient, dans le *relativement* inconnu. Mais il y a un fait à noter dans cette légende: c'est la caractéristique paléolithique de ne pas assigner de signification universelle ou cosmique à la vision individuelle. Les puissances spirituelles ne sont ici que les ancêtres du chaman; tout ne se rapporte qu'à lui.

Mais, ainsi que nous l'avons vu dans la légende des Apaches jicarilla, cette orientation fortement individualiste est devenue archaïque et dangereuse, une démoniaque orientation de titan dès qu'au néolithique est né le concept d'un univers réparti autour d'un noyau central. Nous devons donc nous efforcer maintenant de mettre au point notre vision du symbole du détachement sous le joug de cette contrainte, c'est-à-dire dans le giron même du mandala. Pour ce faire, je propose un survol – forcément schématique – de l'évolution des idéaux et des attitudes du yogi asiatique envers la société.

[7]

Le vol entre deux pensées

Cette illustration n'est pas arbitraire. Un certain nombre de considérations viennent la justifier. Avant tout, l'Orient dispose d'une très vaste documentation sur l'histoire du détachement spirituel depuis l'époque des premières Upanishad indiennes, c'est-à-dire depuis le huitième siècle avant J.-C. Ensuite, tout au long de cette histoire, les liens reliant les techniques et les expériences des yogis à leur point de départ dans la transe chamanique sont restés si solides que lorsque le bouddhisme s'est implanté au Tibet et en Mongolie il a rapidement fusionné aux cultes Bon locaux, dans lesquels la magie chamanique joue un rôle de premier plan. En fait, le mot *chaman,* qui provient du dialecte sibérien toungouze, aurait son origine dans le sanskrit *sramana,* qui veut dire «moine», «yogi» ou «ascète[87]». La biographie légendaire du sage tibétain du onzième siècle, Milarepa, démontre assez bien cette parenté[88]. En outre, à ce jour, certaines sectes bouddhistes japonaises considèrent encore le chamanisme comme un aspect de leur religion. N'oublions pas non plus que le svastika sénestre apparaît souvent gravé sur la poitrine du Bouddha extrême-oriental, assis dans la posture du Lotus (figure 12). Nous avons vu que ce svastika a fait sa première apparition sous les ailes d'un oiseau du paléolithique (figure 11, p. 173)[89]. Enfin, la troisième raison qui m'a poussé à opter pour ce contexte afin d'illustrer la réaction de l'esprit titan aux contraintes et aux archétypes de l'état hiératique, c'est qu'en Asie, ces contraintes ont toujours cours. Par exemple, l'influence des idéaux du système archaïque de castes est, encore de nos

Figure 12

jours en Inde, aussi terrible qu'autrefois. Aussi, les prêtres gardiens de l'archétypologie sociale et les intrépides maîtres du *moksa*, de la «délivrance», poursuivent-ils ici en notre présence, avec la même énergie qu'autrefois, le véhément dialogue qui les oppose depuis des millénaires.

Au cours de cet échange grandiose, quatre stades de transformation affectent la personnalité du chaman titan. Le premier, ainsi que nous l'avons vu, est celui du chaman vainqueur des dieux, le titan démoniaque. Les grands Asuras de l'Inde en sont. Ils se livrent, dans la forêt, à des pratiques austères, mais leur but n'est pas la connaissance éclairée. Ils aspirent à détenir des pouvoirs magiques à des fins matérielles. Dans les légendes mythologiques indiennes, ils se soumettent aux épreuves les plus rigoureuses et parviennent ainsi à asservir même les plus importantes divinités à leur volonté. Mais, heureusement pour l'ordre cosmique, les grandes divinités disposent toujours de quelques solutions de rechange pour tromper les titans et triompher d'eux.

De toute évidence, nous assistons ici, dans une interprétation mythologique, à la même interrelation entre volonté individuelle et autorité sociale et cosmique qui apparaît dans la tradition grecque, le plus souvent dans un contexte humain. La notion d'*hybris,* d'imprudence arrogante de l'individu, et les contraintes que le sort ou le destin impose aux dieux eux-mêmes, imprègnent la pensée philosophique et religieuse de toutes les grandes civilisations. Il existe une loi morale à laquelle tous doivent se soumettre. En Extrême-Orient, c'est le Tao, la Voie, l'ordre, la raison ou le sens visible de l'univers: la manifestation de lois inexorables qui unifient des éléments distincts en un seul grand tout. Ce principe unificateur, c'est le Dharma indien. Ce mot dérive de la racine *dhri,* qui veut dire «soutenir»; le Dharma est donc la loi qui soutient l'univers, et celui qui connaît et obéit volontiers à son Dharma personnel *(svadharma),* qui accomplit les devoirs auxquels le contraignent les circonstances particulières de sa naissance, participe à ce soutien, devient un organe fonctionnel de l'être universel. La légende biblique du Péché originel relate elle aussi l'*hybris* et la chute du titan, c'est-à-dire de l'Homme, qui a osé obéir à sa propre volonté, contrevenir à la loi que lui imposait non pas l'univers, mais son créateur, c'est-à-dire Dieu le Père. Ici, l'Homme est un enfant, un enfant malfaisant chassé de la maison par un père en colère, livré à la misère et au froid. Nous savons que même à la Renaissance, quand l'Europe fut parvenue à son adolescence et qu'elle fut prête à reléguer ce conte de nourrice aux oubliettes, qu'elle s'enticha du terme *humanitas* et osa se détourner du Père, nous savons qu'à cette époque grandiose et audacieuse, même le courage d'un géant de la trempe de Michel-Ange fléchit lorsque celui-ci prit conscience de ses actes. Confronté au Jugement dernier, «cette mesure finale du bien et du mal», il écrit:

> Je sais, maintenant, la vanité
> de cet heureux caprice
> qui a fait de mon âme l'adoratrice et l'esclave
> de l'art des hommes[90]. [...]

Et nous savons aussi comment les titans du visionnaire Shakespeare se sont fracassés, tous autant qu'ils étaient, sur les rochers qui cernent l'univers.

Cette notion a été acceptée dans toutes les civilisations où se déploie la psyché-mandala néolithique fondée sur l'agriculture, dans l'univers cerné par le serpent cosmique qui induit l'homme en tentation et le punit s'il y cède. À ce stade de son histoire, le titan est prisonnier du mandala dont le symbolisme agit sur lui selon sa propre volonté, au-dedans comme au-dehors. Ce symbolisme qui possède encore une signification pour lui l'oppresse de toutes parts et en vient à le détruire.

Au cours de sa deuxième phase de transformation, le titan dissipe et détruit ces puissances en ce qui le concerne, et seulement en ce qui le concerne. C'est la victoire illustrée en Inde par le philosophe sylvicole qui rejette et méprise non seulement les peines et les joies terrestres mais aussi celles du ciel et de l'enfer. «La première exigence du yoga, lit-on dans une multitude de textes, consiste à renoncer aux fruits de nos actes, ici-bas et dans l'au-delà[91].» Le plus grand ouvrage sur le sujet, le Yoga Sutra de Patanjali, nous dit que lorsque le yogi commence à parvenir à la maîtrise de son ascétisme, à renoncer au monde et à le transcender, «les plus hautes instances» (les divinités) s'efforceront de le corrompre en lui offrant le bonheur céleste. «Ne désires-tu pas rester ici?» disent-elles. «Ne souhaites-tu pas trouver ici le repos?»

«Le yogi, dit le narrateur, doit opposer à ces propos une méditation sur les imperfections du plaisir: "Je me suis consumé sur les charbons ardents du cycle des mes réincarnations, je me suis tordu de douleur dans les ténèbres de la naissance et de la mort, et voici qu'enfin je possède la flamme du yoga qui met fin à l'obscurcissement de l'impuissance *(klésa)*. Les rafales luxurieuses de la sensualité sont les ennemis de cette flamme. Pourquoi donc faudrait-il qu'ayant vu sa lumière je me laisse égarer par mes sens, par ce mirage, et que je sois moi-même le combustible qui ranime le brasier des éternelles réincarnations? Adieu, ô choses de ce monde, plus illusoires que les rêves, objets du désir des âmes méprisables!"

«Ainsi ancré dans sa détermination, poursuit le commentateur, le yogi doit cultiver le recueillement. En renonçant à tout esclavage, qu'il ne s'enorgueillisse pas, qu'il ne croie pas même une seconde être lui-même à ce point apprécié des dieux[92]. [...]»

Pour ceux qui ne sont pas prêts pour la grande aventure, les dieux qui encerclent le monde en sont les protecteurs. Mais pour ceux qui y sont préparés, les dieux de leurs visions et de leurs rêves ne sont que des noms et des entités *(nâmarûpa)*, et ni plus ni moins réels que les noms et les entités perceptibles à l'état de veille. Au cours du sommeil profond, de la transe, tant le monde de la conscience éveillée que celui du rêve et des visions se dissolvent. Ne serait-il donc pas possible de pénétrer dans les profondeurs du sommeil sans perdre conscience et de *voir* se produire cette dissolution des dieux, des rêves, de tout? Voilà le triomphe du yoga. Celui qui pose alors son regard sur le monde s'est affranchi des peurs et des ferveurs de l'habitant vertueux du mandala qui n'a pas encore vu Dieu et son univers s'évaporer comme la rosée du matin. Un texte bouddhiste célèbre dit:

> Des étoiles, des ténèbres, une lampe, un spectre,
> de la rosée, une bulle,
> Un rêve, un éclair ou un nuage:
> Voilà la vraie vision du monde[93].

C'est le détachement à la dernière puissance. Tout le mandala du méso-micro-macrocosme est dissous, et l'individu qui s'est affranchi de son «impuissance» *(klésa)* – ou, pourrions-nous dire, des «engrammes» de sa personnalité culturellement et biologiquement conditionnée – peut faire l'expérience, par un complet détachement, de l'entièreté d'une conscience tout à fait libre, de cet état premier appelé *kaivalyam,* ce qui signifie «isolement». Il a rejeté l'univers qui n'est qu'une illusion dénuée de sens, qui ne correpond à rien d'autre qu'au mirage de son propre horizon, et il est parvenu à cette transcendance célébrée par Schopenhauer à la fin de son *magnum opus,* quand il dit que «pour ceux dont la volonté s'est inversée en se niant, cet univers pour nous si réel avec tous ses soleils et toutes ses voies lactées n'est que néant[94]».

Selon la Mandukya Upanishad, l'univers de la conscience éveillée correspond à la lettre A de la syllabe AUM; celui de la conscience onirique (autrement dit, du ciel et de la terre) à la lettre U; et le sommeil profond (l'union mystique du connaissant et du connu, Dieu et son univers, qui couve le germe et l'énergie de la création – c'est-à-dire l'état que symbolise le centre du mandala) à la lettre M[95]. La syllabe AUM propulse l'âme hors d'elle dans le silence autour et au-delà, le silence d'où elle surgit et où elle retourne quand on la prononce lentement et rythmiquement: AUM – AUM – AUM.

C'est le silence entre deux pensées.

Le monde, l'univers entier, son dieu et tout le reste sont devenus le symbole du néant, un symbole dépouillé de son sens. Car lui attribuer un sens quel qu'il soit détendrait la corde de son arc et la flèche de l'âme irait alors se loger dans la sphère du sens – comme la flèche du chaman parmi ses ancêtres, ou celle du chrétien au milieu des saints et des anges. Pour agir comme un arc et non pas comme un rets, l'arc, dans sa totalité ou dans ses parties, ne doit être rien de plus que l'agent du détachement – de son propre détachement. Il n'a pas plus d'impact que le petit marteau à percussion du médecin quand il provoque un réflexe rotulien.

Selon la définition que je propose, un symbole est un agent dont le rôle est d'évoquer et d'orienter une énergie. Quand on lui donne un sens matériel ou spirituel, il a pour fonction de s'approprier cette énergie, fonction comparable au geste d'encocher une flèche et de bander l'arc. Mais quand toute signification lui est retirée, le symbole devient l'agent du détachement, l'énergie dévie alors vers son propre but qu'on ne saurait définir en fonction de l'arc ou de ses composantes. «Il n'y a pas de paradis, pas d'enfer, par de délivrance», lisons-nous dans une description de l'extase yogique. «En résumé, poursuit le texte, la transe yogique, c'est le néant[96].»

Il nous est impossible de dire quand ce rejet absolu de ce que peuvent offrir l'univers, dieu ou l'homme a commencé à séduire l'esprit indien. Mais dès qu'apparaît la civilisation de la vallée de l'Indus, entre ~2500 et ~1500, l'on note la présence d'une divinité à trois visages assise dans la posture du Lotus et entourée d'animaux (figure 13), et certains y ont vu une représentation primitive d'un avatar de Shiva, le Seigneur des Animaux, Pashupati, l'archétype des yogis sylvicoles. Les cendres dont il est recouvert symbolisent sa

Figure 13

mort au monde et les serpents dont il entoure ses bras sa transcendance du serpent qui encercle le monde: tandis que d'autres en sont les prisonniers, ils ne sont que des bracelets pour lui, des ornements dont il peut se dépouiller à volonté. Cet idéal semble donc avoir pénétré en Inde presque en même temps que le mandala lui-même et, dans sa forme primitive, il semble avoir été d'une intransigeance telle que l'objectif du yogi n'était rien de moins que sa mort physique, celle-ci devant survenir au moment précis où s'éteignaient dans son cœur toute peur et tout espoir. À cet instant où l'esprit parvenait à l'immobilité, le titan, dans cet état parfait qui permet de se dépouiller du corps, s'en dépouillait et, en rejetant son corps, il rejetait aussi le mandala tout entier, ses rois-prêtres et ses prêtres-rois, ses enfers, ses paradis, ses vertus, ses vices, ses démons et ses dieux.

Un peu de cette idéologie est perceptible chez les stoïciens de l'Antiquité et dans les différents mouvements gnostiques et apocalyptiques du Proche-Orient à l'époque du Christ. En fait, ce dédain des choses du monde est trop présent dans les paroles et dans les actes du Christ pour nous permettre de croire qu'il n'a pas subi l'influence d'un titanisme de cet ordre. «Que les morts ensevelissent leurs morts» illustre bien le regard que le yogi typique pose sur le monde. «Vends tout ce que tu possèdes [...] et suis-moi» est la première condition que le gourou met à la délivrance de l'adepte. Mais la *légende* du Christ, tout au moins, semble dénoter un aspect infiniment plus doux que le simple mépris titan – ce qui nous amène à la transformation suivante de la morale du titanisme dans le contexte des civilisations agricoles.

Quand furent élaborées les premières Upanishads au huitième et au septième siècles avant J.-C., certains des titans de l'Inde constatèrent que l'objet de la quête de leurs frères anachorètes se retrouve en tous lieux; que le cœur même de l'immobilité intérieure à laquelle parvenaient les yogis sylvicoles en se retirant du monde vit dans le monde même, qu'il est l'assise du monde réel. Le silence résonne à travers le son AUM et en lui. Ce qui est requis est donc un renversement de la perspective, renversement que la fuite rend impossible. Fuir suppose que l'on reconnaît l'existence de deux états contradictoires, l'esclavage et la délivrance. Les yogis doivent comprendre que toute distinction, quelle qu'elle soit, même celle-là, à laquelle ils vouent une affection particulière, appartient à la sphère de la logique rationnelle selon laquelle A n'est pas non-A. Il faut poser sur l'univers, sur les dieux, sur l'homme, sur toute chose un regard neuf, mais *un regard qui regarde*; il ne faut pas détourner les yeux.

Quoique dissimulé en toute chose
Cet Être invisible
Est visible aux yeux du subtil
Dont l'esprit s'élève, subtil.

Ainsi que le feu primordial pénètre le monde
Et devient forme de toute forme,
Ainsi l'Être intérieur de toute chose
Est la forme de toute forme et pourtant au-delà.

L'Être intérieur de toute chose, le Maître primordial,
Sa forme est multiple:
Le sage Le perçoit en lui,
Et le sage, nul autre, parvient à la béatitude éternelle[97].

L'aspect titan de *cette* connaissance nous devient apparent dès que l'on comprend que, puisque tout doit être vécu comme une épiphanie de la Puissance Divine Primordiale, il ne saurait exister de distinction entre le bien et le mal, la vertu et le vice, Dieu et le Diable, ainsi que voudraient nous le faire croire les seigneurs et gardiens du mandala. En fait (et ceci est devenu avec le temps l'un des principes de la «voie gauche»), accorder foi à cette croyance nous maintient prisonnier de l'état fragmentaire propre à ceux qu'enferment la Raison, la Vertu et la Loi. Les disciplines tantriques devant conduire à l'illumination, dans lesquelles les Cinq Interdits deviennent les Cinq Choses Parfaites, les cinq paliers qui permettent d'accéder au niveau de l'éveil, de même que les folles représentations érotiques qui abondent dans les temples hindous du Moyen Âge, nous apprennent que lorsque tout est divin, tout est renforcé – avec une emphase tout aussi impressionnante pour les consciences matérialistes, aisément scandalisées et anti-mystiques, que pouvait l'être l'intransigeant refus du monde de ceux qui, les premiers, ont prêché le rejet du corps.

Or, voici donc une autre discipline du détachement; cette fois, cependant, il ne s'agit pas du rejet des signes et des symboles mêmes qui, pour d'autres, sont ceux de l'engagement, mais du rejet de leurs référents. Tout au long de notre vie, tout au long de notre résidence dans cette sphère temporelle, l'arc doit nous projeter en avant. «*Bhoga* est *yoga*!» s'est transformé en «Religion égale béatitude!» Ou encore: «La voici! La voici!» Et tandis que, pour l'anachorète, tout plaisir des sens épelait le danger et distrayait l'esprit de la concentration nécessaire à l'atteinte de l'immobilité, et tandis qu'alors le premier exercice de la discipline était le *dama,* c'est-à-dire la «discipline», la «maîtrise des organes du corps externe», c'est maintenant le contraire qui se produit: *l'identité* de l'expérience temporelle à la sérénité éternelle, le *samsâra* et le *nirvâna,* sont le fondement de la philosophie et de sa mise en pratique. Que ce soit dans les élans de la passion ou dans le désert de l'ennui, le dogme ambrosiaque d'une présence universelle est mis à l'épreuve et sa vérité vécue dans les faits. «Dans l'océan de *brahman,* lit-on, rempli du nectar de la Béatitude absolue, que dois-je fuir et que dois-je accueillir, qu'est-ce qui n'est pas moi et qu'est-ce qui est autre[98]?»

Cette sorte de titanisme a sans doute connu son heure de gloire en Occident dans les premiers cultes gnostiques qui secouèrent le conformisme des Romains au point de ternir la réputation du christianisme. Un aphorisme gnostique dit: «Fendez le bâton, vous trouverez Jésus!» Le souvenir de ces croyances a été effacé de la mémoire occidentale, mais la Renaissance les a quelque peu ranimées. La notion de l'immanence de Dieu, qui a en grande partie inspiré le nouveau mode de vie de cette époque ainsi que le progrès de l'art, a favorisé une robustesse d'expérimentation qui a repoussé les limites non seulement de l'astronomie et de la géographie, mais également celles de la morale. «Pèche avec courage!» a proclamé Luther, *Fortiter pecca!* Il n'était pas le seul homme de sa génération à reconnaître la valeur spirituelle d'une telle injonction.

Mais nous sommes encore pris au piège, car nous sommes encore attachés à quelque chose. Nous sommes attachés à l'idée d'illumination, de flèche lancée, de détachement. Si l'on en croit ces disciplines pleines de lutte, de tumulte et d'extase, il y aurait toujours une importante différence entre «le subtil dont l'esprit s'élève, subtil», celui qui «sait», et ceux d'entre nous qu'une telle sagesse n'atteint pas. On doit encore rendre justice à l'importance suprême du principe de non-dualité, autrement dit l'identité de A et de non-A. Nous parvenons ainsi au quatrième et dernier palier de transformation du titan dans le contexte du mandala de la société.

Ce qui va suivre fait avancer d'un pas le principe que nous venons de décrire – celui de la troisième étape. Car si *bogha* et *yoga* sont un, si *samsâra* et *nirvâna* sont un, alors l'illusion est la connaissance, l'engagement le détachement, l'esclavage la liberté. Il n'y a rien à faire, aucun effort à fournir. Car dans notre esclavage même, nous sommes libres, et dans notre désir de délivrance nous sommes de plus en plus retenus dans notre esclavage – qui est aussi notre liberté.

C'est là ce que les physiciens modernes appelleraient, je crois, un «système de paires», un principe de complémentarité. Le premier de ces types d'expérience vécue entraîne toute chose, y compris nous-mêmes, dans un ensemble de facteurs spatio-temporels déterminants et nous y enferme; parallèlement, dans le second type d'expérience vécue (ces deux types d'expérience sont irréconciliables), toute chose, y compris nous-mêmes, ne cesse de se créer, de surgir spontanément. Le professeur Max Knoll a abordé cette situation dualiste dans ses conférences Eranos de 1951, quand il a comparé les modes de représentation dynamique et structural, énergétique et spatio-temporel de la physique et de la psychologie[99]. Dans le Mahayânâ, c'est-à-dire le bouddhisme du grand véhicule, cette idée s'exprime dans le concept et l'idéal du Bodhisattva, ce grand Rédempteur dont l'être *(sattva)* est illumination *(bodhi)* et qui, par amour et par compassion pour le monde – qui est déjà *nirvâna* – ne l'a pas encore quitté pour se dissoudre dans le *nirvâna*. L'aspect le plus important de cette doctrine paradoxale, de cet idéal, c'est que nous sommes tous ce Bodhisattva, à la fois entravés et libres, enfermés dans un ensemble de facteurs spatio-temporels déterminants tout en survenant de manière spontanée; bref, que toute chose est ce Bodhisattva. J'appellerai donc cette étape dans l'évolution du principe titan celle de la Prise de conscience de l'universalité de l'être rédempteur. «Observez les lis des champs, comme ils poussent: ils ne peinent ni ne filent.»

Délivrance, détachement, liberté *(moksa)* ne signifient donc plus «fuite»; ce terme se rapporte plutôt à un aspect de notre être actuel et de notre faculté d'être. L'état de Bodhisattva est justement et uniquement cette absence de dualité correspondant à la «paire»; bien que de façon générale on la considère et la dise dualiste, l'on sait d'emblée que ce n'est pas le cas. Comparons un instant cet idéal à celui de Prométhée défiant Zeus, qui met en lumière une dichotomie irréconciliable entre le principe de la liberté de l'individu et celui d'un ordre social et cosmologique. La prise de conscience du Bodhisattva nous incite à constater qu'une telle notion de dichotomie n'est qu'une conséquence de la pensée méthodique. Il conviendrait de dire plutôt que, pour obéir au principe de complémentarité, Prométhée et Zeus, moi et le Père ne sommes qu'un.

Mais comment parvenir à cette prise de conscience qui, cependant, loge déjà en nous?

Une légende du Bouddha le décrit occupé à enseigner, à s'adresser à l'esprit de ceux qui ont des oreilles pour entendre. Au cours de son enseignement, il prit un lotus dans sa main et le présenta à l'assemblée. Le seul qui ait eu des yeux capables de voir le lotus était le sage Kashyapa, car il était sur le point de recevoir l'illumination. D'un point de vue religieux ou doctrinal, on pourrait allégoriquement voir dans le lotus du Bouddha le lotus de l'univers, qui est le véhicule de notre rédemption. Car, ainsi que nous l'enseigne une célèbre prière bouddhiste: «Le joyau est dans le lotus» (OM MANI PADME HUM) – le joyau du *nirvâna* est dans le lotus de l'existence. En d'autres termes, puisque pour ceux qui ont reçu l'illumination et qui ont transcendé l'illusion dualiste des sens et de la pensée rationnelle, entrave et liberté ne font qu'un, l'univers lui-même, avec son charroi de souffrances et d'imperfections, doit être vu comme le lotus éclatant d'un monde de pureté absolue et de joie. L'on pourrait certes supposer que le lotus dans la main du Bouddha faisait allusion à une notion de cet ordre, et que ce référent conférait au symbole sa signification. Mais, bien entendu, en bons logiciens modernes qui aspirent à l'exactitude scientifique, nous pourrions nous demander si cette proposition peut être vérifiée directement ou indirectement. À défaut d'une telle démonstration, nous aurions le choix soit de la rejeter en tant que fausse hypothèse, soit de la reléguer, à l'égal d'un poème, d'un cri ou d'une œuvre musicale, au domaine de l'expression des sentiments, en tant que gracieuse manifestation de l'attitude du Bouddha eu égard à l'univers, de son humeur ou de son tempérament, de son affinité avec le monde de la nature, de son charme personnel ou que sais-je. Toutefois, ces considérations référentielles, ces propositions logiques, ces intuitions psychologiques et ces grands soucis d'exactitude ne nous permettraient pas même de voir ou d'imaginer ce qu'a vu Kashyapa quand il a vu ce qu'il a vu, c'est-à-dire *ce lotus*.

Dans son petit ouvrage intitulé *Les Portes de la perception,* Aldous Huxley relate les sensations qu'il a ressenties un jour, après avoir consommé quatre dixièmes de gramme de mescaline dans un demi-verre d'eau. Il décrit une chaise aperçue dans un jardin.

> Pendant ce qui m'a semblé un temps fort long, j'ai observé ce qui était devant moi sans savoir de quoi il s'agissait, sans même désirer le savoir. En tout autre temps, j'aurais vu une chaise rayée de lumière et d'ombre. Aujourd'hui, la perception de l'objet avait avalé le concept. J'étais si absorbé dans l'acte de regarder, si frappé de ce que je voyais réellement, que je n'avais aucune conscience du reste. Là où l'ombre tombait sur la toile de la chaise, de brillantes bandes indigo alternaient avec des bandes d'une telle incandescence qu'il devenait difficile de croire qu'elles puissent être autre chose qu'un incendie bleu. Meubles de jardin, lattis, lumière du soleil, ombre – tout cela n'était que mots, notions, simples verbalisations n'ayant qu'un rôle utilitaire, après coup.

Tandis que sur le coup, j'avais devant moi cette file de gueulards de chaudières bleu azur séparés par des gouffres bleu gentiane d'une profondeur inouïe. C'était d'une beauté indescriptible, magnifique au point d'en devenir terrifiant. Et soudain, j'ai cru savoir ce que c'est qu'être fou[100].

C'est ainsi, j'imagine, que Kashyapa a vu le lotus dans la main du Bouddha, sans toutefois en ressentir une telle émotion. Ce qu'il voyait ne se rapportait en rien à un enseignement associé au lotus, à l'expression du tempérament, de l'humeur, des sentiments ou des émotions du Bouddha. Cela ne relevait pas davantage de la botanique. Il voyait tout simplement *ce* lotus: ce qu'il était et rien d'autre: un *mysterium tremendum* – comme nous tous. Mais nos référents nous protègent les uns des autres, ces engrammes d'un ordre cosmique qui nous ont été inculqués et auxquels notre cerveau relie sur-le-champ l'information absorbée par les sens. Obéissant à ces référents, nous laissons le concept avaler l'objet perçu, renversant de la sorte le processus d'une révélation, refusant l'expérience. Pourtant, toute chose et tout individu agissant partout et sans cesse autour de nous, qui persistent dans leur volonté d'être ce qu'ils sont et rien d'autre, aspirent de toutes leurs forces à une telle sensation d'eux-mêmes.

Certains cerveaux recourent à la mescaline pour anéantir leurs référents; d'autres cherchent un apaisement dans le battement hypnotique du tambour ou l'organisation rythmique d'une œuvre d'art. (Par exemple, qui a jamais vraiment observé une paire de chaussures avant que Van Gogh ne nous en montre?) Certaines pratiques religieuses qui requièrent la répétition de syllabes dénuées de sens ou presque, la contemplation d'une image ou d'un tracé, le long déchiffrement d'énigmes métaphysiques qui épuise le cerveau, tendent peut-être vers un résultat similaire: l'engourdissement, la torpeur, la dissolution de la pensée active et la délivrance des sens. Les phénomènes oniriques nous impressionnent en général davantage que ceux de l'état de veille, tout simplement parce que le cerveau endormi n'est pas sur ses gardes. Si nous pouvions le surprendre à l'état de veille, cet univers «instantanément obvie» *(pratyaksa)*, privé du vernis du sens, nous apparaîtrait alors dans toute sa lumière. Nous vivrions une expérience *paramârtha pratyaksa*: «de la plus haute évidence»; «immédiate, éclatante, absolument directe».

Les maîtres zen de Chine et du Japon décrivent ce type d'expérience par une expression qui peut paraître bizarre ou énigmatique: la «doctrine du non-esprit». Je crois cependant que si nous la formulions en termes plus accordés à notre culture, nous constaterions l'avoir vécue à l'occasion. Pour parler simplement, lorsqu'une situation ou un phénomène donnés évoquent en nous un *sentiment d'exister* (plutôt que *la certitude d'une signification),* nous avons vécu une expérience de cet ordre. Ce sentiment d'exister peut être superficiel ou profond et plus ou moins intense, selon notre aptitude ou notre degré de préparation. Mais même un choc passager (par exemple, voir tout à coup paraître la lune au-dessus des toits ou entendre un oiseau percer la nuit de son cri) peut donner lieu à une expérience de l'ordre du non-esprit, c'est-à-dire de l'ordre de la poésie, de l'ordre de l'art. Une telle occurrence éveille notre réalité-au-delà-du-sens (ou, mieux dit, *nous* sommes éveillés à notre réalité-au-delà-du-sens), et nous éprouvons un affect qui n'est ni pensée ni émotion, mais choc intérieur. En se dégageant de ses références cosmiques, ce phénomène nous a délivré de nous-même, selon un principe bien connu en magie voulant que le même engendre le même, ou, toute chose engendre son double. En fait, tant la magie de l'art que l'art de la magie procèdent de sensations de cet ordre et les sollicitent. D'où les propriétés évocatoires des sons inintelligibles, des incantations magiques, des verbalisations dénuées de sens de la métaphysique, de la poésie lyrique et de l'interprétation artistique. Leur rôle est suggestif, non pas référentiel: le rythme du tambour chamanique contre la formule d'Einstein. Un instant plus tard, nous avons identifié cette expérience, nous la formulons et la ressentons rationnellement: nos pensées et nos sentiments sont des lieux communs, sentimentaux ou profonds, selon notre degré de culture. Mais eu égard à notre vie, nous venons d'éprouver, l'espace d'un instant, le sentiment d'exister. Nous avons connu un moment inappréciable, libre, lyrique, antérieur à toute pensée et à tout sentiment, un moment qu'aucune proposition empiriquement vérifiable ne saurait transmettre, un moment que l'art seul peut traduire.

Il est temps pour moi de formuler ici deux ou trois suggestions, en guise de conclusion.

Premièrement, puisque nous traitons ici d'une expérience qui ne procède pas du relativement connu mais de l'inconnaissable, on ne saurait parler ici de «connaissance» dans le sens occidental du terme. Il est vrai que l'on rend habituellement les mots sanskrits *bodhi, vidyâ* et *prajñâ,* qui désignent ce champ d'expériences, par «connaissance, connaissance suprême, illumination, éclairement ou sagesse»; mais il est impossible à ces termes, dans notre contexte culturel, de traduire exactement le sens que nous recherchons. Selon l'usage oriental, l'ensemble de ce que ces mots de notre vocabulaire désignent est appelé *a-vidyâ,* «la non-connaissance, le revers de la sagesse, l'igno-rance, la déraison, l'illusion». Acceptons cette proposition et con-venons que le but de l'art, de la métaphysique, des incantations ma-giques et du mysticisme religieux n'est nullement la connaissance de quelque chose, ni la vérité, ni la bonté ou la beauté, mais bien l'évoca-tion du sentiment de l'inconnaissable. À la science de s'occuper du connaissable.

Ainsi, l'art et la science (et j'englobe ici, comme le suggère le professeur Rudolf Carnap que j'ai déjà cité, dans le mot «art», tout le lexique de la métaphysique et de la religion), l'art et la science, dis-je, constituent un «système de paires». L'art a pour fonction de procurer un *sentiment d'exister,* non pas la *certitude d'une signification*: ceux qui recherchent un sens certain, qui manquent d'assurance et vacillent lorsqu'ils découvrent que le réseau de significations dont s'étaye leur existence a été démantelé sont certes ceux-là mêmes qui n'ont pas encore ressenti assez profondément, continûment ou de façon suf-fisamment convaincante ce sentiment d'exister – de surgissement spontané et consentant – qui est le premier et plus profond trait de l'existence, et dont l'éveil est du ressort de l'art.

Quel est donc le sens d'une fleur? Dépourvue de sens, la fleur devrait-elle exister?

Pour revenir à la question qui nous occupait plus tôt, soit le sym-bole, nous pouvons dire que, comme tout le reste, le symbole présente un double aspect. Nous devons distinguer entre le «sens» et la «signi-fication» du symbole. Il m'est tout à fait clair que tous les grands et petits systèmes symboliques du passé fonctionnaient simultanément sur trois plans: le plan matériel, qui est celui de l'état de veille, le plan spirituel du rêve et le plan ineffable de l'inconnaissable. Le terme «si-gnification» ne peut se rapporter qu'aux deux premiers qui sont, aujourd'hui, du ressort de la science, dont le champ de compétence n'est pas le symbole, mais bien le signe. L'ineffable, l'absolument inconnaissable ne saurait être que *ressenti,* de nos jours, tant dans le sanctuaire de la religion que partout ailleurs. C'est le domaine de l'art – qui n'est pas avant tout ou uniquement «expression de sentiments» (comme l'ont laissé entendre le professeur Carnap et les autres posi-tivistes), mais une quête et une formulation d'images évocatrices et libératrices d'énergie, d'où émane ce que Sir Herbert Read a appelé «une sensuelle appréhension d'exister».

Je ne m'étendrai pas davantage sur cet aspect. À ce point, la cor-rélation entre la force morale du chasseur paléolithique individualiste et sa disposition à affronter sans filet protecteur les expériences spirituelles accessibles au genre humain me paraît évidente. Car je suis d'avis (sans pour autant vouloir faire ressortir cet argument) qu'existe un lien de cause à effet entre le degré d'évolution de la psyché et la part de sensations immédiates que l'individu est en mesure de subir et d'absorber, et que, chez le représentant inachevé d'une culture fondée sur l'agriculture, le développement et le façonnement d'une psyché conditionnée par le mandala ont rendu cet individu inapte à capter dans son entier l'impact de quelque *mysterium* que ce soit. Aldoux Huxley a noté que ce qu'il a vu quand il *a vraiment vu* quelque chose était «[beau] jusqu'à en devenir presque terrifiant» et qu'il a pressenti à ce moment ce que c'est qu'être fou. Les fous sont des individus qui, ayant rompu tout contact avec le sens, avec cette partie intégrante de la conscience rationnelle, ne peuvent le restaurer, tandis que le grand artiste, comme le chaman, le *paramahamsa,* le «suprême oiseau migrateur» de la transe yogique du titan, peut être emporté au loin puis revenir.

Venons-en à ma deuxième proposition: maintenant que le mandala lui-même, la structure du sens à laquelle la société et ses gardiens veulent nous attacher, se dissout, ce qui nous est demandé tant d'un point de vue spirituel que matériel est bien plus l'autonomie propre à notre héritage chamanique que la piété timorée qui nous a été léguée par les grands prêtres du néolithique. Ceux d'entre nous qui n'ont jamais manifesté une audace de titans mais se sont contentés d'obéir avec le plus de loyauté possible aux commandements de Zeus, de Yahvé ou de l'État constatent aujourd'hui que ces commandements mêmes fluctuent et changent avec le passage du temps. Car le cercle, le mandala de la vérité, s'est rompu. Il s'est ouvert, et nous voguons sur un océan plus immensurable que celui de Colomb. Les propositions scientifiques responsables de cette brisure et auxquelles on nous renvoie pour assurer notre moralité, notre connaissance et notre sagesse ne se prétendent pas conformes à une vérité définitive, elles ne sont ni infaillibles ni durables; ce ne sont que des hypothèses de travail, valables un jour, périmées le lendemain. Nous naviguons à l'estime, il n'y a pas de terre en vue, pas d'Hispaniola que n'estompent à court terme de nouvelles révélations du dehors et du dedans.

Au moment de quitter le Paradis terrestre, alors qu'il se trouve au sommet de la montagne cosmique dans le bas océan et qu'il va rejoindre la lune, Dante dit: «Ô vous, qui, montés sur une frêle barque, suivez la marche de mon vaisseau, désireux d'écouter mes chants, retournez revoir vos rivages, ne vous avancez pas en pleine mer, de peur de vous égarer si vous perdiez mes traces! On n'a jamais parcouru les ondes où je m'engage aujourd'hui. Minerve enfle mes voiles,

Apollon me conduit, et les neuf Muses me signalent les Ourses[101].»
Mais grâce à un ensemble de principes théologiques, Dante est parvenu sain et sauf au terme de son périple: l'Empyrée, le Fleuve de
lumière et la Rose blanche céleste, au-delà de la sphère des Étoiles
fixes. Là, dit-il, il vit que le cercle et l'image s'accordaient et que
s'opérait l'union des deux natures. Il fut éclairé de la splendeur de la
divine grâce, et ainsi que deux roues obéissent à une même action, sa
pensée et son désir, dirigés avec un même accord, furent portés ailleurs
par l'amour sacré qui met en mouvement le soleil et les autres
étoiles[102].

Le cercle d'aujourd'hui est plutôt celui qu'annoncerait deux siècles plus tard le génie de Nicolas de Cuse, soit le cercle dont la circonférence n'est nulle part et le centre est partout, le cercle au rayon
infini qui est aussi la ligne droite[103]. En d'autres termes, le sens que
nous connaissons est le sens qui est non-sens, car il n'existe aucun
paramètre qui puisse l'expliciter. S'il veut être en mesure de tolérer
une telle situation temporelle, chacun doit découvrir le titan en lui-
même et affronter sans peur un univers ouvert à tous vents.

Les recherches et les écrits de Jung nous ont appris que l'objectif profond et le problème auquel fait face la psyché d'aujourd'hui consiste à recouvrer son intégrité. Mais un tel recouvrement nous enfon-
cera bien plus profondément en nous-mêmes et dans l'univers que tous
nos concepts, toutes nos notions de l'Homme ou de l'*humanitas* ne
peuvent l'imaginer. Comme le disait le poète californien Robinson
Jeffers:

> Humanité, point de départ de l'espèce; je dis
> L'humanité est ce moule dont il faut nous défaire, cette coquille à
> briser, ce charbon à raviver,
> L'atome qu'il nous faut diviser[104].

Jung a décrit le premier stade du processus d'individuation non
pas comme un renforcement, mais comme une dissolution de l'identification de la personnalité de l'individu aux revendications des archétypes collectifs. J'ai tenté de démontrer que ces derniers non seulement
relèvent de la psyché mais aussi de l'histoire de la société et qu'ils sont
en pleine dissolution. La méthode scientifique nous a affranchis, intel-
lectuellement parlant, des absolus de l'ère mythologique; l'autorité
divine de l'État fondé sur la religion a fondu, du moins en Occident; et
la machine à moteur libère peu à peu les êtres humains des tâches
physiques exigeantes qui avaient autrefois valeur de discipline morale.

Toutes ces forces libérées constituent, selon Jung, un surplus d'énergie psychique pouvant être réorienté vers des tâches spirituelles. Ces tâches spirituelles ne sauraient être que ce que j'appelle le devoir de l'art.

La Renaissance, à laquelle nous sommes redevables dans une large mesure de la vision scientifique, a atteint son apogée en 1492 – année du décès de Laurent le Magnifique, de la chute de Grenade et de la découverte du Nouveau Monde. Cette année-là, Léonard de Vinci avait quarante ans, Machiavel vingt-trois ans et Copernic dix-neuf ans. C'était aussi, par une pure coïncidence, l'année de la première bataille de la Révolution américaine, celle où James Watt eut l'idée du condenseur séparé qui a permis la mise au point de la première machine à vapeur. En un certain sens, le monde dans lequel nous vivons aujourd'hui est réellement, ou tout au moins virtuellement, né en 1492, puis il a été sauvé en 1776.

Il est hautement improbable que nous assistions au cours de notre vie à la découverte d'un autre rocher où Prométhée puisse à nouveau être solidement enchaîné, ou sur lequel pourront sans crainte prendre appui ceux d'entre nous qui n'ont rien du titan. Les recherches inventives et les audaces de nos scientifiques contemporains participent beaucoup plus de l'esprit léonin du chamanisme que de la piété cléricale et paysanne. Ils n'ont plus peur des entraves du serpent. Si nous voulons être dotés d'un courage semblable au leur et entrer joyeusement dans leur univers dénué de sens, nous devons permettre à notre esprit de prendre lui aussi son envol, de devenir comme eux des oiseaux migrateurs, de voler hors du temps et de l'espace – à l'image de la Vierge Marie – non pas vers un paradis immobile par-delà le firmament (car il n'y a pas là de paradis), mais vers ce siège de l'expérience, à la fois dehors et dedans, où Prométhée, Zeus, moi et le Père, le non-sens de l'existence et le non-sens de la signification du monde, ne faisons qu'un.

Notes

1. Saint Thomas d'Aquin, *Somme théologique,* Première partie, Question 102, Article I, Réponse 3; Paris, Éd. du Cerf, 1984-1986, 4 vol.
2. Bède, *Glossa ordin.,* super Genesis, 2:8 (I, 36F).
3. Saint Augustin, *La Genèse au sens littéral,* (Œuvres complètes, vol. 48-49), Bruges, Desclée de Brouwer, 1972. Voir aussi *La Cité de Dieu* (Œuvres complètes, vol. 33-37), Paris, Desclée de Brouwer, 1959-1960.

4. Saint Thomas d'Aquin, *Somme théologique,* I, 102, 1.
5. Christophe Colomb, *La Découverte de l'Amérique,* Paris, Éd. La Découverte,vol. I: Journal de bord, 1492-1493; vol. 2: Journal de bord, 1493-1504; vol. 3: Écrits et documents, 1492-1506.
6. *Loc. cit.*
7. G. do Santillana, *Le Procès de Galilée,* Paris, Le Club des meilleurs livres, 1955, pp. 378-384.
8. *The New York Times,* 1er juillet 1968, p. 23: «Texte de l'Encyclique et de la profession de foi du pape Paul VI pour souligner la fin de l'année de la Foi», troisième colonne, lignes 58-64: «Au terme de sa vie sur terre, le corps et l'âme de l'Immaculée Vierge Marie furent emportés vers la gloire céleste à l'image de son Fils ressuscité dans l'attente du Jugement dernier.»
9. Rudolf Carnap, *Philosophy and Logical Syntax,* Londres, K. Paul Trench, Trubner and Co., 1935, pp. 674-685.
10. C.G. Jung, *Types psychologiques,* Genève, Georg, 1950.
11. *Cf.* Ananda K. Coomaraswany, *The Transformation of Nature in Art,* chapitre V, «Paroksa», p. 129, d'où j'ai tiré mon interprétation des termes indiens et leur rapprochement avec les termes «signe» et «symbole» de C.G. Jung.
12. D. A. E. Garrod et D. M. A. Bate, *The Stone Age of Mount Carmel,* Londres, Oxford University Press, 1937.
13. Comparer James Mellaart, *Çatal Hüyük: A Neolithic Town in Anatolia,* New York, McGraw-Hill Book Company, 1967, pp. 17-26, et l'hypothèse antérieure de Robert J. Braidwood, *Prehistoric Man,* Chicago, Chicago Natural History Museum Press, 1948, 3e édition, 1957, p. 113.
14. Kathleen M. Kenyon, *Archæology in the Holy Land,* New York, Frederick A. Praeger, 1960, p. 48.
15. *Ibid.,* p. 48.
16. James Mellaart, «Hacilar: A Neolithic Village Site», *Scientific American,* vol. 205, n° 2, août 1961, p. 90.
17. *Ibid.,* p. 89.
18. Kenyon, *op. cit.,* pp. 51-54.
19. Mellaart, *Çatal Hüyük: A Neolithic Town in Anatolia, op. cit.,* p. 22.
20. *Ibid.,* p. 184, figure 52.
21. *Ibid.,* p. 124, figure 37.
22. *The Masks of God,* vol. II, *Oriental Mythology,* p. 53.
23. Mellaart, *Çatal Hüyük,* bas de vignette de la planche 83.
24. *Ibid.,* planche 83.
25. *Ibid.,* pp. 82-83, figures 14 et 15.

26. *Ibid.,* pp. 106-107.

27. *Ibid.,* planche 27.

28. *Ibid.,* planche 28.

29. *Ibid.,* bas de vignette des planches 27 et 28.

30. *Ibid.,* pp. 217-218.

31. Mellaart, «Hacilar: A Neolithic Village Site», pp. 94-95.

32. *Ibid.,* p. 92.

33. Kenyon, *op. cit.,* pp. 68-69.

34. *Ibid.,* p. 46.

35. André Leroi-Gourhan, *Les Religions de la préhistoire,* Paris, Presses Universitaires de France, 1964, pp. 84-90.

36. *Ibid.,* p. 103.

37. *Cf.* Abbé H. Breuil, *Quatre cents siècles d'art pariétal,* Montignac, Dordogne, Centre d'Études et de Documentation Préhistoriques, s.d., pp. 66, 160-165, 168-175, 154-157, 300-301, 320, 324-325, 389.

38. Henry Fairfield Osborn, *Men of the Old Stone Age,* New York, Charles Scribner's Sons, 3ᵉ édition, 1925, p. 464.

39. On trouvera des exemples de poteries de Halaf dans la belle série de reproductions intitulée «From the potter's shop», publiée par M.E.L. Mallowan et J. Cruikshank Rose, «Excavations at Tall Arpachiya», «*Iraq*» (British School of Archeology in Iraq), vol. II, 1ʳᵉ partie, 1935; pour un survol des thèmes des poteries de Samârrâ, consulter Robert J. et Linda S. Braidwood, Edna Tulane et Ann L. Perkins, «New Chalcolithic Material of Samarran Type and Its Implications», *Journal of Near Eastern Studies,* vol. III, nº 1, janvier 1944, appendice.

40. Géza Ròheim, *Magic and Schizophrenia,* New York, International Universities Press, 1955, pp. 50-51.

41. *Cf.* Lidio Cipriani, «Fouilles des débris de cuisine sur un site des îles Andaman», *Actes du IVᵉ Congrès international des sciences anthropologiques et ethnologiques,* Vienne, 1-8 septembre 1952, Wien, A. Holzhausen, Nfg., 1954-1958, 3 vol., vol. II, pp. 250-253.

42. C'est l'un des six oiseaux sculptés dans des défenses de mammouth qui furent exhumés à proximité du village de Mezin, sur la rive droite de la Desna, à mi-chemin environ entre Briansk et Kiev et que décrit le Dʳ Fran Hancar («Zum Problem der Venusstatuetten in eurasiatischen Jungpaläolithikum»), *Prähistorische Zeitschrift,* XXX-XXXI Band, 1939-1940, 1/2 Heft, pp. 85-156: «Une projection en forme de coin suggère la tête. Le dos se poursuit sans interruption tout au long de la queue, qui est longue, tandis que la poitrine et l'abdomen sont d'une protubérance exagérée

et forment un angle droit avec la queue. Cette longue queue se déploie légèrement en éventail à son extrémité. Un motif géométrique complexe recouvre toutes les parties planes et distingue encore plus l'oiseau de son modèle vivant. Sur les différentes parties de ces curieuses formes apparaît une variété de bandes en lignes brisées et de zigzags, de hachures parallèles, de triangles et de méandres. Le motif le plus intéressant est celui que nota le Russe V.A. Gorodcov, soit un magnifique svastika composé de méandres réunis sur le dessous d'un des oiseaux de petite taille. [...]

«Ce petit oiseau sculpté de Mezin, poursuit le Dʳ Hančar, est le premier exemple connu de svastika. Il est particulièrement intéressant qu'il nous soit offert en conjonction avec un oiseau sculpté.» Ce fait, selon le point de vue de Gorodcov, suggère un lien génétique entre le symbole et son prototype et rappelle l'hypothèse de Karl von den Steinem («Prähistorische Zeichen und Ornamente», dans *Festschrift für Adolf Bastian zu seinem 70. Geburstag,* Berlin, D. Reimer, 1896, pp. 247-288) et de A.A. Bobrinskoi, selon lesquels le svastika représenté par un oiseau stylisé aux ailes éployées – en particulier lorsqu'il s'agit d'une cigogne tueuse de serpents – est le symbole du triomphe du Bien, du Printemps et de la Lumière.

43. *Cf.* Braidwood et Braidwood, Tulane et Perkins, *loc. cit.*
44. *Cf.* Mallowan et Rose, *loc. cit.*
45. V. Gordon Childe, *New Light on the Most Ancient Near East,* New York, D. Appleton-Century Company, 1934, p. 160, figure 59.
46. Mallowan et Rose, *op. cit.,* pp. 177-178.
47. Robert J. Braidwood définit les trois premières de ces périodes comme suit: l'Âge de la naissance de l'agriculture et de la domestication des animaux; l'Âge de la culture fermière villageoise; l'Âge de la paysannerie dotée de bourgs marchands et de temples (*cf.* Robert J. et Linda Braidwood, *op. cit.,* pp. 282-287, 287-309 et 288, n. 19). La période de transition de Ourouk A à Ourouk B (de l'Âge de la paysannerie dotée de bourgs marchands et de temples à l'Âge de l'organisation cosmologique de la cité-État, soit de mon «néolithique supérieur» à mon «État hiératique», ca. ~3200) est longuement étudiée par Speiser, *op. cit.,* pp. 24-31; Childe, *op. cit.,* chap. VI et von Heine-Geldern, *op. cit.,* pp. 86-87.
48. «La déification des rois et le culte qui leur est rendu au cours de leur règne sont typiques de la religion sumérienne de la dernière dynastie de Ur et des dynasties subséquentes de Isin et de Larsa.»

(Stephen Herbert Langdon, *Semitic Mythology*, «*Mythology of All Races*», vol. V, Boston, Marshall Jones Company, 1931, p. 336.) Nous ne savons pas encore très clairement à quel moment s'est effectué en Mésopotamie le passage de ce concept du roi déifié à celui de roi en tant que simple grand-prêtre désigné par les puissances supérieures, ou «Tenancier» de la divinité. Les supposées «Sépultures royales» d'Ur (que certains spécialistes situent maintenant aussi tard que ~2500: voir H. Frankfort, *The Birth of Civilization in the Near East,* p. 71, n. 1) ont semé une grande confusion. «Selon moi, écrivit leur découvreur, les salles funèbres d'Ur abritaient des rois locaux, vassaux des rois de la Première Dynastie d'Erech, et ils datent de la seconde moitié du quatrième millénaire avant Jésus-Christ.» (C. Leonard Woolley, *The Chronology of the Early Graves at Ur,* «Processings of the First International Congress of Prehistoric and Protohistoric Sciences», Londres, 1932 et Oxford University Press, 1924, p. 164). Frankfort, quant à lui, soutient que les principaux personnages découverts dans ces sépultures n'ont jamais été de véritables rois ou reines, mais leurs substituts mâles et femelles dans un rituel de mort et de résurrection. «Les principaux acteurs seraient donc [...] le prêtre, représentant de Dieu auprès du roi dans ce rituel fatal, et l'épouse divine.» (Frankfort, «Gods and Myths on Sargonid Seals», *Iraq,* vol. I, 1re partie, 1934, p. 12, n. 3.) En Égypte, en Inde, en Chine et au Japon, le concept du roi déifié ou fils du dieu a survécu très longtemps.

On trouvera une description et une discussion autour de la notion mésopotamienne du cosmos en tant qu'État et de la ville en tant que demeure du dieu gardée par son «Tenancier» dans Thorkild Jacobsen (en collaboration avec John A. Wilson, Henri et Mme Henri Frankfort), *Before Philosophy,* Penguin Books, 1949, pp. 137-216. Voir aussi Hugo Winckler, *Himmels und Weltenbild der Babylonier als Grindlage der Weltanschauung und Mythologie aller Völker,* Leipzig, J.C. Hinrichs, 1901, et *Die babylonische Kultur in ihren Beziehungen zur unsrigen,* Leipzig, J.C. Hinrichs, 1902. Enfin, on trouvera un ensemble prodigieux de preuves attestant la notion de roi déifié dans le passé archaïque de toutes les grandes civilisations dans James George Frazer, *Le Rameau d'or,* Paris, Laffont, 1981-1984, 4 vol.

49. En ce qui a trait à cette datation, je me range, dans l'ensemble, à l'opinion de von Heine-Geldern, «Theoretical Considerations Concerning the Problem of Pre-Columbian Contacts between the

Old and New World», communication présentée au *Ve Congrès international des sciences anthropologiques et ethnologiques*, Philadelphie, septembre 1956. Les points saillants font l'objet d'un résumé dans l'article déjà cité, «The Origin of Ancient Civilizations», *Diogenes* 13, pp. 81-99. Une diffusion transpacifique antérieure de certains éléments de ce complexe horticole est également probable; voir, par exemple, Adolf E. Jensen, *Das religiöse Weltbild einer frühen Kultur,* pp. 93-125. Pour une approche générale de la continuité culturelle asiatico-américaine, *cf.* Gordon F. Elkholm, «The New Orientation toward Problems of Asiatic-American Relationships», *New Interpretations of Aboriginal American Culture History,* publié à l'occasion du 75e anniversaire de l'Anthropological Society of Washington, Washington, D.C., 1955, pp. 95-109.

50. Platon, *Timée,* trad. Luc Brisson, Paris, Garnier-Flammarion, 1992, pp. 216-217.

51. Voir pp. 61-64.

52. Adolf Portmann, «Das Ursprungsproblem», *Eranos-Jahrbuch 1947,* p. 27.

53. D. T. Suzuki, *Essays in Zen Buddhism,* Première série, p. 224.

54. *Cf.* Sri Krishna Menon, *Atmanirvriti,* Trivandum, Vedanta Publishers, 1952, p. 18, 1re partie.

55. C.G. Jung, *Psychologie et religion,* Paris, Corréa, 1958.

56. *Ibid.,* p. 99.

57. Paracelse, *Évangile d'un médecin errant,* Paris, Arfuyen, 1991. Voir aussi Paracelse, *Selected Writings,* sous la direction de Jolande Jacobi, New York, Pantheon Books, 1951; cité par Giorgio De Santillana, *The Age of Adventure,* New York, George Braziller, Inc., 1956, p. 194.

58. Robert H. Lowie, *Primitive Religion,* New York, Boni and Liveright, 1924, p. 7.

59. Ruth Benedict, *Patterns of Culture,* Boston, Houghton Mifflin Company, 1934, p. 54.

60. Alex D. Krieger, «New World Culture History: Anglo-America», dans *Anthropology Today,* sous la direction de A. L. Kroeber, Chicago, University of Chicago Press, 1953, p. 251.

61. Opler, *op. cit.,* p. 1.

62. *Ibid.,* pp. 1-18. Passage tronqué.

63. *Ibid.,* p. 17.

64. *Râmâyana 1.45; 7.1.*

65. Opler, *op. cit.,* p. 26.

66. *Vôluspà*, 45 sq.

67. Eschyle, *Prométhée enchaîné*, traduction et notes par E. Chambry, Paris, Garnier Flammarion, 1964, lignes 975-976 et 1003-1006.

68. Voir pp. 120-121.

69. Herbert J. Spinden, «First Peopling of America as a Chronological Problem», dans *Early Man,* sous la direction de George Grant MacCurdy, Philadelphie et New York, J. B. Lippincott Company, 1937, pp. 106-110. Le rejet de Spinden de la première datation se fonde sur les documents disponibles à ce moment. Pour une opinion plus récente, *cf.* F. H. H. Roberts, «Earliest Men in America. Their Arrival and Spread in Late Pleistocene and Post Pleistocene Times», *Cahiers d'histoire mondiale,* vol. I, n° 2, octobre 1953, pp. 255 sq.

70. N. N. Cheboksarov et T. A. Trofimova, «Antropologicheskoe inzuhemie Mansi», *Kratie soubschenia* II, M. K. 9, tel que rapporté par H. Field et E. Protov, «Results of Soviet Investigations in Siberia», *American Anthropologist,* vol. 44, 1942, p. 403 n.

71. Franz Hancar, *op. cit.,* pp. 106-121, et Alfred Salmony, «Kunst des Aurignacien in Malta», *Ipek,* Berlin, 1931, pp. 1-6.

72. Mircea Eliade, *Le Chamanisme et les techniques archaïques de l'extase,* Paris, Payot, 1951.

73. Uno Holmberg (Harva), *Finno-Ugric, Siberian Mythology,* «The Mythology of All Races», Boston, Marshall Jones Company, 1927, vol. IV, p. 449.

74. B. Munkacsi, *Vogul Népköltesi Gyüjtemény,* vol. II, Budapest, 1893, p. 7; cité par Géza Ròheim, *Hungarian and Vogul Mythology,* New York, J. J. Augustin, 1954, p. 22.

75. Munkacsi, *op. cit.,* vol. II, 1re partie, 1910-1921, p. 066; cité par Ròheim, *Hungarian and Vogul Mythology,* p. 30.

76. Voir pp. 173-174 et note 42.

77. Voir p. 122.

78. D'après G. V. Kenofontov, *Legendy i rasskazy o shamanach u. yakutov, buryat i tungusov,* Moscou, 1930, traduit par Adolf Friedrich et Georg Buddruss, *Schamanengeschichten aus Sibirien,* Munich, Otto-Wilhelm-Barth-Verlag, 1955, p. 213.

79. Jung, *Les Types psychologiques.*

80. *Mundaka Upanishad,* 2.3.4. Voir aussi la *Dhyânabindu Upanishad,* 14-15, dans *Upanishads du yoga,* Paris, trad. de Jean Varenne, Gallimard, 1971, p. 97.

81. Voir pp. 155-156.

82. *Tao Te Ching,* I.

83. Saint Thomas d'Aquin, *Somme contre les Gentils*, Paris, Éd. du Cerf, 1993, chap. V.

84. *Kena Upanishad*, 2.2.4. Voir aussi la *Yogatattva Upanishad*, 7, dans *Upanishads du yoga*, p. 69.

85. Des symptômes similaires affectèrent le jeune Amérindien Black Elk avant et pendant son expérience de la «grande vision». Voir p. 136. Neihardt décrit ces symptômes dans son *op. cit.,* pp. 21-22.

86. Kenofontov, *op. cit.,* traduction allemande de Friedrich et Buddruss, pp. 211-212.

87. *Cf.* W. Schott, «Über den Dopelsinn des Wortes Schamane und über den tungusischen Schamanencultus am Hofe des Mendju-Kaisers», *Abhandlungen der Berliner Akademie der Wissenschaften*, 1842, pp. 461-468. Cet emprunt est rejeté, faute de preuves, par le professeur J. A. MacCulloch (*Encyclopædia of Religion and Ethics,* sous la direction de James Hastings, vol. XI, p. 441, article «Shamanism») et par les compilateurs de l'*Oxford English Dictionary,* vol. IX, p. 616, mais il est retenu par ceux du *Webster's New International Dictionary of the English Language,* 2ᵉ édition, 1937, à l'article «shaman». Cet emprunt hypothétique proviendrait du pâli *Samana (sramana* en sanskrit), par l'intermédiaire du chinois *sham mên*.

88. Voir W. Y. Evans-Wentz, *Tibet's Great Yogi Milarepa,* Londres, Oxford University Press, 1928.

89. Je ne crois pas me tromper en affirmant que, dans une zone aussi ouverte que pouvait l'être la Chine médiévale aux influences des centres où s'est développé le chamanisme du paléolithique supérieur, la signification de ce motif n'a pu subir de modification majeure.

90. Michel-Ange, *Sonnet LXV, «Giunto è già...»*, dédié à Giorgio Vasari.

91. *Vedântasâra* 17.

92. *Les Yoga-sutra*, Paris, Albin Michel, 1991.

93. *Vajracchedika* 32.

94. Arthur Schopenhauer, *Le Monde comme volonté et comme représentation,* Paris, PUF, 1992, conclusion.

95. *Mandukya Upanishad* 9-11.

96. *Astavakra Samhita* 80.

97. *Katha Upanishad* 3.12; 5-9 et 12.

98. *Vivekacûdâmani* 484.

99. Max Knoll, «Wandlungen der Wissenschaft in unserer Zeit», *Eranos-Jahrbich 1951,* Zurich, Rhein-Verlag, 1952, pp. 387 sq.

100. Aldous Huxley, *Les Portes de la perception,* Monaco, Éd. du Rocher, 1979.

101. Dante Alighieri, *La Divine Comédie,* «Le Paradis», chant deuxième, lignes 1 sq., trad. du Chevalier Artaud de Montor, Paris, Bibliothèque Marabout, Gérard & Co, s.d., p. 310.

102. *Ibid.,* XXXIII, conclusion.

103. Comparer avec p. 102 et p. 139. (Black Elk).

104. Robinson Jeffers, «Roan Stallion», dans *Roan Stallion, Tamar and Other Poems,* New York, Horace Liveright, 1925, pp. 19-20.

La sécularisation du sacré

[1]

L'arbre du jardin

Si j'ai bien compris l'expression «sécularisation du sacré», elle renvoie au transfert du ravissement religieux à un champ d'expérience séculier ou, plus extraordinairement encore, au mystère du monde tout entier et des êtres qui y séjournent.

— Un jour, dit le saint et sage indien Shri Ramakrishna, j'ai eu la révélation que tout est pur Esprit. Les instruments du culte, l'autel, le cadrage de la porte – tout est pur Esprit. Comme un fou, je me suis mis à lancer des fleurs dans toutes les directions. Je vénérais tout ce que je voyais.

«Un jour que je priais Shiva et que je m'apprêtais à déposer sur sa tête une feuille de cognassier, j'ai compris que ce Virat, cet Univers était lui-même Shiva. [...] Un autre jour, je cueillais des fleurs, et j'ai eu la révélation que chaque plante est un bouquet qui orne la forme universelle de Dieu. Je n'ai plus jamais cueilli de fleurs. Il en va de même pour l'homme. Quand je vois un homme, je vois Dieu Lui-même marcher sur terre en se balançant comme un coussin sur la vague[1].»

Une autre fois, alors qu'il s'approchait de la statue de Kali pour lui rendre hommage, quelqu'un lui dit:

— On m'a dit qu'elle est l'œuvre du sculpteur Nabin.

— Je sais, dit-il. Mais pour moi, Elle est l'incarnation de l'Esprit[2].

En réalité, il s'agit là d'un type d'expérience fondamental non seulement en Inde, mais dans toutes les grandes religions orientales à l'est de l'Iran. On la retrouve dans la formule bouddhique: OM MANI PADME HUM – «Le Joyau dans le Lotus», le Joyau de l'Absolue Réalité (*nirvâna*) est dans le Lotus de l'Univers (dans la vie). On la retrouve aussi dans le Tao chinois:

> L'Esprit de la Vallée ne meurt jamais:
> Il est le socle d'où sont issus le ciel et la terre.
> Il est toujours en nous[3].

L'objectif ultime des religions orientales est donc l'identification de l'individu à cette réalité et la conscience de sa présence en toute chose, contrairement à nos religions occidentales où le dieu est distinct de sa création, sur un autre plan d'existence, séparé de nous, «là-haut». La Brihadaranyaka Upanishad (ca ~700?) est très éloquente à cet égard:

> Les gens disent: «Adorez ce dieu-ci! Adorez celui-là!» – un dieu après l'autre – l'univers entier est Sa création. Et Lui-même est tous les dieux...
> Celui qui adore l'un ou l'autre de ces dieux ne sait pas: Il est inachevé quand on le vénère dans tel dieu ou tel autre. Mais il doit se dire qu'Il est l'âme de son essence même, car c'est là que les dieux deviennent un.
> Celui qui connaît qu'il est lui-même le brahman devient ce Tout; les dieux même ne peuvent l'en empêcher, car alors il est leur Essence. Ainsi, quiconque vénère toute autre divinité que cette Essence en songeant «Il est un et moi un autre», ne sait pas. Il est un animal propitiatoire. Et comme des animaux en grand nombre seraient utiles aux hommes, ainsi chaque individu est-il utile aux dieux. Mais si même un seul animal leur est retiré, ils en expriment du déplaisir. Et si plusieurs leur sont retirés? Les dieux n'aiment pas que le peuple sache cela[4].

Voyons maintenant ce que dit la Genèse:

> L'Éternel-Dieu dit: «Voici l'homme devenu comme l'un de nous, en ce qu'il connaît le bien et le mal. Et maintenant, il pourrait étendre sa main et cueillir aussi du fruit de l'arbre de vie; il en mangerait, et vivrait à jamais...» Et l'Éternel-Dieu le renvoya du jardin d'Éden, pour cultiver la terre d'où il avait été tiré. Ayant chassé l'homme, il posta en avant du jardin d'Éden les chérubins, avec la lame de l'épée flamboyante, pour garder les abords de l'arbre de vie[5].

Ce chemin de l'Arbre de Vie est le *mârga,* le «sentier» des traditions indiennes, le *tao* chinois, la «porte sans porte» *(mumon)* du Zen. Les chérubins du Jardin de la Connaissance de l'Immortalité, qui le gardent avec leur épée flamboyante, ce sont les mêmes gardiens qui protègent l'entrée de tous les sanctuaires d'Orient.

Je n'oublierai jamais une photographie que j'ai vue dans un journal de New York pendant la guerre avec le Japon. On y apercevait l'un des deux gardiens géants du temple Todaiji, à Nara: des personnages féroces au sabre dressé. Le temple lui-même n'était pas visible, pas plus que le Bouddha assis sous l'Arbre de la connaissance, main levée en un geste d'apaisement; on ne voyait que ce chérubin dans son attitude menaçante et terrifiante. Le bas de vignette disait: «Les Japonais adorent de tels dieux.»

La pensée qui me vint alors m'est restée, car elle est l'évidence même: «Pas eux! Nous!» Car c'est *notre* Dieu qui chasse les hommes de l'Éden. Tandis que, pour les Orientaux, c'est à nous de passer outre les chérubins gardiens du seuil et de cueillir le fruit de l'Arbre de Vie, et nous devons le faire nous-mêmes, ici-bas.

[2]

Les religions de l'identité

J'appelle «identification mythique» la réalisation de ce projet. L'idée générale est que la vérité ultime, la substance, le soutien, l'énergie ou la réalité de l'univers transcende toute définition, toute imagination, toute catégorie, toute pensée. Cela dépasse l'entendement, autrement dit, cela relève de la transcendance. Par conséquent, les questions que posent habituellement nos théologiens sont, de ce point de vue, des absurdités: «Dieu est-il juste, miséricordieux, vengeur? À quel peuple accorde-t-il sa préférence: aux juifs? aux chrétiens? aux musulmans?» De telles façons de penser projettent les sentiments et les inquiétudes humaines au-delà du champ temporel et court-circuitent le problème. C'est de l'anthropomorphisme, aussi peu approprié à une religion évoluée que l'attribution d'un sexe à l'être primordial – une autre des absurdités de nos étonnantes religions occidentales. Mais (et voilà le nœud de ma démonstration) ce qui ultimement transcende toutes les définitions, les catégories, les noms et les formes est la substance, l'énergie, l'essence et le soutien de toute chose, y compris de nous-mêmes: c'est notre réalité à tous et à chacun d'entre nous. Elle transcende toute description, elle transcende toute limite, elle est pourtant immanente en chacun de nous:

OM MANI PADME HUM

Prenez un crayon, un cendrier, n'importe quoi, tenez cet objet à deux mains et observez-le pendant quelques minutes. Chassez de votre esprit son nom et son usage et, tout en l'examinant, demandez-vous sérieusement: «Qu'est-ce que c'est?» Comme le stipule James Joyce dans *Ulysse* (et c'est là la pierre de touche de son art): «Tout objet, si on le regarde avec intensité, peut s'ouvrir comme une porte à l'incorruptible éon des dieux[6].» Dépouillé de son usage, hors de toute nomenclature, il nous offre une vastitude d'émerveillement. Car le mystère de *l'existence* de cet objet est identique au mystère de l'existence de l'univers, et à notre propre mystère d'exister. Dans son grand ouvrage, *Le Monde comme volonté et comme représentation,* Schopenhauer a résumé le thème dominant de sa philosophie en une phrase admirable: «Toute chose est le monde en tant que Volonté.» Dans l'Upanishad Chandogya, on peut lire cette phrase célèbre du sage Aruni à son fils Shvetaketu: *tat tvam asi:* «Tu es Cela!» «Toi, Shvetaketu, mon fils, tu es l'immortel Être d'entre les êtres[7].»

Les sages et les textes orientaux sont unanimes quand il s'agit de dire que le «tu» auquel renvoient ces enseignements n'est pas exactement le «tu» que chacun croit être, individué dans le temps et l'espace, passager provisoire de cet univers changeant, nommé, aimé, et distinct de ses semblables. *Neti neti,* «ni ceci, ni cela», est la méditation qui convient à toute chose ainsi connue, nommée et dénombrée, à toutes les facettes du joyau de la réalité qui se présentent à notre esprit. «Je ne suis pas mon corps, mes sentiments, mes pensées, mais la conscience dont ils sont la manifestation.» Car nous sommes tous, de toutes nos cellules, des précipités de la conscience, comme le sont aussi les animaux et les plantes, les métaux qui adhèrent à l'aimant et les marées lunaires. Ainsi que le déclare le grand physicien Erwin Schrödinger dans son livre intitulé *Ma conception du monde*: «Vouloir diviser ou multiplier la conscience est absurde. Il n'existe pas dans le monde de contexte permettant la conscience plurielle; c'est un concept que nous pousse à élaborer la pluralité spatio-temporelle des individus, mais c'est un concept erroné[8].» Il poursuit: «En quoi êtes-vous justifié de rechercher avec obstination cette différence – la différence entre vous et quelqu'un d'autre – quand, objectivement, *tout est identique*? [...] Cette vie qui est vôtre n'est pas seulement un fragment de l'existence, mais, d'une certaine façon, le *tout*; mais ce tout est ainsi fait qu'on ne saurait l'englober d'un seul regard. C'est là, nous le savons, le concept que résume, pour les brahmanes, cette formule sacrée et mystique, si simple et si limpide: *Tat tvam asi,* tu es Cela, concept que rendent aussi les mots suivants: «Je suis l'orient et je suis l'occident, je suis le dessus et le dessous, je suis l'univers tout entier[9].»

Si *a* représente le soi et *x* l'ultime réalité, cette identification de soi peut s'illustrer comme suit:

$$a \neq\, = x$$

Phénoménologiquement, l'on sait que *a* n'est pas *x*; pourtant, c'est effectivement *x*.

L'oxymoron, le contradictoire, le paradoxe, le symbole transcendant qui pointe au-delà de lui-même est la porte sans porte, la porte solaire, ce qui nous conduit au-delà des catégories. Les dieux et les bouddhas de l'Orient ne sont pas des concepts définitifs comme peuvent l'être, en Occident, Yahvé, la Trinité ou Allah, mais ils désignent au-delà d'eux cet être ineffable, cette conscience, cette extase qui est le Tout en nous. Le but ultime de leur dévotion est de susciter chez celui qui prie une transfiguration psychologique par un déplacement de sa perception du provisoire au permanent, qui lui permettra enfin de savoir réellement (non pas seulement comme un article de foi) qu'il est identique à ce qu'il vénère. Voilà ce que sont les *religions d'identité*. Leurs mythologies et leurs rituels, leurs philosophies, leurs sciences, leurs arts ne célèbrent pas un quelconque dieu «là-haut» mais la divinité qui réside en chacun de nous.

Revenons à notre texte, «Le grand livre de la forêt», la Brihadaranyaka Upanishad:

> Il a pénétré dans tout cela, jusqu'au bout des ongles, tel un rasoir dans son étui, comme le feu dans le bois. Lui, ils ne le voient pas; car vu, il est incomplet.
>
> Quand il respire, il est le souffle, quand il parle, la voix, quand il voit, l'œil, quand il entend, l'oreille, quand il pense, l'esprit: ce ne sont que les mots qui désignent ses Actes. Quiconque vénère l'un ou l'autre de ces actes, ne sait pas; car Il est incomplet dans ces actes. L'individu doit prier en songeant qu'Il est son propre souffle vital (âtman), car c'est là que ces actes deviennent un.
>
> Cette chose, ce souffle vital, est l'empreinte du Tout, car comme on repère le troupeau à ses empreintes, on trouve ce Tout par l'empreinte qu'il laisse, le souffle vital[10].

Les extraits cités ci-après, tirés des plus anciens textes religieux connus – les *Inscriptions des pyramides* de la cinquième et de la sixième dynastie de l'Ancien Royaume d'Égypte (ca ~2350-~2175) – semblent faire allusion à quelque chose de similaire. Dans ces textes, l'âme du défunt assume la multiplicité des pouvoirs des différents dieux qui, de son vivant, résidaient à l'extérieur de lui.

«C'est lui [le défunt] qui se nourrit de leur magie et avale leurs esprits. Leurs Grands Esprits, il les consomme le matin, les esprits moyens l'après-midi, et les petits le soir; leurs vieillards et leurs vieilles alimentent son feu[11].»

«Regardez, leur âme est dans son ventre. [...] Leur ombre, la main de ceux à qui elle appartient les chasse. Il est ce qui émerge et perdure[12].»

Quelque mille ans plus tard, *Le Livre des morts,* dans lequel le défunt lui-même s'exprime, est encore plus explicite:

«Mes cheveux sont les cheveux de Nu. Mon visage est le visage du Soleil. Mes yeux sont les yeux d'Hathor. Mes oreilles sont les oreilles d'Apuat. [...] Mes pieds sont les pieds de Ptah. Chaque partie de mon corps est une partie du corps d'un dieu. [...]

«Je suis Hier, Aujourd'hui et Demain, et j'ai le pouvoir de naître une deuxième fois. Je suis l'Âme divine et occultée qui a créé les dieux. [...]

«Ô toi, seigneur du sanctuaire du centre de la terre. Il est moi et je suis lui, et Ptah a couvert son ciel de cristaux[13].»

La même idée, ou du moins une idée similaire, est rendue dans un certain nombre de sceaux mésopotamiens dont certains sont contemporains des Inscriptions des pyramides. Par exemple, la figure 14 montre un dévot s'approchant de l'autel du Seigneur de l'Arbre de Vie; sa main droite est levée en signe de respect et dans son bras gauche il porte l'offrande d'un chevreau. En retour, le dieu lui tend une coupe d'ambroisie tirée de la sève de l'arbre, ce breuvage d'immortalité qui fut, des siècles après, refusé à Adam et Ève. La tête du dieu est encornée comme la lune au-dessus de la coupe, car la lune est le symbole céleste de l'éternelle résurrection. En tant que Seigneur des Marées de la Matrice au flux et au reflux incessant, sa mort réside en lui, comme la mort est inséparable de la vie, et il est aussi porteur de sa propre victoire sur la mort. La figure 15 montre encore une fois le croissant. Mais cette fois, l'arbre est flanqué de la double présence de la déesse Gula-Bau, dont les équivalents de l'Antiquité, Déméter et Perséphone, étaient les déesses du mystère orphique et du mystère d'Éleusis. Sur ce sceau babylonien de ca. ~1750-~1550 (environ mille ans avant l'Éden de la Bible), la déesse dualiste de la vie et de la mort offre le fruit de l'immortalité à une femme mortelle qui entre par la gauche. La figure 16, où est représenté un sceau sumérien de ~2500, montre le dieu et la déesse, le Seigneur et la Dame de l'Arbre; cette fois, ils ne sont pas accompagnés de la lune mais du serpent: car si la lune morte est figurée par son ombre, le serpent tué renaît de lui-même.

Figure 14

Figure 15

Figure 16

Ce sont les symboles céleste et terrestre de l'Être supérieur, qui meurt et renaît sans cesse, la Vie qui réside dans le jardin terrestre[14].

En Inde, Shiva est l'équivalent toujours vénéré du dieu au pied de l'Arbre, la divinité qui dispense l'élixir de vie. Au sixième siècle avant J.-C., Siddhartha, que ses méditations conduisirent au pied du même Arbre du monde, reçut la connaissance qu'il transmit ensuite aux hommes, assumant de la sorte le rang et le rôle du dieu. De même, dans les mystères de l'Antiquité, l'initié aspirait à se réaliser dans le divin. «Bienheureux et béni, lit-on sur une stèle orphique de ca ~300, tu seras un dieu et non un mortel[15].» Apulée, au deuxième siècle, à la fin de ses tribulations dans *Les Métamorphoses,* est transformé par la grâce de la déesse Isis à l'image du dieu. «Dans la main droite, je portais une

torche allumée, ma tête était décorée d'une couronne de palme brillante dont les feuilles se dressaient comme des rayons de lumière.
Lorsque je fus ainsi paré à la ressemblance du soleil et que l'on m'eut
donné l'apparence d'une statue, le rideau fut brusquement tiré et l'on
m'offrit en spectacle à la foule qui passait[16].»

Les Celtes et les Germains du nord de l'Europe connaissaient
aussi plusieurs variantes du merveilleux breuvage de l'immortalité
(*amrta* en sanskrit, $\alpha\mu\beta\rho o\sigma\iota\alpha$ en grec). Odin (Wotan) paya d'un de
ses yeux le privilège de boire au Puits de la Sagesse gardé par le nain
Mimir au pied d'Yggdrasil, le Frêne du Monde. En haut, à Valhall,
dans la salle des héros, les guerriers morts buvaient l'hydromel que
leur offraient les Valkyries pour les ramener à la vie et à la joie.
Semblablement, Manannan, le dieu celtique des océans, servait aux
hôtes de son royaume sous les mers une bière d'immortalité. Un
aperçu de la connaissance que procuraient ces ambroisies aux initiés de
la race celtique nous est donné par le charme du mage Amairgen dans
le «Livre des Invasions» des Irlandais, le *Lebor Gabala*:

> Je suis le vent qui souffle sur la mer;
> Je suis la vague de fond;
> Je suis le taureau des sept combats;
> Je suis l'aigle sur le rocher;
> Je suis une larme de soleil;
> Je suis la plus belle des fleurs;
> Je suis le sanglier du courage;
> Je suis un saumon dans l'eau;
> Je suis un lac de la plaine;
> Je suis l'univers de la connaissance;
> Je suis la pointe de lance;
> Je suis le dieu qui façonne les pensées[17].

[3]

Les religions de la relation

En opposition irréconciliable avec cette forme ancienne et pratiquement universelle de perception de la dimension divine du monde et de soi, que j'ai appelée «l'identification mythique», il y a les croyances dérivées de la tradition biblique où Yahvé (qui fait son entrée très tardivement) a, ainsi que nous le savons, maudit le serpent de l'Éden (figure 16, p. 237) et avec lui la terre entière qu'il semble convaincu d'avoir créée. Ici, Dieu crée le monde, et Dieu et le monde *ne sont pas* une seule et même chose. Le Créateur et sa créature, ontologiquement distincts, ne sauraient être assimilés de quelque façon l'un à l'autre. En fait, toute assimilation est une hérésie passible de mort. La formule de ces traditions n'est pas celle de l'ordre plus général qui les précède, soit $a \neq\, = x$; ici, a se rapporte à x:

$$a \, \mathrm{R} \, x$$

Quel est le médium de cette relation? Le groupe social.

Le contexte hébreu nous dit, par exemple, que Dieu a conclu un pacte avec un certain peuple sémitique. Pour entrer en relation avec Dieu, il faut être né au sein du Peuple élu et observer les règles du pacte. Aucun autre moyen n'existe, aucun n'est admissible.

Chez les chrétiens, le Christ, le fils unique de Dieu, est le Dieu fait Homme. Toute la chrétienté voit là un miracle. Pourtant, selon l'antique formule $a \neq\, = x$, nous sommes *tous* à la fois divins et humains: «Toute chose est Bouddha»; «*Brahman* dort dans la pierre»:

il suffit de s'éveiller à cette vérité pour vivre dans l'«illumination» *(buddha,* de la racine *budh,* savoir, remarquer, s'éveiller, se raviver, recouvrer ses sens). Selon le point de vue chrétien, nul autre que le Christ ne peut dire: «Moi et le Père nous sommes un» (Jean 10:30); et «Nul ne vient au Père que par moi» (Jean 14:6). L'humanité du Christ nous relie à lui; sa nature divine nous relie à Dieu. Ainsi, lui, et lui seul, est-il l'axe. Séparés de lui, nous sommes séparés de Dieu qui, bien que juste et miséricordieux, n'en est pas moins un Dieu vengeur que courrouça la faute d'Adam dont nous portons la culpabilité. Dieu s'est fait Homme dans le Christ. En acceptant de mourir sur la Croix, il a réconcilié les hommes avec le Père. Mais l'individu ne participe à cette réconciliation que s'il fait partie de la communauté de son Église, fondée vers l'an ~30: «Tu es Pierre, et sur cette pierre je bâtirai mon Église» (Mathieu 16:18).

Interprétée mythologiquement, la Croix du Christ fut assimilée au début du Moyen Âge à l'Arbre de l'Immortalité, l'arbre du bien et du mal du paradis terrestre, dont le fruit est le Christ et l'ambroisie son sang. En outre, le sacrifice de la Messe était vu comme la «répétition du Sacrifice du Calvaire», par lequel le Rédempteur transmet sa grâce aux membres de son Église. Dans le symbolisme du jardin gardé par les chérubins à l'épée flamboyante, le Christ, nouveau Prométhée, a déjoué le gardien terrifiant et fait entrer l'humanité dans la vie éternelle, comme le dit l'hymne *O Salutaris Hostia* qu'on chante lors de la bénédiction du Saint-Sacrement:

> O Salutaris Hostia,
> Quæ cæli pandis ostium. [...]

> Ô salutaire hostie,
> Qui ouvre la porte du ciel. [...]

Mais contrairement aux interprétations bouddhistes et védiques du symbole de la porte qui ferme le chemin de l'arbre – qui renvoient à une barrière intérieure, psychologique, et à une crise de transcendance – l'interprétation chrétienne autorisée parle d'une réconciliation réelle, concrète et historique avec un Dieu vengeur qui a pendant des siècles privé l'humanité du paradis, jusqu'à ce que, curieusement, l'apaise le sacrifice de son Fils unique, mort sur la Croix tel un criminel. La crucifixion était vue à l'égal d'un fait réel, central dans l'histoire, avec d'autres «faits» connexes auxquels d'autres traditions mythologiques auraient conféré une dimension psychologique (ou, comme disent les théologiens, «spirituelle»: (1) l'Immaculée Conception, (2) la Résurrection, (3) l'Ascension, (4) l'existence d'un paradis auquel peut accéder, après sa mort, le corps physique et, bien entendu (5), le Péché originel (vers ~4004) racheté par la Crucifixion.

Dans un tel système, Dieu est une entité réelle, un être vivant que l'on prie et de qui l'on attend une réponse. Il est séparé du monde et distinct de lui. Il n'est pas *identique* à lui, mais il lui est *relié* comme la cause à l'effet. J'appelle ce type de pensée religieuse la «dissociation mythique». Le sentiment du sacré est dissocié de la vie, de la nature, du monde; il est transféré ou projeté dans un autre univers, dans un lieu imaginaire où l'homme, dans son humanité, est maudit. «C'est à la sueur de ton visage que tu mangeras du pain, – jusqu'à ce que tu retournes à la terre d'où tu as été tiré: car poussière tu fus, et poussière tu redeviendras!» (Genèse 3:19).

Le sacré n'est pas séculier, il n'appartient pas à ce monde de poussière, mais il est une révélation surnaturelle péremptoirement gardée; autrement dit, Dieu, de «là-haut», nous a généreusement consenti certaines révélations: (1) historiquement, aux Hébreux par la voix de Moïse, sur le Sinaï; (2) historiquement, à toute l'humanité par la voix de Jésus, à Bethléem; mais aussi, encore une fois historiquement et encore une fois à toute l'humanité, dans une cave de La Mecque, par la voix de Mahomet. Tous des Sémites! Aucune autre révélation de ce dieu du désert n'est admise, et *Extra ecclesiam nulla salus.*

Il faut donc ajouter à cette formule de la dissociation mythique celle de «l'identification sociale»: à Israël, à l'Église en tant que Corps vivant du Christ, à la Sunna de l'Islam – dont chacun est pour ses membres la seule vraie foi. Le cœur, la source de ce sacré est, dans chaque cas, concentré dans un fétiche unique et particulier – un fétiche concret, non pas symbolique: (1) l'Arche d'Alliance du Temple; (2) la Torah de la synagogue; (3) le corps transsubstantié de l'Église catholique romaine; (4) la Bible de la Réforme; (5) le Coran et la Ka'aba de l'Islam.

Pour l'Inde et l'Extrême-Orient, ces soutiens concrets de la vie religieuse désigneraient, au-delà d'eux-mêmes et de leur dieu anthropomorphique, au-delà de tout nom, de toute forme et de toute personnification scripturale, l'immanence du mystère transcendant d'un être défiant toute pensée, tout sentiment et toute représentation. Car bien qu'on estime là que la piété concentrée sur son objet convient à celui qui n'a pas encore pris conscience de son assimilation au «Cela» *(tat tvam asi),* de tels accessoires canoniques sont des empêchements pour quiconque est prêt à vivre une véritable expérience religieuse personnelle. «Où, celui dont la connaissance dépend de l'objet, trouvera-t-il la Connaissance de soi?» peut-on lire dans un texte védique. «Le Sage ne voit pas ceci ou cela, mais le Souffle immuable *(âtman)*[18].» Ma-tsu, sage chinois du huitième siècle, ne disait-il pas: «Votre trésor est en vous; pourquoi le chercher ailleurs[19]?»

Un autre sage, Wei-kuan, parla ainsi à un moine qui aspirait à l'illumination:

— «Je et tu», tant qu'ils existent, compliquent le Tao et le Tao n'est pas visible.

— Donc, quand il n'y a ni «je» ni «tu», il se montre? demanda le moine.

— Quand il n'y a ni «je» ni «tu», qui est là pour le voir[20]?

Réponse paradoxale s'il en est (autrement dit: $a \neq = x$).

Ou, dans les mots de Ramakrishna: «L'essence du Vedanta est: Seul *Brahman* est vrai, le monde est une illusion; je n'ai pas d'existence séparée; je suis *Brahman.* [...] Mais pour ceux qui mènent une existence temporelle, pour ceux qui s'identifient au corps, ce concept du "Je suis Lui" n'est pas bon. Les profanes ne doivent pas lire les Vedas. Ces textes leur sont néfastes. Pour les profanes, Dieu devrait être le Maître et eux, les Serviteurs. Ils devraient se dire: "Ô Dieu, tu es mon Seigneur et je suis ton Serviteur." Ceux qui s'identifient au corps ne devraient pas se dire "Je suis Lui[21]".»

Bref, il faut avoir médité sur «Ni ceci ni cela» *(neti neti)* avant de parvenir à «Je suis *Brahman*» *(brahmâsmi)* et à «Le voici, le voici» *(iti iti).* Parvenu à cette étape, l'adepte abandonne le fétiche, l'idole, comme Ramakrishna lorsqu'il lance partout des fleurs. Il y a un parallèle à faire, ici, avec la doctrine de la Beauté dans *Le Banquet,* quand Socrate, citant la sage Diotime, déclare que l'amant qui a appris à n'aimer qu'un seul corps doit comprendre que «la beauté résidant en tel ou tel corps est sœur de la beauté qui réside en un autre, et que, si l'on doit poursuivre le beau dans une forme sensible, ce serait une insigne déraison de ne pas juger une et la même beauté qui réside en tous les corps: réflexion qui devra faire de lui un amant de tous les beaux corps et détendre d'autre part l'impétuosité de son amour à l'égard d'un seul individu; car un tel amour, il en est venu à le dédaigner et à en faire peu de cas[22].»

Pas question, cependant, pour l'amant du Dieu jaloux de la Bible de se prostituer ainsi auprès de dieux étrangers! Non plus ne doit-il suivre la trace de sa propre lumière, l'enseignement de sa propre expérience, enrichie et approfondie, de l'essence de l'univers et de lui-même. Toute vie, toute pensée, toute méditation doit se soumettre à l'autorité du berger du troupeau; et l'on ne saurait douter, si l'on se fonde sur l'histoire de cette tradition, qu'une telle autorité fut imposée aux brebis et préservée de force.

Mais tout symbolisme religieux interprété de façon à renvoyer non pas à un mystère transcendant mais à un ordre social dominateur détourne au profit de principes inférieurs les valeurs les plus hautes, et assoit ainsi (pour recourir à une tournure théologique) le Diable sur le trône de Dieu.

[4]

Le greffon européen

Le fait qu'une religion aussi dominatrice – exclusive, autoritaire, collective et fanatique – ait quitté son foyer levantin pour se greffer sur le tissu vivant de l'Europe ne constitue-t-il pas une des plus étonnantes anomalies de l'histoire? À la lumière du supposé monde chrétien d'aujourd'hui, ce greffon ne semble pas avoir été plus viable au cours des siècles précédents qu'il ne l'est à notre époque. En effet, ce qui caractérise le plus l'histoire de l'Église en Europe a toujours été sa lutte continuelle contre les hérésies de toute sorte, en tous lieux et de tout temps. Mais elle a maintenant perdu cette guerre. Dès le cinquième siècle, l'hérétique irlandais Pélage posa un défi dont Augustin est censé avoir triomphé. Mais le pélagianisme est aujourd'hui la seule doctrine chrétienne de l'Occident qui puisse prétendre à un avenir. Car qui, hormis les moines, croit dans son cœur que toutes les créatures nées d'une femme, partout dans le monde, sont vouées aux feux de l'enfer à moins qu'un chrétien n'asperge leur front avec de l'eau en récitant une prière au nom du Père, du Fils et du Saint-Esprit? En outre, puisque que vers ~4000 et même vers ~1 800 000, soit à l'âge du zinjanthrope, le paradis terrestre n'existait pas, qu'Adam, Ève et le serpent parlant hébreu n'étaient pas nés et que, par conséquent, le Péché originel – donc la culpabilité – n'avaient pas encore été inventés, pourquoi parlerait-on d'expiation? À moins que Péché et Rédemption, Désobéissance et Expiation ne soient que des vocables poétiques pour désigner l'Ignorance et l'Illumination des hindous et des bouddhistes! Auquel cas, qu'advient-il du caractère historique unique du dogme de l'Incarnation et de la Crucifixon du Christ?

Maître Eckhart comprenait certes cela quand il prêchait: «Dieu préfère être né en esprit dans une âme généreuse que du corps de Marie[23].» Et aussi: «Dieu est l'être, l'activité, la puissance de toute chose[24].» Le pape Jean XXII réprouva ces enseignements. Heureusement pour lui, Eckhart mourut avant de se soumettre aux injonctions de Rome, sans quoi l'Église l'aurait accueilli lui aussi dans son sein.

La grande percée de l'esprit européen contre l'autorité et les décisions des évêques du Levant aux conciles de Nicée, de Constantinople et de Chalcédoine (du huitième au quatrième siècle avant J.-C.) s'est produite au douzième et au treizième siècle, à l'époque de l'érection des grandes cathédrales: époque en laquelle Henry Adams a vu la plus grande unité chrétienne, alors qu'en fait sévissaient des dissidences de toutes sortes: la doctrine des vaudois et celle des albigeois, entre autres, l'Inquisition et la croisade contre les albigeois.

À mon avis, cette percée fut une manifestation de courage de la part d'un nombre sans cesse grandissant de personnalités de haute stature désireuses de vivre selon leur conscience et d'affirmer leur credo face aux préceptes de l'autorité. Je perçois l'expression de ce courage dans les domaines du sentiment, de la pensée et de l'observation: l'amour, la philosophie et les sciences. Je limiterai mon champ d'observation au premier de ces domaines, qui a marqué l'aurore, l'éveil de notre monde d'aujourd'hui. Il est apparu avec audace et éloquence au tout début du douzième siècle dans la vie et les lettres d'Héloïse et d'Abélard; il s'est précisé dans la poésie des trouvères et des troubadours; il a été célébré dans l'art exquis du roman de Tristan du grand poète allemand Godefroy de Strasbourg; il a atteint son apogée dans l'insurpassable légende du Graal du plus grand poète du Moyen Âge, Wolfram von Eschenbach.

Nul n'ignore la belle et triste histoire d'Héloïse et d'Abélard: au milieu de la trentaine, ce brillant intellectuel de Paris, à la fine pointe du savoir de son époque, séduisit Héloïse qui n'avait alors que dix-sept ans. Quand elle fut sur le point d'accoucher de leur fils, il l'envoya en retraite chez sa sœur, en Bretagne, puis, pris de remords, il voulut l'épouser en secret. Héloïse s'opposa farouchement à ce mariage, déclarant d'abord que la vie domestique était indigne d'un philosophe tel que lui, ensuite qu'elle préférerait être sa maîtresse plutôt que de se voir soudée à lui par les liens du mariage. Mais il se fit plus insistant et après leur mariage, comme chacun sait, le brutal chanoine Fulbert le fit castrer. Abélard enferma alors Héloïse dans un couvent. Après plusieurs années de silence au cours desquelles il ne lui écrivit pas la moindre lettre, elle lui adressa ces mots:

«Ce n'est pas la vocation, c'est ta volonté expresse qui m'a jetée toute jeune dans la voie difficile de la vie religieuse. Si tu ne m'en sais aucun gré, mon sacrifice aura été inutile. Et je n'ai aucune récompense à attendre de Dieu, car je n'ai pas agi pour l'amour de lui. [...] Moi qui n'aurais pas hésité, Dieu le sait, à te précéder ou à te suivre aux enfers, si tu me l'avais demandé! Partout où tu étais, là était mon cœur[25]!»

C'est le même sentiment qu'exprime, un siècle plus tard, le héros de Godefroy, lorsque Tristan déclare que pour l'amour d'Iseut, il accepterait «la mort éternelle» aux enfers[26]. Sept siècles après, aujourd'hui, le héros de James Joyce, Dedalus, tient ces propos à un camarade catholique dans *Portrait de l'artiste en jeune homme*: «Je ne veux pas servir ce à quoi je ne crois plus, que cela s'appelle mon foyer, ma patrie ou mon Église. [...] Et je ne crains pas de commettre une erreur, même grave, une erreur pour toute la vie, et pour toute l'éternité aussi, peut-être[27].»

[5]

Eros, Agapê, Amor

Les sermons des théologiens nous ont habitués à distinguer entre l'amour charnel et l'amour spirituel, entre *eros* et *agapê*. Les Pères de l'Église soulignaient et débattaient déjà de cette opposition, et leurs débats se poursuivent à ce jour. Il faut cependant préciser qu'*amor,* l'idéal d'amour des poètes et des amants du Moyen Âge, ne correspondait ni à l'un ni à l'autre. Par exemple, dans les mots du troubadour Giraut de Borneil, «l'amour naît des yeux et du cœur» *(Tam cum los oills el cor ama parvenza)*: le regard transmet au cœur une image spécifique, et le cœur, «ce noble cœur» y répond[28]. Autrement dit, il s'agit d'un amour spécifique, avisé, personnel et élitiste. *Eros,* au contraire, agit biologiquement, sans discernement: c'est l'élan du corps. *Agapê* ne fait pas non plus de distinction: Aime ton prochain (peu importe qui il est) comme toi-même. Tandis qu'apparaît ici, avec le sentiment et l'expérience d'*amor,* quelque chose de résolument nouveau, d'européen, d'individuel. Et je ne sache pas qu'ait existé un sentiment similaire auparavant, où que ce quoi dans le monde.

Dans le soufisme et «la voie gauche» de l'Inde, auxquels on a souvent comparé la notion d'*amor*, la femme est le réceptacle ou le symbole du divin plutôt qu'une personne à part entière, unique par sa personnalité et par son charme. Elle est d'une caste inférieure, et l'union avec elle est envisagée comme un exercice de discipline morale. Tandis que, dans le cas qui nous occupe, la femme était presque toujours d'un rang égal ou supérieur, vénérée pour elle-même. Dans un essai intitulé *The Dance of Shiva,* où il est question de la discipline d'un culte hindo-bouddhique de «la voie gauche» appelé «Sahaja» (qui veut dire «connu, inné», d'où, «spontané»), feu le Dr Ananda K. Coomaraswamy a décrit cet objectif d'amour comme la réalisation mystique de «l'oubli de soi des amants terrestres dans une étreinte où "chacun est les deux"». «Chaque individu, écrit-il, n'a pas plus d'importance aux yeux de l'autre que les portes du paradis pour celui qui s'y trouve déjà. [...] La bien-aimée est peut-être indigne, dans toutes les acceptions éthiques du terme. [...] Le regard d'amour perçoit sa perfection divine et son infinité, et il n'est pas déçu. [...] La même perfection, la même infinité sont présentes dans le moindre grain de sable, dans la moindre goutte d'eau, comme dans l'océan tout entier[29].» Dans la littérature orientale, ce grand principe de discipline érotique est la transformation de *kâma* en *prema* grâce à «la dissolution du moi». *Kâma,* le «désir», la «concupiscence», c'est *eros. Prema,* l'«amour sacré», l'«accomplissement du divin désir dans le corps tout entier[30]», peut ne pas correspondre à l'*agapê* tel qu'il est aujourd'hui compris par le christianisme. Mais l'«orgie amoureuse» *(agapê)* de sectes gnostiques antiques, tels les Phibionites alexandro-syriens des cinq premiers siècles de notre ère que décrit avec horreur et une abondance de détails le témoin renégat saint Épiphane[31] (ca 315-402), propose essentiellement le même idéal sciemment amoral et impersonnel du *love-in.* Et il n'y a pas de doute que dans l'Europe des douzième et treizième siècles, celle des troubadours, ce type de pensée et de pratique religieuses resurgit avec force dans certaines sphères hérétiques albigeoises. Denis de Rougemont, dans son brillant ouvrage intitulé *L'amour et l'Occident*[32], soutient même que le culte et la poésie d'*amor* étaient dérivés de cette «Communauté d'Amour».

Je crois cependant essentiel de souligner que l'objectif d'*amor* de ce «culte» européen (si on peut l'appeler ainsi) n'était pas du tout la dissolution du moi dans un principe de non-dualité, mais bien son contraire: l'ennoblissement et l'enrichissement du moi par l'épreuve personnelle de la douleur d'amour – «la douce amertume et l'amère douceur de l'amour» de Godefroy – dans une affirmation délibérée du désir irrémédiable qui anime toute relation amoureuse dans cet univers passager d'éphémère individualisation. Il est vrai que selon la notion d'amour des troubadours, le mariage était étranger et même contraire à ce sentiment et, de même, qu'en Inde, la forme la plus élevée de l'amour, selon la religion Sahajiya, n'était pas l'union conjugale de l'homme et de la femme, mais bien (pour citer une autorité en la matière) «l'amour le plus intime, celui de deux êtres dont les sentiments sont absolument dépourvus de toute notion de gain ou de perte, de deux êtres qui défient la société, transgressent ses lois et font de l'amour le but suprême de l'existence[33]». Ce n'est certes pas un hasard si le plus grand poème indien qui célèbre cet idéal de l'amour adultère *(parakiya),* le Gita Govinda ou «Chant du vacher» du jeune poète Jayadeva, est l'exact contemporain, en Europe, du roman de Tristan (ca 1175)[34]. Mais un survol de ces deux histoires les place immédiatement dans des univers spirituels distincts. Krishna, l'amant indien, est un dieu; Tristan, un homme. Le poème indien est une allégorie du désir de la chair (symbolisée par Radha) pour l'esprit, et de l'esprit (symbolisé par Krishna) pour la chair, ou, comme le dit Coomaraswamy, «de l'"union mystique" de la finitude et de son infinitude»[35]; tandis que chez les poètes européens Thomas de Bretagne (ca 1185), Eilhart von Oberge (ca 1190), Béroul (ca 1200) et Godefroy de Strasbourg (ca 1210), les quatre grands auteurs du cycle de Tristan, les amants humains, par trop humains, sont renversés par une puissance démoniaque plus grande qu'eux. Dans les poèmes des trois premiers, le pouvoir du philtre qui déclenche la passion tient de la magie. L'œuvre de Godefroy, au contraire, ouvre sur une dimension religieuse, hérétique et menaçante, quand il dit et répète que ce pouvoir est celui de la déesse Minne (Amour). Ensuite, pour bien souligner ce point, lorsque les amants s'enfuient dans la forêt, il les conduit dans la grotte secrète de la déesse, qui n'est autre qu'un antique sanctuaire païen dédié à la pureté de l'amour, où se dresse, à l'emplacement de l'autel des chrétiens, une merveilleuse couche de cristal.

Saint Augustin avait déjà comparé la mort du Christ sur la Croix à une noce: «Bientôt le Christ se produit au dehors, comme un époux sortant de la chambre nuptiale; gage de notre réconciliation, il s'est élancé dans le champ du monde, il a bondi comme un géant pour parcourir la carrière; il parvient au lit de la croix, il y monte, et là est scellée la nouvelle alliance: sentant la créature exhaler de douloureux soupirs, il se donne comme époux et prend sur lui la peine. Comme diamant il offre une goutte de son sang précieux, et s'unit à jamais à l'épouse qu'il a choisie[36]».

Dans ses sermons passionnés sur le *Cantique des Cantiques,* saint Bernard (1091-1153) a contribué à inspirer la radicale sécularisation du sacré de Godefroy dans un domaine de la vie que rejetaient absolument et condamnaient les autorités de Rome, dont le nom, ROMA, épelé à rebours, est AMOR. Au Moyen Âge, le mariage, selon le jugement des troubadours, n'était rien de plus glorieux qu'un viol sacramentel, une affaire familiale, politique et sociale, où la femme (ou plutôt la jeune fille) servait les fins d'autrui et où l'amour, s'il survenait, était une calamité qui ne pouvait que mettre en péril l'ordre social et la vie tant spirituelle que terrestre de ses victimes. La femme, par son aptitude à aimer et à inspirer l'amour, devenait, comme son prototype, Ève, la «Porte du Diable» *(janua diaboli)*. En assignant à la passion amoureuse, dans ses sermons sur le *Cantique des Cantiques,* un objet de l'au-delà, virginal et non existant, saint Bernard aspirait avec zèle à détourner cette énergique glorification de l'existence à des fins prescrites par l'Église.

«Je crois, pour ma part, que c'est là la raison principale pour laquelle le Dieu invisible voulut être vu dans la chair et prit visage humain pour parler aux hommes; il comptait que les créatures de chair, qui ne sont capables que d'un amour charnel, reporteraient tout leur élan sur l'amour salutaire de Sa chair. Ils parviendraient ainsi, par degrés, à l'amour spirituel, auquel semblent avoir atteint ceux qui lui disaient: *Vois, nous avons tout quitté pour te suivre* [Mathieu 19:27][37].»

«J'obéis au désir, non pas à la raison», disait-il. [...]

«Sans doute la pudeur proteste; mais l'amour est plus fort. Je n'ignore pas que la puissance du Roi veut la justice [Psaume 99:4]; la violence de la Passion, cependant, ne cède pas devant la justice. Elle n'est, ni modérée par la réflexion, ni freinée par la pudeur, ni soumise à la raison. Je demande, je supplie, je réclame *qu'il me baise d'un baiser de sa bouche* [Cantique 1:2][38].»

[...]

«Ainsi donc, il est possible, dans cette existence corporelle, de goûter joyeusement la présence de l'Époux, mais sans que jamais cette joie soit totale: car si chaque visite réjouit l'âme, chaque départ l'afflige. Et la bien-aimée devra souffrir ces vicissitudes jusqu'à l'heure où, déposant enfin le fardeau de son corps, elle s'envolera elle-même, portée sur l'aile de ses désirs, parcourra sans entraves les vastes espaces de la contemplation, et l'esprit libéré, suivra son Époux *partout où il ira* [Apocalypse 14:4][39].»

Bernard se servait du nom et de la figure du Christ exactement comme le poète indien Jayadeva, un demi-siècle plus tard, se servait du nom et de la figure de Krishna, l'Incarnation de Vishnou, l'amant et séducteur de la voluptueuse Radha et des autres Gopis, quand la musique de sa flûte les tirait hors du lit de leurs époux terrestres pour les jeter dans l'extase de l'amour divin dans la forêt de Vrindavan. Mais le *Cantique des Cantiques* hébreu, ce collage de poésies érotiques levantines comme en regorgent les *Mille et une nuits,* avait déjà été réinterprété, avant de faire partie du Canon, comme une métaphore de l'amour entre Yahvé et le peuple d'Israël.

> «Que tes pas sont ravissants dans tes brodequins, fille de noble race! Les contours de tes hanches sont comme des colliers, œuvre d'une main d'artiste. Ton giron est comme une coupe arrondie, pleine d'un breuvage parfumé; ton corps est comme une meule de froment, bordée de roses[40].»

Que Dieu s'appelle Krishna, Yahvé ou Christ, Radha, le Peuple élu, Notre Sainte Mère l'Église ou l'âme, les amants de ces pieuses traditions sont les agents d'une transformation spirituelle, ils convertissent *eros* en *agapê* et *kama* en *prema,* tandis que dans la légende de Tristan, les deux amants sont tout à fait de ce monde. En Inde, l'union ultime est perçue comme une réalisation de l'*identité,* une expérience de non-dualité où «chacun est les deux». Israël et l'Église catholique font de cette union une *relation* dont les deux termes, Dieu et sa créature, bien qu'unis, demeurent distincts. Pourtant, dans ces deux contextes, le courant de pensée se transporte à l'écart du mariage de *ce monde-ci* avec *l'au-delà.* Lorsque, dans son Épître aux Galates, saint Paul dit que «la chair convoite contre l'esprit, et l'esprit contre la chair» (Galates 5:17), et lorsque Coomaraswamy déclare que «les amants dans leur étreinte» parviennent à la dissolution du moi et que «chaque individu n'a pas plus d'importance pour l'autre que les portes du paradis pour celui qui s'y trouve déjà», ils parlent essentiellement de la même chose: d'une projection hors de ce monde. Ce n'est pas l'enjeu du roman de Tristan, ni de rien de grandiose ou de typiquement européen depuis Homère jusqu'à *Finnegans Wake.*

Si l'on considère que $a \neq\ = x$ est la formule qui décrit l'ordre oriental, bouddhique et védique de cette expérience, et a R x celle de l'ordre levantin, hébreu, chrétien et islamique, alors a R b doit décrire l'ordre européen, où b n'est pas un être hypothétique ou une personnalité qui transcende la temporalité, mais une autre entité phénoménale, tout comme a: ce que furent tous deux Tristan et Iseut. Les Grecs, les Romains, les Celtes et les Germains se sont en général montrés respectueux des intérêts et des jugements de valeur de l'empirisme. Pourtant, ils n'ont pas confiné leur perception à cet avant-plan. Dans a R b, il y a anguille sous roche.

Dans son interprétation du mystère de l'amour, en particulier dans le symbolisme du sanctuaire de la déesse Minne, Godefroy se rapproche du concept indien du *sahaja* lorsqu'il écrit que les amants, après avoir bu le philtre d'amour, «comprirent qu'ils étaient unis dans un seul esprit, un seul cœur, une seule volonté. [...] Le sentiment de leur différence s'était éteint en eux[41].» Le philtre d'amour leur a ouvert une dimension au-delà du temps et de l'espace, où ils ne faisaient qu'un, tout en continuant à être deux dans le champ spatio-temporel, et non seulement deux, mais irremplaçables dans leur individualité, contrairement à la notion de Coomaraswamy, où «chacun n'a pas plus d'importance pour l'autre que les portes du paradis pour celui qui s'y trouve déjà». Car dans le principe d'*amor,* au contraire du principe d'*agapê* et de celui d'*eros,* l'individu, le fond et la forme de l'individuation de la perfection, continue de compter, d'être un élément d'importance capitale et, «dans toutes ses acceptions éthiques», de commander le respect. La formule la plus appropriée à *ce* mode d'expérience de la dimension d'amour serait donc celle-ci, où *a* est Tristan et *b* est Iseut:

$$a \neq = x = \neq b$$

tandis que dans le champ spatio-temporel où cette expérience est vécue

$$a \, R \, b$$

l'expérience de la dimension *x* étant une fonction de R.

Dans le poème de Godefroy, l'inaptitude des protagonistes à réconcilier l'amour *(minne)* et l'honneur *(ere)* débouche sur la tragédie. Godefroy lui-même était, à l'image de son siècle, déchiré entre ces deux notions[42]. La Grotte d'amour de la dangereuse forêt représente la dimension profonde de l'expérience *(x),* et la cour du roi Marc, le monde dans lequel cette expérience doit être vécue. La sainteté, l'idéal et les sommations de l'éternité sont concentrés dans cette grotte qui, bien que l'auteur la situe en Cornouailles, ne correspond pas à un lieu géographique mais à un état psychologique partagé. «Je connais cette grotte depuis l'âge de onze ans, dit le poète, bien que je n'aie jamais mis les pieds en Cornouailles[43] *.» Qu'il soit lui-même, sans doute, un clerc et qu'il soit très versé en théologie n'empêche pas Godefroy de dédaigner ouvertement les doctrices chrétiennes de son époque[44]. (Voir surtout ses propos sur l'étonnant dénouement de l'ordalie que valut à Iseut son comportement malhonnête: «Là fut révélé au peuple que le Christ dans sa vertu est aussi inconstant qu'une manche qui ondule dans la brise: il s'adapte et penche du côté du vent, aussi volontiers et aussi aisément qu'on pourrait le souhaiter.») Il ne demande ni aux saints ni à la Trinité, mais à Apollon et aux Muses, de faire jaillir en lui l'inspiration. Il démontre que le destin de ses personnages n'est pas le fruit de leur volonté ou de la volonté de Dieu, mais qu'il est commandé par la déesse de la Grotte, Minne, «Amour», et il recourt au même langage que saint Bernard emploie à célébrer l'Eucharistie pour recommander à ses lecteurs les amants adultères sur leur bienheureuse couche de cristal.

> Nous lisons leur vie, nous lisons leur mort,
> Elles ont pour nous la douceur du pain.
> Leur vie, leur mort, notre pain,
> Ainsi leur vie, ainsi leur mort,
> Ainsi sont-ils toujours vivants, et pourtant morts,
> Et leur mort est le pain des vivants[45].

Godefroy doit surtout son inspiration à sa connaissance de la légende celtique, additionnée d'éléments pictiques, irlandais, gallois, corniques et bretons, et dont le symbolisme poétique s'accordait à sa façon de ressentir. Comme la légende arthurienne, elle avait ses racines dans les plus anciennes traditions mythologiques d'Europe, celles de la déesse mégalithique aux multiples noms de l'âge du bronze, la mère des dieux et des pouvoirs immanents de la nature: la terre, non pas en tant que poussière (Genèse 3:19), mais en tant que source et matrice d'où procède toute chose et où toute chose retourne. En outre, il est évident que Godefroy sait de qui il parle lorsque intervient la déesse Minne, notamment lorsqu'il dit que sa grotte, *la fossure a la gent amant*[46], fut conçue et creusée pour les amants par des géants bien avant le christianisme. La légende du Graal a, elle aussi, jailli de cette source païenne. Mais là où, dans la légende de Tristan, le thème de la tragédie est cette dissociation de la nature et de la société, de la sincérité et de la religion, de la forêt éternelle et de la cour éphémère, de l'amour et de la vie, dans la légende du Graal cette faille est comblée: la Terre Dévastée de l'ordre social chrétien se renouvelle grâce au miracle d'une nature incorruptible et à l'intégrité d'un cœur noble et résolu.

La plus ancienne version existante de cette grande légende européenne est le *Perceval, Li Contes del Graal* (ca 1181-1191) de Chrétien de Troyes, poète à la cour de Marie de Champagne. Chrétien était apparemment chanoine de l'Abbaye de Saint-Loup[47]. Il soutient que la légende lui fut commandée par le comte Philippe de Flandres qui lui offrit un «livre» dans lequel cette légende était consignée[48]. Il n'en acheva pas la rédaction. Comme dans ses autres œuvres, son style est fluide et agréable. Mais il ne semble pas accorder beaucoup d'importance à l'ampleur de son symbolisme, et il est possible qu'il allait à l'encontre de ses convictions.

La version la plus connue de la quête du Graal est celle dont s'est inspiré Tennyson, une traduction tardive que fit Malory de l'œuvre d'un moine cistercien, *La Queste del Saint Graal* (ca 1215-1230) – dans laquelle le Graal est assimilé à la coupe de la Dernière Cène. Sa quête est celle que réalise le vertueux Galahad qui, contrairement à Perceval, n'est pas un homme marié mais un chaste moine chevalier, dont le but n'est pas de servir en ce monde, mais de servir le ciel et le Graal[49].

À l'origine, le Graal était la coupe d'ambroisie de la divinité océanique celtique Manannan (voir p. 238, et la coupe de la figure 10)[50]. On peut aussi l'assimiler aux coupes sacrificielles des sectes orphiques de l'Antiquité qui pénétrèrent en Europe à l'époque gallo-romaine[51]. Bien qu'on puisse les rapprocher du calice contenant le sang du Rédempteur, ces coupes étaient davantage le symbole du mystère de l'illumination que celui d'une réconciliation avec un dieu vengeur. L'un des aspects les plus impressionnants du grand *Parsifal* du poète Wolfram von Eschenbach (un contemporain de Godefroy) est la façon dont l'auteur relie le symbole central de son œuvre à ces deux contextes antiques, le celtique et le classique, tout en suggérant la pertinence de cette légende dans l'apaisement du malaise dont son époque était affligée. Dans son œuvre, le Graal n'est pas un récipient, mais bien une pierre, «Le désir de paradis», appelée «lapsit exillis» (*lapis exilis,* «petite pierre, chétive ou disgracieuse»), qui, comme nous l'apprend un ouvrage d'alchimie, le *Rosarium philosophorum,* était le nom par lequel on désignait la pierre philosophale[52]. Ce Graal alchimique, dit Wolfram, fut apporté sur terre par les anges qui ne s'étaient ralliés ni à Satan ni à Dieu dans le combat entre ces derniers. Ils étaient les anges «du milieu», «ni blancs ni noirs». Cette pierre des anges évoque la Ka'aba de l'Islam. Wolfram s'efforce donc explicitement d'assimiler à son symbole des thèmes islamiques et chrétiens. Pour lui, le Graal est le talisman, distinct de tout culte, des rapports entre deux cultures, il exprime une image de l'homme («Le désir de paradis») affranchi de l'autorité ecclésiastique, que parachève son aventure personnelle, qui se fait le serviteur du monde non pas dans l'esclavage mais dans la maîtrise de soi, et qui, loin d'être ravagé et détruit par l'amour, y trouve son épanouissement.

Car, eu égard à la Quête du Graal, l'on peut se demander pour quelle raison, au Moyen Âge, on se serait laissé tenter par une entreprise aussi hasardeuse et solitaire quand, juste à côté, le Christ se manifestait chaque jour sur l'autel pendant la Sainte Messe. La réponse est tout simplement que la Sainte Messe était un sacrement associé par l'Église au dogme d'un vicaire rédempteur et administré à cette époque par un clergé notoirement corrompu que protégeait le discours antidonatiste d'Augustin, soit l'incorruptibilité du sacrement de l'Eucharistie dont tout Salut dépend, peu importe l'absence de vertus morales du clergé qui en a la charge. Le Graal, au contraire, ne loge pas dans une église mais dans un château; son gardien n'est pas un prêtre mais un roi. Il n'est pas porté par un groupe de jeunes hommes de vertu douteuse, mais par vingt-cinq jeunes filles parfaites dans leur pureté. Et le chevalier qui, en réalisant sa quête, redonne sa gloire à la Terre Dévastée, atteint son but grâce à son intégrité et parce qu'il s'est placé au service d'un seul amour, *amor*.

Le poème de Wolfram fait en outre ressortir certains éléments supplémentaires, dont les suivants:

(1) Lors de sa première visite au Château du Graal, le chevalier ne triomphe pas, car il agit comme on le lui a enseigné, non pas selon son cœur.

(2) On lui dit qu'à tous ceux qui ont failli à la première épreuve, il n'est pas accordé une deuxième chance, mais il persiste malgré tout, et quand il triomphe, on lui dit qu'il a accompli un miracle, car son intégrité et sa résolution ont inspiré la Sainte Trinité à modifier ses règlements.

(3) À la suite de son échec initial et de la honte qui rejaillit sur lui, il renie Dieu et erre pendant cinq ans dans une Terre Dévastée. Quand il revient vers Dieu, il n'adhère plus aux préceptes sacramentels de sa mère et du clergé, mais au principe d'un Dieu cosmique qui correspond et répond aux élans (d'amour ou de haine) du cœur de chaque être.

(4) Perceval (ou Parsifal) s'efforce de réparer son échec en mettant tout son zèle dans sa quête. Il ne devra cependant pas *directement* sa victoire à sa constance, mais bien à la ferveur de son amour et à sa loyauté, non pas envers Dieu mais envers une femme, dont le nom, Condwiramurs *(Conduire amour* – en ancien français, le nominatif singulier a la terminaison *s)*, reflète bien le rôle de guide et de réceptacle de son énergie vitale.

(5) L'idéal d'amour de Wolfram n'est ni celui de l'Église ni celui des troubadours *(amor)*. Il rejette la notion de mariage sans amour (le point de vue de l'Église), mais il rejette aussi l'amour adultère. Pour lui, l'amour est un, absolu et éternel. Peu importe, du reste, qu'il soit

béni par un sacrement, puisque l'union par laquelle il se réalise est le seul mariage digne de ce nom.

(6) Le demi-frère de Perceval (ou Parsifal) est un noble musulman. «L'on pourrait dire qu'ils sont deux», dit l'auteur quand ils se rencontrent sur un champ de bataille, «mais ils ne font qu'un: une seule substance, que blesse fort la loyauté».

(7) La vie d'un homme n'est jamais toute blanche ou toute noire et ne saurait jamais le devenir: mais par fidélité envers soi-même et envers sa nature, dit le poète, «l'homme tend vers le blanc, tandis que par son manque de résolution il tend vers le noir. Le sens du nom de son héros tel que le rend la langue française est *per-ce-val*, «par le milieu».

(8) Enfin, lorsque le héros pénètre une seconde fois au Château du Graal, son frère musulman, Feirefiz, l'accompagne. Ainsi, selon Wolfram, un noble païen peut parvenir au but qui est refusé à la plupart des chrétiens. Toutefois, une scène remarquablement amusante a lieu à ce moment. Lorsqu'on apporte le Graal, le prince musulman est incapable de le voir. Il ne perçoit que la beauté du corps et des yeux de la jolie reine pucelle, Repanse de Schoye (*Repense de Joie*), qui le transporte. L'assemblée du Graal prend conscience peu à peu du drame qui se joue et, bientôt, le vieux, l'ancien roi du Graal, Titurel, qui repose sur sa couche dans la salle attenante (il est l'équivalent de la divinité océanique Manannan), fait dire aux gens rassemblés que le païen ne peut voir le Graal, car il n'a pas reçu le sacrement de baptême. Entre alors un vieux prêtre qui a baptisé de nombreux païens. Il enseigne Feirefiz dans la doctrine de la Trinité.

— Est-ce là son Dieu? fait le musulman. Et si j'accepte son Dieu, pourrai-je l'épouser?

Quand on lui répond «Oui!», il consent volontiers à se convertir et le prêtre le baptise. Mais quel étrange baptême! Car on fait s'incliner les fonts vides vers le Graal qui y déverse aussitôt l'eau sanctificatrice. De sorte que, si la forme du rite est ecclésiastique, son fond est d'un tout autre ordre, soit celui de l'*aqua permanens,* de la source de vie des alchimistes et de l'ère préchrétienne (voir de nouveau la figure 10).

Quiconque, parmi cette compagnie du Graal, devait, par la grâce de Dieu, se rendre maître d'une nation étrangère, ne devra lui enseigner ni sa race ni son nom, et il devra faire en sorte qu'elle conquière ses droits.

En conclusion, je crois et pense que:

(A) L'on doit voir dans ces œuvres du douzième et du treizième siècles, dans les mots d'Héloïse, des troubadours, de Godefroy et de Wolfram, une noble, grave et profonde sécularisation du sentiment du sacré, où l'amour, pour ces êtres distincts que nous sommes, est une force révélatrice d'unité, d'émerveillement et de doux mystère, non pas en abreuvant les hommes d'une eau inaccessible, mais en amplifiant leur substance et leur droit à la connaissance.

(B) En rejetant complètement l'autorité de l'Église, ces amants et ces poètes ont sciemment réintégré une conscience européenne préchrétienne qui reconnaissait l'immanence de Dieu dans la nature et dans ses œuvres.

(C) Mais un élément nouveau venait s'ajouter à ce retour, c'est-à-dire la dissociation de l'individu par rapport au groupe. Il se sait unique et comprend que, pour développer son plein potentiel, il *ne doit pas* suivre la voie tracée par d'autres mais ouvrir son propre chemin. En fait, même dans la version cistercienne rigoureusement monastique de la *Queste del Saint Graal,* il est dit que, lorsque les chevaliers de la cour d'Arthur s'en furent à leur aventure, ils crurent discourtois de s'éloigner en groupe. Chacun pénétra donc dans la forêt en un point qu'il avait choisi, «là où elle était épaisse et noire et où ne s'ouvrait nul chemin ni sentier[53].»

[6]

L'homme occidental

Je suis d'avis que la richesse et la gloire de l'Occident, comme celles du monde moderne (dans la mesure où ce monde est encore occidental), est fonction de ce respect de l'individu, non pas en tant que membre d'une sainte confrérie qui lui confère sa valeur

$$a \, R \, x$$

ni en tant que figure indifférenciée et anonyme de «la même perfection et du même l'infini [...] présents dans le moindre grain de sable et la moindre goutte d'eau autant que dans l'océan tout entier»

$$a \neq \, = x$$

mais en tant que valeur et but par lui-même, unique dans ses *im*perfections, c'est-à-dire dans ses désirs, dans sa manière de devenir non pas ce qu'il «devrait» être, mais bien ce qu'il est, réellement et potentiellement, et ce que nul autre n'a été avant lui.

Les Grecs envisageaient déjà la vie de cette façon, comme le démontrent les poèmes homériques, les œuvres d'Eschyle et de Pindare. Nietzsche, dans *La Naissance de la tragédie,* mentionne l'union parfaite, dans le classicisme, des principes apolliniens et dyonisiens: le ravissement que procure le prodige onirique des formes individuées, uni à une conscience poignante, extatique même, de leur caractère éphémère, non pas en tant que réfutation mais en tant que renforcement du mystère de leur passage sur terre. «La fortune», écrit Pindare en hommage au jeune vainqueur d'un combat de lutte, «la fortune des mortels grandit en un instant, un instant suffit pour qu'elle s'effondre, renversée par le destin inflexible. Être éphémère, qu'est donc chacun? que n'est-il pas? L'homme est le rêve d'une ombre. Mais quand les dieux déversent sur lui un rayon, un éclat brillant l'environne et son existence est douce[54].» C'est dans cette optique que se sont développés la science des Grecs et leur art: par la recherche et la connaissance d'archétypes ou de principes généraux dans l'individu, mais aussi par la reconnaissance de la valeur de l'individu lui-même, en particulier de ce qui le démarque des autres, car l'exception est révélatrice de principes et de pouvoirs jusque-là inconnus – point de vue qui va à l'encontre de la conception archaïque, orientale et orthodoxe de la vie, selon laquelle quiconque ramasse du bois le jour du Sabbat «est mis à mort: [et] toute la communauté le lapide hors du camp» (Les Nombres, 15:32-36).

L'avènement de l'Église en Europe a renversé pour un temps l'ordre de préséance dans la pensée européenne, en plaçant le groupe avant l'individu, les fétiches avant la quête de vérité, l'imbécillité avant le génie (voir l'Épître aux Corinthiens I-1:21: «Puisqu'en effet le monde, par le moyen de la sagesse, n'a pas reconnu Dieu dans la sagesse de Dieu, c'est par la folie du message qu'il a plu à Dieu de sauver les croyants»). Le confessionnal, la mise à mort de l'hérétique et l'enfer éternel furent placés, comme les chérubins à l'épée flamboyante, aux portes du Paradis, pour empêcher les hommes *d'entrer* dans le jardin d'Éden de la vie individuelle. Mais comme le découvrit le poète Blake au cours d'une promenade «dans les feux de l'enfer, dans le ravissement des plaisirs du Génie qui, pour les Anges, ne sont que tourments et folie»: «Un fou ne voit pas le même arbre qu'un sage.»

Il dit aussi:

«Le pommier ne demande jamais au hêtre comment grandir;

pas plus que le lion ne demande au cheval comment capturer sa proie[55].»

Si c'est dans les cœurs courageux, tel celui d'Héloïse, qu'apparurent les premiers présages du nouvel âge de l'Occident, c'est dans l'esprit et dans les yeux qui savent voir (ceux des philosophes et des scientifiques) que sa promesse s'est réalisée. Héloïse fut mutilée dans sa vie et le pays des troubadours fut transformé en un désert d'éloquence; mais l'idéal de l'amour hétérosexuel qui prévaut encore de nos jours fut d'abord le sien et le leur. En outre, l'histoire de la poésie et de la chanson occidentales modernes commence avec les troubadours.

Il en va de même de la philosophie: bien que l'audacieuse tentative de la scolastique pour rationaliser la religion ait été sommairement écrasée par la publication des condamnations de 1277 – lorsqu'un répertoire de deux cent dix-neuf propositions philosophiques furent jugées hérétiques – le triomphe du monde moderne ne réside pas, manifestement, dans les courants de pensée canoniques, mais bien individuels. De sorte que, même si, en 1864, le pape Pie IX pouvait déclarer dans le *Syllabus* ou *Recueil des principales erreurs de notre temps,* qui condamnait le rationalisme, le socialisme, le communisme, le naturalisme, la séparation de l'Église et de l'État, la liberté de presse et de religion, que «le Souverain pontife ne peut et ne doit se réconcilier ni en venir à un accommodement avec le progrès, le libéralisme et le monde moderne», un siècle plus tard, Jean XXIII jugea prudent de fléchir et de faire précisément cela – avec pour résultat, cependant, que l'Église elle-même doit encore se faire à cette idée. Le théologien protestant Rudolf Bultmann qui propose entre-temps une «démythisation», une rationalisation du christianisme, a cru nécessaire – pour que continue d'exister une religion spécifiquement «chrétienne» – de rester attaché à une interprétation factuelle et non pas mythique de la Résurrection de Jésus, alors que c'est précisément là, bien entendu, dans cette concrétisation du mythe, que réside le problème. Voyons la supposée Deuxième Épître de saint Pierre (qui, en réalité, n'est pas de Pierre mais d'un auteur ultérieur): «Car ce n'est pas en suivant des fables sophistiquées que nous vous avons fait connaître la puissance et l'Avènement de notre Seigneur Jésus Christ, mais après avoir été témoins oculaires de sa majesté» (II Pierre 1:16).

L'on ne peut que rétorquer à ces hommes têtus que si, au lieu de s'ingénier à transformer leur mythologie en faits historiques, ils s'appliquaient au contraire à «dé-historiser» leur mythologie, ils redécouvriraient sans doute le potentiel spirituel de notre siècle et sauvegarderaient, parmi tout ce qui mérite d'être rejeté, ce qui correspond encore, dans leur religion, à une vérité.

Car c'est un fait incontestable que les progrès de la science moderne ont détruit toute la structure tant cosmologique qu'historique de la Bible et de l'Église. La prise de conscience progressive, irrésistible, constante de cette nouvelle compréhension du mystère de l'univers ainsi que du potentiel et de la place de l'homme dans cet univers, en dépit de toutes les résistances que lui oppose encore à ce jour l'Église, a été et continuera d'être le fruit des labeurs d'un remarquable petit nombre d'hommes possédant suffisamment d'esprit et d'audace pour contrecarrer l'autorité par leurs observations astucieuses. Ce mouve-

ment commença à prendre forme modestement à l'époque d'Adélard
de Bath (un contemporain d'Héloïse et d'Abélard), et connut deux
apogées, la première lors de la publication du *De revolutionibus
orbium cœlestium* (1543) de Copernic, la seconde lors de la publication
de *De l'origine des espèces au moyen de la sélection naturelle* (1859)
de Darwin. Si les grands esprits créateurs étaient peu nombreux, on ne
saurait sous-estimer l'ampleur de la crise qu'ils ont ainsi provoquée à
travers le monde par leurs explorations du puits de la connaissance.
Car on peut dire sans risque d'exagérer que, dans toute l'histoire de
l'humanité, c'est grâce à l'avènement, au seizième et au dix-septième
siècles, des méthodes scientifiques modernes, et, au dix-huitième, au
dix-neuvième et au vingtième siècles, grâce à l'invention de la
machine à propulsion, que l'humanité a pu franchir un seuil aussi
important et gigantesque que celui qu'elle avait franchi au neuvième et
au huitième siècles avant J.-C. avec le développement de l'agriculture
et, au quatrième siècle, avec l'avènement de la cité-État. Qui plus est,
tout comme les mythologies et les rituels des tribus primitives de chas-
seurs-cueilleurs des premiers âges de l'humanité ont dû céder la place
aux mythes des civilisations de l'âge du bronze et du fer, ceux de notre
héritage désuet de l'âge du bronze et de l'âge du fer doivent à leur tour
laisser le champ libre à des mythologies que nous ne pouvons encore
imaginer. Que ce transfert ait déjà lieu ne laisse aucune place au doute.
Car, premièrement, dans la mesure où la Terre Dévastée des poètes du
Moyen Âge persiste au sein de la chrétienté – qui dissocie encore le
sens du sacré de la terre et de ce qui y réside *(dissociation mythique)*
et qui continue de supposer que l'établissement d'une *relation* à des
fins ultimes ne peut s'obtenir que par l'adhésion aux croyances et aux
rituels de l'Église catholique *(identification sociale)* – loin de
s'améliorer, notre situation s'est dégradée, étant donné que, pour bon
nombre d'entre nous, non seulement la terre n'est que poussière (ainsi
qu'on nous l'a enseigné), mais nous ne voyons plus dans l'Église et le
Livre saint l'œuvre d'un fondateur, d'un auteur surnaturel. La perte de
valeurs qui en résulte (à laquelle on confère, c'est selon, une interprétation marxiste, freudienne ou existentialiste) est le phénomène spirituel le plus débattu de notre époque. «L'homme, dit Sartre, est con-
damné à la liberté[56].» Toutefois, même de nos jours, nous ne faisons
pas tous partie de cette confrérie d'apathiques qui réclament des
valeurs toutes faites proférées du haut de la chaire et par les autres
médias. Car une quête spirituelle et profonde a cours en quelques lieux
secrets du monde, hors des centres sanctionnés par la société, au-delà
de sa vue et de son contrôle: par petits groupes, ici ou là, et plus sou-

vent (comme pourra s'en rendre compte quiconque regarde autour de lui) seuls ou par deux, des individus pénètrent dans la forêt en des points qu'ils ont choisis eux-mêmes, là où elle est épaisse et noire et où ne s'ouvre nul chemin ni sentier.

Notes

1. *L'Enseignement de Ramakrishna,* Paris, Albin Michel, 1978.
2. *Ibid.*
3. *Tao Te Ching* 6.
4. *Brhadâranyaka Upanishad* 1.4.6.
5. Genèse 3:22-24.
6. James Joyce, *Ulysse,* Paris, Gallimard, 1970.
7. *Chândogya Upanishad* 6.9.4.
8. Erwin Schrödinger, *Ma conception du monde,* Paris, Mercure de France, 1982.
9. *Ibid.,* pp. 21-22.
10. *Brhadâranyaka Upanishad,* 4.1.7.
11. Samuel A. B. Mercer, *The Pyramid Texts,* New York, Longmans, Green & Co., 1952, vol. I, pp. 93-94, inscription 404. Voir aussi *Les Inscriptions des pyramides de Saqqarah,* Paris, E. Bouillon, 1894.
12. *Ibid.,* p. 95, inscription 413.
13. Traduction de E.A.W. Budge, *The Papyrus of Ani,* tel que repris dans *The Sacred Books and Early Literature of the East,* sous la direction de Charles F. Horne, New York et Londres, Parlee Austin et Lipscomb, 1917, vol. II, pp. 190-191 et 196-197, chapitres «Abolishing the Slaughterings» et «On Coming Forth by Day in the Underworld».
14. Ces trois sceaux proviennent de W. H. Ward, *The Seal Cylinders of Western Asia,* Publication n° 100, Washington, D.C., Carnegie Institution of Washington, 1910; figures 302, 389 et 388 respectivement.
15. Tablette Compagno (ca 4e ou 3e siècle avant J.-C.), traduction de Jane Harrison, *Prolegomena to the Study of Greek Religion,* Cambridge, Cambridge University Press, 3e édition, 1922, p. 585.
16. Apulée, *Les Métamorphoses,* dans *Romans grecs et latins,* trad. Pierre Grimal, Paris, Gallimard, 1958, La Pléiade, p. 371.
17. Alfred Nutt, *The Voyage of Bran, The Celtic Doctrine of Rebirth,* Grimm Library n° 4, Londres, David Nutt, 1897, vol. II, pp. 91-92.
18. *Astavakrasamhitâ* 18:38. Traduit par Swami Nityaswarupananda, Mayavati: Advaita Ashrama, 1940, p. 175.

19. «101 histoires zen», n° 28, dans Paul Reps, *Le Zen en chair et en os,* Paris, Arista, 1988.
20. Daisetz Teitaro Suzuki, *Le Non-mental selon la pensée zen,* Paris, Courrier du livre, 1975.
21. Nikhilananda, *op. cit.,* p. 593.
22. Platon, *Le Banquet,* 210 b, trad. Léon Robin et M. J. Moreau, Paris, Gallimard, 1950 et 1973, pp. 127-128.
23. *Meister Eckhart,* sous la direction de Franz Pfeiffer, trad. de C. de B. Evans, Londres, John M. Watson, 1947, vol. I, «Sermons and Collations», n° LXXXVIII, p. 221.
24. *Ibid.,* n° II, p. 10.
25. *Lettres d'Héloïse et d'Abélard,* trad. Gilbert Corot, Paris, Robert Morel, 1963, pp. 78-79.
26. Godefroy de Strasbourg, *Tristan et Iseult,* Genève, Slatkine, 1974.
27. James Joyce, *Portrait de l'artiste en jeune homme,* trad. de Ludmila Savitzky révisée par Jacques Aubert, Paris, Gallimard, 1992, Collection Folio, pp. 353-354.
28. Giraut de Borneil, *Tam cum los oills et cor ama parvenza. [...]* Voir John Rutherford, *The Troubadours,* Londres, Smith, Elder, and Co., 1873, p. 34.
29. Ananda K. Coomaraswamy, *The Dance of Shiva,* New York, The Sunwise Turn, 1918, p. 103.
30. Shashibhusan Dasgupta, *Obscure Religious Cults as Background of Bengali Literature,* Calcutta, Université de Calcutta, 1946, p. 145.
31. Saint Epiphane, *Panarion* 26.4.1; cité dans *The Masks of God,* vol. IV, *Creative Mythology,* chap. 3, section V, «The Gnostics».
32. Denis de Rougemont, *L'Amour et l'Occident,* coll. 10/18, Paris, Union générale d'édition, 1962.
33. Dasgupta, *op. cit.,* p. 144.
34. On trouvera une version anglaise abrégée du poème de Jayadeva dans *The Masks of God,* vol. II, *Oriental Mythology,* pp. 352-358. Il n'existe pas de traduction française compétente de ce texte.
35. Coomaraswamy, *The Dance of Shiva,* p. 103.
36. «Sermon CXX sur la Nativité du Seigneur», dans *Œuvres complètes de saint Augustin, évêque d'Hippone,* traduites en français et annotées, t. 20, Paris, L. Vivès, 11873, pp. 169-170.
37. Saint Bernard, *Œuvres mystiques,* préface et trad. d'A. Béguin, Paris, Éd. du Seuil, 1953, Sermon XX sur le *Cantique des cantiques,* n° 6, p. 245.
38. *Ibid.,* Sermon IX, n° 2, p. 142.
39. *Ibid.,* Sermon XXXII, n° 2, pp. 385-386.

40. *Le Cantique des cantiques* 7:1-2.
41. Godefroy de Strasbourg, *op. cit.*, 12029-12037.
42. Voir l'élégante approche à ce problème dans l'ouvrage en deux volumes de Gottfried Weber, *Gottfrieds von Strassburg Tristan und die Krise des hochmittelalterlichen Weltbilde um 1200*, Stuttgart, J. B. Metzlersche Verlagbuchhandlung, 1953.
43. Godefroy de Strabourg, *op. cit.*, 17136-17138.
    *Comparer Nicolas de Cuse, p. 214 et Black Elk, p. 102 et p. 139.
44. *Ibid.*, 15733-15740.
45. *Ibid.*, 235-240.
46. *Ibid.*, 16700.
47. Voir William A. Nitze, «Perceval and the Holy Grail», *University of California Publications in Modern Philology*, vol. 28, n° 5, 1949, p. 282.
48. Chrétien de Troyes, *Le Conte du Graal: Perceval,* (Romans, vol. 6) Paris, Champion, 1973.
49. Pour le texte en ancien français, voir Albert Pauphilet, éd., *La Queste del Saint Graal,* Paris, Champion, 1949; Malory, *Le Morte Darthur,* propose une traduction anglaise dans les vol. XIII-XVIII. On trouvera une excellente analyse de ce texte dans W. Locke, *The Quest for the Holy Grail,* Stanford, Stanford University Press, 1960.
50. Voir Roger Sherman Loomis, *The Grail, from Celtic Myth to Christian Symbol,* New York, Columbia University Press, 1963.
51. Voir Hans Leisegang, «The Mystery of the Serpent», dans *The Mysteries,* sous la direction de Joseph Campbell, The Bollingen Series XXX, vol. I, New York, Pantheon Books, 1955, pp. 194-260 et Campbell, *The Masks of God,* vol. IV, *Creative Mythology,* chap. VII et VIII.
52. *Artis Auriferæ,* Bâle, 1593, vol. I, p. 210; cité par C.G. Jung dans *Psychology and Alchemy,* The Bolligen Series XX, vol. 12, New York, Pantheon Books, 1953, p. 171, n. 117.
53. *La Queste del Saint Graal,* sous la direction de Pauphilet, *op. cit.,* p. 26, lignes 7-19.
54. Pindare, *Pythiques*, Ode VIII, lignes 92-97, dédiée à Aristomènes d'Ægine, vainqueur du combat de lutte, en ~446. Dans *Œuvres,* t. 2, Paris, Belles Lettres, 1966.
55. William Blake, *Le Mariage du Ciel et de l'Enfer,* 1793: «Un caprice mémorable» et «Proverbes de l'Enfer», Paris, Corti, 1961.
56. Jean-Paul Sartre, *L'existentialisme est un humanisme,* Paris, Nagel, 1970.

Liste des illustrations

1. Motifs de poteries peintes; Itaq, poteries de Samârrâ, ca ~4000.
2. Motifs de gorgerins en coquillage; Oklahoma, mound Spro, ca ~1000.
3. Carte: répartition mondiale du svastika.
4. Carte: répartition mondiale du symbolisme des couleurs des quatre points cardinaux.
5. Le Sorcier des Trois-Frères; peinture pariétale du paléolithique; Ariège, France, ca ~15 000-~11 000.
6. Le chaman de Lascaux; peinture pariétale du paléolithique; Dordogne, France, ca ~20 000-~15 000.
7. Déesse du néolithique, soutenue par des léopards, accouchant d'un enfant; statuette en terre cuite, Turquie (Anatolie), Çatal Hüyük, ca ~5800.
8. Déesse du néolithique accouchant d'un taureau; statuette de glaise et de plâtre, paroi ouest du sanctuaire VI.B.8, Çatal Hüyük, ca ~5950.
9. Reconstitution du Sanctuaire VII.21, «Deuxième sanctuaire des vautours», Çatal Hüyük, ca ~6200.
10. Motif de poterie polychrome; Iraq, poterie de Halaf, ca ~4000.
11. Svastika (le plus ancien exemple qui nous soit parvenu) gravé sur des statuettes d'oiseaux du paléolithique supérieur; défense de mammouth sculptée; environ 7,5 cm de longueur; Mezin, Ukraine, ca ~10 000.
12. Svastika sur la poitrine d'Amida, «Le Bouddha de la lumière immensurable», assis dans la posture du Lotus; bois, laque dorée, environ 8,8 cm de hauteur, Japon, XIIIe siècle.
13. «Le Seigneur des Animaux», civilisation de la vallée de l'Indus, sceau en stéatite, 5 cm x 5 cm, ca ~2000.

14. «Le Seigneur de l'Arbre de Vie»; sceau cylindrique en serpentine noire, Sumer, ca ~2500.

15. «Le Jardin de l'immortalité»; sceau cylindrique en marbre, Babylone, ca ~1750-~1550.

16. «Le Seigneur et la Dame de l'Arbre»; sceau cylindrique, Sumer, ca ~2500.

JUSTIFICATIFS DES ILLUSTRATIONS

1. Robert J. et Linda S. Braidwood, Edna Tulane et Ann L. Perkins, «New Chalcolithic Material of Samarran Type and Its Implications», *Journal of Near Eastern Studies,* vol. III, n° 1, 1944.

2. Emma Lila Fundaburk et Mary Douglas Fundaburk Foreman, *Sun Circles and Human Hands,* Luverne, Alabama, Emma Lila Fundaburk, 1957, planches 26 et 23.

3. D'après Leo Frobenius, *Monumenta Terrarum,* Francfort-sur-le-Main, Forschungsinstitut für Kulturmorphologie, 1929, p. 309.

4. D'après Frobenius, *op. cit.,* p. 323.

5. D'après l'abbé H. Breuil, *Quatre cents siècles d'art pariétal,* Montignac, Centre d'Études et de Documenation Préhistoriques, sans date, figure 130.

6. D'après Breuil, *op. cit.,* figures 114-115. (Les datations sont celles d'André Leroi-Gourhan, *Les Religions de la préhistoire,* Paris, Presses universitaires de France, 1964, pp. 87-88.)

7. James Mellaart, *Çatal Hüyük: A Neolithic Town in Anatola,* New York, McGraw-Hill Book Company, 1967, figure 52.

8. Mellaart, *op. cit.,* figure 37.

9. Mellaart, *op. cit.,* figures 14, 15.

10. M. E. L. Mallowan et J. Cruikshank Rose, «Excavations at Tall Arpachiya», *Iraq* (British School of Archæology in Iraq), vol. II, 1re partie, 1935.

11. D'après Franz Hancar, «Zum Problem der Venusstatuetten in eurasiastischen Jungpaläolithicum», *Prähistorische Zeitschrift* XXX-XXXI Band, 1939-1940, 1/2 Heft, figures VII, VIII, pp. 127, 129.

12. Collection de Henry H. Getty. D'après Alice Getty, *The Gods of Northern Buddhism,* Londres, Oxford University Press, 1914, m planche XVIII a.

13. Musée national de Nouvelle-Delhi. D'après Sir John Marshall (dir.), *Mohenjo-daro and the Indus Civilization,* Londres, Arthur Probsthain, 1931.

14. Musée de Berlin. D'après William Hayes Ward. *The Seal Cylinders of Western Asia,* Washington, D.C., The Carnegie Institution of Washington, 1910, figure 302.
15. Musée de La Haye. D'après Ward, *op. cit.,* figure 389.
16. British Museum. D'après Ward, *op. cit.,* figure 388.

Les croquis des figures 2, 5, 6, et 13 sont de John L. Mackey; ceux des figures 10 et 12 sont d'Al Burkhardt.

Index

Table des matières

le jour, éditeur

Ouvrages parus au Jour

Affaires, loisirs, vie pratique

* **L'affrontement,** Henri Lamoureux
* **Les bains flottants,** Michael Hutchison
* **Le cœur de la baleine bleue,** Jacques Poulin
* **Conte pour buveurs attardés,** Michel Tremblay
* **La France à la québécoise,** André Bergeron et Émile Roberge
* **Le guide du répondeur bien branché,** Robert Blondin et Lucie Dumoulin
* **J'avais oublié que l'amour fût si beau,** Évette Doré-Joyal
* **Jean-Paul ou les hasards de la vie,** Marcel Bellier
* **Oslovik fait la bombe,** Oslovik
* **Questions réponses sur vos droits et recours,** François Huot

Animaux

Le berger allemand, Dr Joël Dehasse
Le berger belge, Dr Joël Dehasse
Le bobtail, Dr Joël Dehasse
Le boxer, Dr Joël Dehasse
Le caniche, Dr Joël Dehasse
Le chat himalayen, Nadège Devaux
Le doberman, Dr Joël Dehasse
Le golden retriever, Dr Joël Dehasse
Le husky, Dr Joël Dehasse
Le labrador, Dr Joël Dehasse
Le persan chinchilla, Nadège Devaux
Les persans, Nadège Devaux
Secrets d'oiseaux, Pierre Gingras
Le serin (canari), Michèle Pilotte
Le yorkshire, Dr Joël Dehasse

Ésotérisme, santé, spiritualité

L'astrologie pratique, Wofgang Reinicke
Couper du bois, porter de l'eau — Comment donner une dimension spirituelle à la vie de tous les jours, Collectif
Dans l'œil du cyclone, Collectif
De l'autre côté du miroir, Johanne Hamel
Les enfants asthmatiques, Dr Guy Falardeau
Le grand livre de la cartomancie, Gerhard von Lentner
Grand livre des horoscopes chinois, Theodora Lau
Jeûner pour sa santé, Nicole Boudreau
Où habite le bon Dieu?, Marc Gellman et Thomas Hartman
* **Pour en finir avec l'hystérectomie,** Dr Vicki Hufnagel et Susan K. Golant
Pouvoir analyser ses rêves, Robert Bosnak
Le pouvoir de l'auto-hypnose, Stanley Fisher
Questions réponses sur la maladie d'Alzheimer, Dr Denis Gauvreau et Dr Marie Gendron
Questions réponses sur la ménopause, Ruth S. Jacobowitz
Renaître, Billy Graham
Sagesse amérindienne, Dhyani Ywahoo
Un mot dans le silence, un mot pour méditer, John Main

Essais et documents

Psychologie, vie affective, vie professionnelle, sexualité

Se faire obéir des enfants sans frapper et sans crier, B. Unell et J. Wyckoff
Seuls ensemble, Dan Kiley
La sexualité des jeunes, Dr Guy Falardeau
Le succès par la pensée constructive, Napoleon Hill
La survie du couple, John Wright
Tous les hommes le font, Michel Dorais
Transformez vos faiblesses, Dr Harold Bloomfield
Triomphez de vous-même et des autres, Dr Joseph Murphy
* **Trop peu de sexe... trop peu d'amour,** Jonathan Kramer et Diane Dunaway
* **Un homme au dessert,** Sonya Friedman
* **Uniques au monde!,** Jeanette Biondi
Vivre à deux aujourd'hui, Collectif sous la direction de Roger Tessier
Vivre avec les imperfections de l'autre, Dr Louis H. Janda
Vivre avec passion, David Gershon et Gail Straub
Les voies de l'émerveillement, Guy Finley
Volez de vos propres ailes, Howard M. Halpern
Votre corps vous parle, écoutez-le, Henry G. Tietze
Vouloir vivre, Andrée Gauvin et Roger Régnier
Vous êtes vraiment trop bonne..., Claudia Bepko et Jo-Ann Krestan

---

* Pour l'Amérique du Nord seulement. (95/09/27)